国家"十四五"重点出版物出版专项规划

重大出版工程项目

国家出版基金项目
NATIONAL PUBLICATION FOUNDATION

中华元典学术史丛书

总主编
李振宏

史记

学术史

张桂萍 著

山东城市出版传媒集团·济南出版社

图书在版编目（CIP）数据

《史记》学术史/张桂萍著. —济南：济南出版社，2023.7

（中华元典学术史／李振宏主编）

ISBN 978-7-5488-5760-0

Ⅰ. ①史… Ⅱ. ①张… Ⅲ. ①《史记》—研究 Ⅳ. ①K204.2

中国国家版本馆 CIP 数据核字（2023）第 115894 号

《史记》学术史

SHIJI XUESHUSHI

出 版 人	田俊林
图书策划	朱孔宝　张雪丽
责任编辑	孙　莹　周　彤
装帧设计	牛　钧

出版发行　济南出版社
地　　址　山东省济南市二环南路 1 号（250002）
发行热线　0531-86922073　67817923
　　　　　　　　86131701　86131704
印　　刷　山东临沂新华印刷物流集团有限责任公司
版　　次　2023 年 7 月第 1 版
印　　次　2023 年 7 月第 1 次印刷
成品尺寸　148mm×210mm　32 开
印　　张　12.25
字　　数　289 千
定　　价　88.00 元

（济南版图书，如有印装错误，请与出版社联系调换。

联系电话：0531-86131736）

总　序

　　从春秋战国到秦汉之际，中国历史经历了一个长达六百年的大动荡、大变革时代。在这场深刻的历史变迁中，此前思想文化领域中各种处于萌芽状态的意识形态、哲学观念、历史意识、宗教神学、文化科学等，都以成熟的形态凝聚、荟萃，而涌现出一批文化元典，为后世中华文化的发展，奠定了一个义域广阔的开放性基础。这些文化元典，包括传统所谓"六经"和先秦诸子之书，历史地奠定了中国文化的发展道路，塑造了中国文化的精神面貌，中国传统文化的文化基因，就深埋在这批文化典籍之中。

　　这批文化典籍以及后世原创性的具有开创意义的文化典籍，传统称之为"中华经典"，从 20 世纪 90 年代开始，人们改用"元典"的称谓。这一改变确有深意，但却为人留下疑惑。以笔者之见，这一称谓的改变，反映着文化观念的一大进步。"经典"表征着典籍的神圣性和权威性，经典思想意味着它的只能遵循而不能分析和质疑的属性，经典思维束缚了思想的发展。我们知道，马克思主义哲学的本质属性是其革命性和批判性，它要求我们以科学理性的态度对待传统文化，要求我们从对

"经典"膜拜和盲从的传统积习中解放出来，以更科学的态度对待传统，以更理性的态度研究传统。从"经典"到"元典"，这一典籍称谓的改变，意味着我们对传统文化的研究，正在走上更为科学而理性的道路。那么，何谓"元典"？

元者，始也，首也，意谓"第一"和"初始"。这是中国最早的一批文化典籍，对于后世思想文化的发展，具有初始意义。

元者，大也，意谓宏大而辽阔。这批文化典籍提供的思想场域，涵盖了后世中国思想发展的诸多问题意识，具有全覆盖的特点。

元者，善也，吉也，有美好、宝贵和嘉言之意。这批文化典籍提供了后世中国最宝贵、善良和美好的思想修养资源。

元者，基也，根也，具有基础、根本、本源之意。这批文化典籍是后世中国文化的基础和出发点，一切思想元素都来源于此，一切思想的发展都以此为根基。

元者，要也，有主要、重要之意。这批文化典籍不是中国文化典籍的全部，但却是中国文化中最重要、最核心的部分。

总之，"元典"包含有始典、首典、基本之典及大典、善典、宝典等意蕴。"元典"称谓，既在某种程度上包含了传统的圣典、经典之义，又避开了对传统典籍非理性尊崇的嫌疑。

这是笔者以前曾经做过的表述，转述于斯。这批文化元典，包含了中国文化的基本要义，奠定了后世中华文化的发展方向，但并不意味着由文化元典所奠定的文化精神是一成不变的。从先秦元典到现代的中华文化，是一个生成、发展、传承、演变而不断提升的历史过程，是一个思想发展的生生不息的过程。

思想发展的动力何在？马克思、恩格斯说过："思想的历史除了证明精神生产随着物质生产的改造而改造，还证明了什么呢？"（《马克思恩格斯选集》第1卷，人民出版社1995年版，第292页）的确如此，中国元典精神的发展，就是和中国社会经济的发展、中国历史进程的演变，平行而进的。中国历史的每一次变革，以至每一个新的历史时代，都催促当时代哲人从元典著作中寻找答案，并从新的历史条件出发，对元典著作做出符合新时代需要的创造性阐释，为时代的发展提供精神动力。这种不断地返本开新的思想创造活动，就形成了生生不息的元典文化的学术史、思想史。

历代学人对元典精神的时代性阐释，都是元典文化精髓在更高层次上的发扬和转换，是将原有文化元典本已蕴含的文化意蕴在新形势下重新发现、重新唤起，并赋之以新的生命活力。这样，历代学人对文化元典的重新阐释，就构成了中华文化精神的发展史。我们今人所继承的中华文化传统，就是这样伴随着时代的发展在不断的阐释中形成的。中国文化精神，不仅深埋在固有的文化元典中，也活跃在历代学人对元典不断阐释的学术史之中。而要认识今天中国文化的基本精神，理解这种文化的思维特性，洞彻我们的民族心理，就需要下功夫去做元典学术史的研究工作，并把研究的成果向社会推广。济南出版社策划出版的这套《中华元典学术史》丛书，立意就正在这里。本丛书的组织者，希望我们的社会大众，能够在这套书中，看到我们民族文化的精髓和内核，了解中国思想文化发展的历史轨迹，明白民族文化的发展趋势和历史走向，从而更加科学而理性地看待我们所传承并将继续发扬光大的民族文化传统。

从这样的著述宗旨出发，我们要求著述者坚持学术史研究最重要的方法论思想，深刻揭示元典著作被不断阐述、返本开新的时代内涵，从中国历史的发展过程中阐释元典精神的生命力；

从学术史著述的基本特性出发，我们要求著述者严格遵循传统的"辨章学术、考镜源流"的学术史逻辑，清晰地描述元典精神发展演变的历史线索，以揭示中国文化精神的思想轨迹；

从本丛书的社会使命出发，我们要求著述者偏重从思想史的角度，梳理元典思想发展的线索，而不囿于传统元典研究的文献考订方面，将读者定位于社会大众，希望社会读者能够真正得到思想的启发；

从本丛书的预期效果出发，我们要求著述者恪守"学术著作、大众阅读"的著述风格，要求在坚持学术性的同时强调可读性，把适合大众阅读作为在写作方面的基本原则。

经过几年的努力，本丛书终于要和读者见面了。自我检视，这些著述已经实现了丛书设计者的初衷，达成了预期目标，可以放心地交给社会大众去接受检验了。当然，文化著述的最终评判者是读者，是真正喜欢它们的社会大众。我们真诚地希望丛书可以唤起人们对元典文化的热爱，唤起人们对自我文化传统学术史和思想史的关注，从民族文化的历史脉络中汲取营养，从而更自觉地承担起传承中华民族优秀文化传统的历史使命。

李振宏

2022 年 7 月 20 日

目　录

前　言 / 01

第一章　父子相继,创为通史:《史记》的成书与流传 / 09

《史记》的作者及成书背景 / 10

《史记》的版本与流传 / 34

第二章　天人古今,实录为根:《史记》的写作主旨及思想
价值 / 45

《史记》"究天人之际" / 46

《史记》"通古今之变" / 59

《史记》"成一家之言" / 71

《史记》的实录 / 76

第三章　实录谤书之争:汉魏晋南北朝《史记》学术史 / 89

对司马迁与《史记》的评论 / 90

对《史记》历史人物及事件的评论 / 126

刘勰《文心雕龙·史传》对《史记》的评价 / 138

第四章　褒贬与实录并重：唐代《史记》学术史 / 147

刘知幾《史通》对《史记》的评论 / 148

纪传体正史的确立与对《史记》体例的讨论 / 177

对直道与信史的追求 / 191

第五章　上下求索，会归于理：宋元《史记》学术史 / 197

通史撰述的兴盛与《史记》体例的评价 / 198

马班比较论的全面展开 / 214

对司马迁思想及史家修养的评论 / 223

论史之风及《史记》评论的义理倾向 / 234

第六章　博其大义，成其文章：明代《史记》学术史 / 247

古文统序的形成与《史记》经典地位的确立 / 248

马班比较论的总结趋势 / 257

良史论与"史公三失"论的翻案 / 263

纪传体通史的衰微与《史记》体例论 / 278

第七章　镕历代，思通变：清代《史记》学术史 / 285

桐城派的《史记》评论与古文理论的体系化 / 286

从班马优劣到班马异同 / 295

对《史记》体例的理论总结 / 301

对"谤书"发愤说的否定与史德论 / 311

第八章　综合性多学科研究:近现代《史记》研究及其

　　　　　方法论 / 327

　　　　新史学建设与《史记》研究的新变 / 328

　　　　唯物史观与《史记》思想理论研究 / 340

　　　　《史记》的多学科研究 / 350

第九章　《史记》学术史的历史评说 / 365

前　言

　　司马迁的《史记》是中国文化史上的巨著，它在史书体例、史事叙写、历史思想和方法方面全面发展了古代史学。自它完成之日起，人们就对它的体例、思想、叙事等展开了探讨，直至今日，它仍是人们学习与研究的重要经典。可以说，学习与研究《史记》已经是中国学术史上的一个优良传统。

　　在《史记》之前，学术活动中已经有一些历史撰述和史学评论，如孔子作《春秋》，以及孟子对孔子著史的评价，并且提出了一些理论范畴，如"事""义""文"的评价标准、书法不隐的撰述原则等，但那时的史学研究还处于萌芽状态，并没有形成自觉的史学发展意识。直至司马迁撰《史记》，对先秦史学进行了全面的总结和发展，才确立了史学的学术地位。首先，司马迁在总结先秦学术的基础上，整合了人们关于社会、历史与人的思想认识，使其具有了较稳定的内涵。其次，《史记》在各个方面所达到的成就，为后来的史家树立了典范，使史学在诞生之初就具有了鲜明的民族特征，为人们全面系统地认识史学的内容和形式提供了高起点的参照标准，从而在民族性和典范性方面为史学发展做好了准备。最后也是最为重要的是，司马迁在总结历史经验和探索历史发展规律上所表现的自觉性，以及忠于撰述理想的精神，即在"究天人之际，通古今之变"的基础上对"成一家之言"的追求，促使后来史家生成了坚守实录、不断创新的内在动力。因此，全面地认识《史记》在中国学术史上的地位及影响，对推进司马迁与《史记》研究，对发掘学术发展的优秀传统与民族特点，都是很有必要的。

近现代学者已经在各个领域对历代《史记》研究资料展开了整理与研究工作，这些成果对我们全面了解历代《史记》研究特点有很重要的参考价值。

20世纪的学者中，陈直是较早结合出土文献研究《史记》学术史的一位。他在1957年发表了《汉晋人对〈史记〉的传播及其评价》一文，对晋以前的《史记》传播与评价情况进行了细致全面的梳理。在《史记》传播方面，他提出十五个关键节点，如杨恽为传播《史记》之始，褚少孙、冯商为续补《史记》之始，桓宽《盐铁论》为引用节括《史记》原文之始，等等；在《史记》评价方面，他引述汉晋学者扬雄、王充、班彪、班固、桓谭、张衡、范升、颖容、荀悦、张辅、傅玄、袁宏等19家评语并一一分析，其中涉及评语两汉的有11条、三国的有2条、两晋的有3条。他还利用罗布淖尔残简、居延汉简、汉碑等出土文献考察相关问题，认为《史记》在东汉时尚未得到正确评价，至晋，马班优劣始有定评。陈先生此文资料翔实，条分缕析，开后来断代梳理《史记》研究史的先河，为后人进一步研究提供了完备的资料和清晰的线索。

至20世纪80年代，张大可、杨燕起等学者开始逐步总结《史记》学术研究的成果。杨燕起、陈可青、赖长扬选编的《历代名家评〈史记〉》（1986 年），选录 1949 年底以前历代学者研读《史记》的重要评论，上篇总论按主题编次，下篇则分篇汇集评论，是一本带有总结性和指导性的文献资料书，在一定意义上勾画了"史记学"发展史的基本线索。此外，杨燕起、俞樟华还编写了《史记研究资料索引和论文专著提要》（兰州大学出版社，1989 年）。在此基础上，杨燕起在《史学论衡》发表了《史记研究史述略》（1991 年）一文，可以说是在全面梳理历代《史记》研究资料的前提下自然结出的果实。

张新科、俞樟华的《史记研究史略》（三秦出版社，1990年），应是我国第一部对历代《史记》研究进行宏观概括的专著。全书分十章，提出汉魏六朝是《史记》的传播和初步研究时期，唐代奠定了《史记》在史学和文学上的地位，宋代始开《史记》评论之风，元代多以戏曲的形式搬演《史记》人物，明代是《史记》评点的兴盛期，清代是研究《史记》的高峰期，清末至新中国成立前为《史记》的承前启后期，新中国成立后是《史记》的全面丰收期，并概述了中国台湾、欧美和日本学者研究《史记》的状况。该书对《史记》研究史进行了初步分期，并对不同时期的研究特点进行了多元分析，可称是一部分期得当、系统精要的著作。此后，陆续有一些单篇论文对发愤著书、史公三失等论题进行历时性梳理和探讨。世纪之交，张大可、郑之洪的《二十世纪的〈史记〉研究与文献价值》(1997—1998 年)、曹晋的《〈史记〉百年文学研究述评》（2000年)、陈桐生《百年〈史记〉研究的回顾与前瞻》 （2001 年）等论文则对 20 世纪的《史记》研究进行了总结。史学领域，瞿林东主编的"20 世纪二十四史研究丛书"之一的《史记研究》

（施丁、廉敏编，中国大百科全书出版社，2009 年），整理选编了 20 世纪《史记》研究的代表性论文，为我们总结此期的学术发展史提供了便利。

进入 21 世纪，学术史总结成为学术发展的必然要求。随着一些大型明清文献的整理出版，以及陕西师范大学与渭南师范学院组织整理的一系列明清《史记》考评专书的出版，在全面整合资料的基础上，学术界开始对《史记》研究史开展总结工作，出版了一些专著。首先，张新科的《史记学概论》（商务印书馆，2003 年）对"史记学"的产生发展、性质特点、社会功能、基础理论、基本方法和发展规律等基本问题展开论述，从范畴论、价值论、源流论、本质论、方法论、生存论、主体论等方面构建了"史记学"的学科体系。在"源流论"中，张先生进一步提出"史记学"的分期：汉魏六朝是萌芽期，唐宋是形成期，元明是发展期，清代是高潮期，近现代是转折期，而把新中国成立后的"史记学"又细分为初见成效期（20 世纪 50 年代）、逐步深入期（20 世纪 60 年代）和全面丰收期（20 世纪 70 年代至 2003 年），这较他在《史记研究史略》中的分期更细致了。可见，随着学术研究在各方面的发展，人们对《史记》研究史的认识也在不断深化。

其次，杨海峥的《汉唐〈史记〉研究论稿》（齐鲁书社，2003 年）对汉唐《史记》研究，尤其是对唐代的《史记》注和《史通》的相关评论进行了细致分析。全书分四章，其引言对汉代至现当代的《史记》研究情况进行了简要概括。第一章主要分析了扬雄、王充和班氏父子对《史记》的评论；第二章重点分析《文心雕龙》中的《史记》评论，以及此期研读和注释

《史记》的概况；第三章重点分析了司马贞《史记索隐》和张守节《史记正义》的注释体例、内容和特点，并进一步探讨了三家注的形成及其影响；第四章主要分析刘知幾《史通》对《史记》的评价。该书是对《史记》研究史的某一时段展开分析，在资料搜集上力求细致全面，论析精细，不避繁难，使得有些学术问题得到透彻的解析，有披荆斩棘之功。

俞樟华、虞黎明、应朝华的《唐宋史记接受史》（吉林人民出版社，2004 年）则以接受史和影响史理论为指导，从唐宋诗词、史书、散文、小说和话本等对《史记》的接受角度全面总结了《史记》的影响，并且从编纂体例、班马异同、文章风格、史公三失、人物品评和考证史实几方面分析了宋代《史记》阐释的情况。此外，其"附录"还对《史记》名篇，如《留侯世家》《伍子胥列传》《魏公子列传》《屈原贾生列传》《廉颇蔺相如列传》《货殖列传》等的接受史加以初步梳理和论述。从时段上看，该书可上接杨海峥之作，内容上，则结合唐宋社会历史文化背景，把《史记》与整个文学体裁和风格的发展联系起来，对《史记》接受史和影响史展开了深入而立体的研讨，对问题的阐发既能具体而微，又能宏观延伸，对进一步总结《史记》学术史颇有启发之效。

以上两部著作都是断代《史记》研究史，因宋以后至明清时期的《史记》研究资料还未得到全面整理出版，相应时段的研究也稍稍滞后。近年来，对清代《史记》研究和评论方面的探究也逐步展开。张新科的《论清代的〈史记〉文学评论》（2016 年）对清代学者从文学角度评论《史记》的特点进行了分析。还有徐元南的《清人〈史记〉研究的成就》（2003 年）、董焱的《清代〈史记〉的研究成就》（2007 年）、王晓玲的《清代〈史记〉文学阐释论稿》（2012 年）等论文，分别从文献学、史学和文学角度对清代《史记》的研究状况进行了各有侧重的探讨。

张新科的《〈史记〉文学经典的建构之路》（中国社会科学出版社，2021 年）是其国家社科基金"《史记》文学经典的建构过程及其意义"的结项成果，主要探讨历史巨著《史记》如何成为文学经典的问题。本书共十章，40 多万字，从《史记》对前代文学经典的接受谈起，依次总结了汉魏六朝、唐代、宋代、元代、明代、清代、近现代和当代，以及海外的《史记》接受与研究的情况，并结合不同时代文化背景加以解说。该书主要从文学著作对《史记》评价、阐释和接受的角度梳理《史记》经典化的线索，认为汉魏六朝是《史记》文学经典化的起步阶段，唐代奠定了《史记》文学经典的地位，宋代确立了《史记》文学经典的地位，元代出现了《史记》文学经典化的新变，明代《史记》的经典地位得到进一步巩固，清代是《史记》文学经典化的高峰期，近现代则加强了其文学经典地位，当代是《史记》文学经典化的新时代。该书第十章对欧美、东亚地区《史记》文学研究成果进行了概括总结，其中对日本《史记》研究成果的总结较详细。总体上，该书对汉以来的《史记》文学阐释史和影响史做了贯通性研究，揭示了《史记》文学经典形成的内在和外在因素。

此外，张大可、安平秋、俞樟华主编的《史记研究集成》（华文出版社，2005 年），张新科、高益荣、高一农主编的《史记研究资料萃编》（三秦出版社，2011 年），张大可、俞樟华、

梁建邦编的《史记论著提要与论文索引》（商务印书馆，2015
年），以及赵光勇、袁仲一、吕培成、徐卫民主编的《史记研究
集成·十二本纪》（西北大学出版社，2019 年），对两千多年的
《史记》研究成果都进行了全面汇总，并对古今中外各个领域学
者的代表性著作和重要观点加以概括，为今后《史记》研究向
更高层次发展提供了极大的便利。学术研究的突破，往往需要
在文献资料方面先取得新的拓展，才能使研究者对某些问题有
更客观、更全面、更准确的认识。

　　本书在上述相关研究成果基础上，对《史记》学术史进行
较为系统简要的梳理。在结构上，本书主要按时代顺序梳理各
个时期有代表性的《史记》学术成果及其观点，时间断限写到
现当代，是《史记》研究的学术通史。在内容上，对汉至清的
古代部分详写，对近现代部分简写，主要描述其研究状况与发
展趋势。对每一时代《史记》研究史、阐释史的梳理，力求讲
清楚阐释者的观点、阐释内容、阐释的新成分及其思想背景、
新增思想成分的思想价值等问题，并结合时代思潮进行评价。
在章节安排上，尽量通过梳理具有连续性论题的发展过程，辨
析其源流与是非，以期更清晰具体地呈现《史记》学术史的发
展线索；同时，由于资料所限，已有相关著述对明清时段《史
记》研究史、阐释史尚有不足，本书在资料方面，充分利用近
年来《史记》整理与研究的新成果，如史评、史钞、文集、文
话与笔记中的有关评论。此前为完成教育部课题，作者曾对清
代文集中的《史记》考评资料进行了全面整理，计有 700 余家
近 250 万字的评论资料，并指导学生对明清相关《史记》研究
家和考评著作开展了初步研讨，因此对明清《史记》研究状况

有了相对完整清晰的认识，故而在总结明清《史记》学术史时注重集部史料的使用。兼顾文史两方面研究成果，也可以说是本书的一个尝试。再者，本书注重从思想史角度阐释《史记》学术史中的论题，以及这些论题在史学、经学和文学中的复杂关系，以此凸显学术思想前后相承的线索和《史记》在学科关系架构中的重要作用。限于篇幅及资料整理的程度，本研究只能就历代学者最具代表性的《史记》阐释成果展开讨论，有些问题虽与《史记》学术史的发展有密切关系，如《史记》在历代的刊刻与流传，以及学者们对《史记》内容的考订、文笔的赏评等，都未能进行深入探讨。本书也未涉及海外《史记》研究状况，所幸前人对海外《史记》研究已有相关论著，如上所述，张新科的专著已有专门总结，另有杨海峥的《日本〈史记〉研究论稿》（2017）对日本《史记》研究也进行了切实深入的总结，读者诸君可参看。

第一章
父子相继，创为通史：《史记》的成书与流传

　　《史记》的成书，离不开司马谈、司马迁父子数十年艰辛的努力。他们所创的纪传体通史体例也是前所未有的史学成果。《史记》成书后，传至西汉末就有一些篇目亡缺了。后来学者不断续补、注解、校订与评析，使《史记》版本渐精，相关问题的讨论得以延续不绝。这些情况，有助于我们理解《史记》学术史的发展，试简述之。

《史记》的作者及成书背景

《史记》是在司马谈和司马迁父子两代人的持续努力下完成的。从时代发展看，他们处于汉武帝时期封建社会生机勃发的阶段，关于时代的一些课题，如"天人之际""古今之变""兴坏之理"都需要史家来解答，《史记》就是在这种情况下应时而生的。就个人因素来看，司马迁在史学、思想与文学上的全面修养，使《史记》成为在史学和文学上都很难超越的典范，成为史学思想史上与哲学思想史上不可缺少的一环。

一、司马迁的生平与《史记》的成书

要了解司马迁的生平经历及《史记》成书的过程，现存最直接最可靠的依据有两个：一是司马迁自己写的《太史公自序》，它排在《史记》的最后一篇，第一百三十卷；二是他写给朋友任安的一封信《报任少卿书》。后来，班固给司马迁作传，就是把这两篇基本史料进行截取组合，再加上自己的一些评判，从而形成了《汉书·司马迁传》。因此，我们主要从这三篇文献及《史记》相关记载了解司马迁的生平。

（一）司马迁的家世

司马迁，字子长。关于司马迁的生年一直有两种说法：汉景帝中元五年（前145），汉武帝建元六年（前135）。二者相差十年。王国维持前说，学术界一般依从其说。但后经李长之、郭沫若等学者进一步考证，近年主从后说的学者渐多。司马迁卒年不可确考，武帝征和三年（前90）后就基本没有什么活动了。① 他的一生大约与武帝的统治相始终。

司马迁在《太史公自序》中把自己家族的历史追溯到了上古颛顼帝时的重黎氏，"南正重以司天，北正黎以司地"；唐、虞、夏、商，重黎氏"世序天地"；至周宣王时"失其守而为司马氏。司马氏世典周史"；东周以后司马氏分散在各诸侯国，有司马错、司马靳这样的军事家，也有司马昌、司马无泽等主管经济的官员。司马无泽就是司马迁的高祖，曾为汉市长。祖父司马喜，有五大夫爵位。父亲司马谈（？—前110）在汉武帝建元（前140—前135）至元封（前110—前105）之间为史官，做汉太史令三十年。

司马谈对司马迁作《史记》有重要影响。司马谈担任太史令，不仅多方学习天官之学，而且通晓其他学派学术。《太史公自序》曰："太史公学天官于唐都，受易于杨何，习道论于黄子。"是说父亲司马谈曾跟随当时著名的学者学习天文、《周易》

---

① 王国维（《司马迁行年考》）认为司马迁卒于昭帝之初（前86年左右），享年六十岁，见《观堂集林》卷十一；郭沫若（《〈太史公行年考〉有问题》）认为司马迁生于公元前135年，卒年为前93年，卒于四十三岁，见《历史研究》1955年第6期。

和道家学说。司马谈还在总结先秦学术流派的基础上，写了一篇具有学术价值和政治意义的论文——《论六家要旨》，对先秦以来的阴阳、儒、墨、名、法、道六家的基本内容和特点进行了评价。论文开篇比较了儒、道之后提出："夫神大用则竭，形大劳则敝。形神骚动，欲与天地长久，非所闻也。"篇末又总结说："神者生之本也，形者生之具也。不先定其神（形），而曰'我有以治天下'，何由哉？"这就说明他的学术总结是落实在当时的政治上的，并对汉武帝求神仙、"欲与天地长久"的举动和"我有以治天下"之术表明了自己的态度。而他这种综观前代学术的气度与关注现实的政治态度都被司马迁继承了下来。《史记》中儒、道、法、汉初黄老之学都有相应的篇章，如《孔子世家》《仲尼弟子列传》《儒林列传》《老子韩非列传》《孟子荀卿列传》等，其中对诸家学说及相关历史人物的评价，基本与司马谈《论六家要旨》的看法一致。因此，可以说《太史公自序》载录《论六家要旨》全文，正体现了司马氏父子共同的认识。

元朔七年（前122），汉武帝获白麟，认为这是国家兴盛太平的吉祥之兆，于是立年号为"元狩"，称该年为元狩元年（前122）。《史记》记事的截止年就是汉武帝获麟这一年，《太史公自序》曰："于是卒述陶唐以来，至于麟止，自黄帝始。"因为孔子作《春秋》绝笔于获麟（前481），恰好与汉武帝元朔七年获白麟对应，故司马氏效仿孔子，把《史记》记事下限定在这一年。但这句话却有两个记事起点，一是陶唐，即尧的时代；另一个始于黄帝。再加上《太史公自序》末尾"太史公曰"又提出"余述历黄帝以来至太初而讫"，这样又有两个记事下限，一是麟止，一是太初。学者们一般认为，前一个起讫时间是司马谈最初构想的作史计划，后一个起讫时间，即始于黄帝、讫于太初是司马迁后来在写的过程中扩展了父亲的计划。因此，有学者推测，从元狩元年开始，司马谈已经动笔作史，至其元封年间卒，已有十几年时间。那司马谈所作史，应该已有一定规模了。① 司马谈临死时告诉司马迁，要做第二个孔子，写第二部《春秋》。司马迁继承了父亲遗愿，忍辱负重，写成了《史记》。可以说，《史记》成书于司马迁，但始于司马谈。

《太史公自序》云："太史公执迁手而泣曰：'余先周室之太史也。自上世尝显功名于虞夏，典天官事。后世中衰，绝于予乎？汝复为太史，则续吾祖矣。……'迁俯首流涕曰：'小子不敏，请悉论先人所次旧闻，弗敢阙。'"这说明司马谈生前已在"世典周史"之先祖遗业的激励下确立了自己的修史使命，并且已经进行了编次旧闻的工作。对于司马谈是否已经开始写作《史记》，后人后文多有考索，如《隋书·经籍志》、司马贞《史记索隐序》、《旧唐书·经籍志》、晁公武《郡斋读书志》、俞正燮、方苞、王国维、顾颉刚、李长之、赖长扬、日本学者泷川资言等。各家论列司马谈所作《史记》篇目有数十篇，如《五帝本纪》《秦本纪》《孝文本纪》《卫康叔世家》《管蔡世家》《陈杞世家》《刺客列传》《樊郦滕灌列传》《郦生陆贾列传》《滑稽列传》等。有学者还进一步论证，司马谈在确定

---

① 参见顾颉刚：《司马谈作史》，《史林杂识初编》，北京：中华书局。赖长扬：《司马谈作史补正》，《史学史研究》1981 年第 2 期。赵生群：《司马谈作史考》，《南京师范学院学报》1982 年第 2 期。张大可综合古今学者的考论，认为司马谈作史已达 37 篇，五体皆备，参见张大可：《〈史记〉史话》，北京：国家图书馆出版社，2015 年，第 18 页。

《史记》通史形式及本纪、世家、列传等体例内容，以及成一家之言的提出方面，对《史记》的成书起着至关重要的作用。① 当然，《史记》得以最后成书，还是取决于司马迁的个人学养及其特殊经历。

（二）司马迁的学养与漫游经历

司马迁在《太史公自序》称自己"年十岁则诵古文"，年少时曾向孔安国学习古文《尚书》，又曾向董仲舒学习公羊派《春秋》。孔安国以通晓《尚书》而闻名，汉武帝时被任命为博士；董仲舒更是汉武帝时知名的《春秋》学专家。司马迁青少年时期即得到他们的指导，这对他学术修养的全面提升起到很大作用。班固在《汉书·儒林传》记载了"孔氏有古文《尚书》，孔安国以今文字读之"，"而司马迁亦从安国问故。迁书载《尧典》《禹贡》《洪范》《微子》《金縢》诸篇，多古文说"。这说明，司马迁当时对古文和今文经典都广泛学习，而犹重《尚书》《春秋》这样的历史著作。据卫宏《汉旧仪》记载，司马迁十几岁时，父亲司马谈曾让他外出"求古诸侯史记"。这也间接说明司马氏父子确实为修史之业做了长期的有计划的准备。

此外，他的父亲司马谈还安排他进行了一次壮游，大概是在司马迁二十岁时。《太史公自序》曰："二十而南游江、淮，上会稽，探禹穴，窥九疑，浮于沅、湘；北涉汶、泗，讲业齐、鲁之都，观孔子之遗风，乡射邹、峄；厄困鄱、薛、彭城，过

---

① 参见赵生群：《〈史记〉编纂学导论》，南京：凤凰出版社，2006年，第5—9页。

梁、楚以归。"司马迁南游江淮，北至齐鲁，复转而南游，主要
目的是对上古传说、孔孟遗风、战国四公子及楚汉相争等历史
进行实地考察，同时对山川地理、文化风俗、历史故事、社会
状况也有了全面了解，这为他日后写《史记》打下了坚实的基
础。这是第一次壮游。

司马迁回到长安后，做了郎中，元鼎六年（前 111），奉武
帝命出使西南夷。他沿途对西南地区的山川地理、人文风俗、
民族状况等做了考察。这是第二次漫游，也是司马迁出仕后做
的第一件重要工作。这为他后来写作《史记》中的《西南夷列
传》奠定了基础。

大概在元封元年（前 110），司马谈去世。元封三年（前
108），司马迁承父职做了太史令，由此开始阅读皇家收藏的史
料，"缙史记石室金匮之书"，继续父亲论载历史的事业。早于
承接太史令前，司马迁还曾多次扈从汉武帝巡幸各地。元鼎四
年（前 113）、元鼎五年（前 112），司马迁曾从武帝周游河洛，
西登崆峒，北出萧关，猎于新秦中。① 此外，元封四年（前
107），他还曾参加国家封禅盛典，随汉武帝封禅泰山，之后巡
视北部、东部而归。这些活动，不仅使司马迁能够更广泛、更
深入地搜罗实地史料，还使他领会了汉武盛世的时代气息，洞
察到封建中央王朝的权力运作及其中存在的隐患。这对《史记》
"究天人之际，通古今之变"的恢廓规模及疏荡文风的形成，无
疑是不可或缺的。

---

① ［汉］司马迁：《史记·平准书》，点校本二十四史修订本，北京：中华书局，
2014 年，第 1733 页。

后人对此多有论及，如苏辙云："太史公行天下，周览四海名山大川，与燕、赵间豪俊交游，故其文疏荡，颇有奇气。"① 顾炎武曰："秦楚之际，兵所出入之途，曲折变化，唯太史公序之如指掌。以山川郡国不易明，故曰东曰西曰南曰北，一言之下，而形势了然。……盖自古史书兵事地形之详，未有过此者。太史公胸中固有一天下大势，非后代书生之所能几也。"② 这都是说司马迁得江山之助，在多次游历中对各地地形要塞、风土人情了然于心，养成了总览全局的眼光。之后发生的李陵事件，又迫使他在阔大的心胸中注入了深刻的思考，仿佛经过烈火淬炼的宝剑，最终使《史记》呈现出雄健深沉的品格。

（三）李陵之祸

太初元年（前104），武帝下令实行太初历，即改秦历为夏历。司马迁作为这部历法的主要参与者，认为这应该是一个新纪元的开始，因此在这一年着手写《史记》。之后的六七年，司马迁一面担任太史令之职，一面作史。正当他专心著述之际，天汉二年（前99），发生了李陵兵败匈奴并投降的事件。天汉三年（前98），司马迁认为李陵并非真投降，而是有意麻痹匈奴，伺机而动。武帝以为他为李陵辩护是"欲沮贰师"，即贬低贰师将军李广利击匈奴功少失多，于是定他"诬上"之罪，处以腐刑。按照当时的法律，司马迁可以用罚金赎罪，但"家贫，

---

① ［宋］苏辙：《栾城集》卷二十二《上枢密韩太尉书》，上海：上海古籍出版社，1987年，第477页。

② ［清］顾炎武著，［清］黄汝成集释：《日知录集释》卷二十六"史记通鉴兵事"，长沙：岳麓书社，1994年，第891页。

贷赂不足以自赎，交游莫救，左右亲近不为壹言"。在这种境况下，司马迁在生死选择的痛苦挣扎中，最终决定接受腐刑，以保全性命，来完成《史记》的写作。这个选择对司马迁来说是极其艰难的。他在《报任少卿书》中写道："行莫丑于辱先，而诟莫大于宫刑。刑余之人，无所比数，非一世也，所从来远矣。昔卫灵公与雍渠载，孔子适陈；商鞅因景监见，赵良寒心；同子参乘，爰丝变色：自古而耻之。夫中材之人，事关于宦竖，莫不伤气，况慷慨之士乎！"接受宫刑之后成为宦官，是极为可耻的事情，连孔子这样的圣人也瞧不起宦竖。对于一般人来说，这已经是不能承受的打击，更何况司马迁素有建功立业之心，并肩负司马氏家族修史的遗命，情何以堪？他描绘自己当时的处境是"见狱吏则头枪地，视徒隶则心惕息"，当时的心情是"仆以口语遇遭此祸，重为乡党戮笑，污辱先人，亦何面目复上父母之丘墓乎？虽累百世，垢弥甚耳！是以肠一日而九回，居则忽忽若有所亡，出则不知所如往。每念斯耻，汗未尝不发背沾衣也"。他说"李陵既生降，隤其家声"，即指李陵败坏了李氏家族的声誉。这何尝不是司马迁自己对司马氏家族的担忧。这一事件，在司马迁内心激起的种种情绪恰如惊涛骇浪，所以，当他写到韩信囚斩钟室、周勃侵辱于狱吏、周亚夫呕血而亡，都自然生发出一种深深的无奈与同情。这使他对君臣关系、法吏的运用、汉匈战争等问题有了更深入的思考。

　　同时，这一事件也促使司马迁对此前记写的历史人物和历史事件进行重新审视，形成了更深刻的反思，提升了自己的史识，进而令《史记》的思想内容更加丰富。一方面他对人的生死选择与人生价值进行了理性的思考："假令仆伏法受诛，若九牛亡一毛，与蝼蚁何异？而世又不与能死节者比，特以为智穷罪极，不能自免，卒就死耳。……人固有一死，死有重于泰山，或轻于鸿毛，用之所趋异也。"（《报任少卿书》）就是说，人的追求不同，对生死的选择就不同，人生的价值也不同。因此，在《史记》中，司马迁为那些立名节、慕节义而死的人，如屈原、田横、王蠋、李广、侯嬴以及那些游侠、刺客等立传时，都体现出这种认识。可以说，李陵之祸对司马迁选择传主及评价历史人物的标准有很大的影响。另一方面，他还对著述与人生价值的实现加以重新阐释，提出了"发愤著书"说：

> 退而深惟曰："夫《诗》《书》隐约者，欲遂其志之思也。昔西伯拘羑里，演《周易》；孔子厄陈蔡，作《春秋》；屈原放逐，著《离骚》；左丘失明，厥有《国语》；孙子膑脚，而论兵法；不韦迁蜀，世传《吕览》；韩非囚秦，《说难》《孤愤》；《诗》三百篇，大抵贤圣发愤之所为作也。此人皆意有所郁结，不得通其道也，故述往事，思来者。"

这段文字在《太史公自序》与《报任少卿书》中都出现了，表述稍有不同。但从中可见司马迁对古今大著作产生的条件有了思考，也可以说对自己写作《史记》的价值有了更深刻的反思。即古今大著作，不唯如《春秋》"拨乱世反之正"，亦欲"遂其志之思"，正是他"通古今之变，成一家之言"主旨的绝好阐释。

迫于时忌，《史记》并未详悉记载李陵投降事件的始末。后来，班固作《汉书》，就在《李广苏建传》中原原本本地描绘了这件事情的经过，也算为司马迁代作喉舌吧。

司马迁出狱后，做了中书令。中书令由宦者担任，比太史令职位高，其职责是将皇帝的诏令下到尚书，又将尚书之奏议转呈皇帝，包括代皇帝起草诏令，所以班固在《汉书·司马迁传》中称"迁既被刑之后，为中书令，尊宠任职"。但对司马迁来讲，这是莫大的耻辱。所以，当他的朋友益州刺史任安写信劝他"以推贤进士为务"，他怀着悲愤之情写了《报任少卿书》，谢绝了朋友的要求。据学者考证，这封书信作于征和二年（前91），信中载任安抱不测之罪，将在季冬处决。这里的不测之罪，就是由戾太子而引发的巫蛊之案，当时任安接受了戾太子要求发兵的符节，但并未发兵帮助太子。武帝认为任安是首鼠两端、怀有二心，故诏弃市。而在信中，司马迁自述："仆窃不逊，近自托于无能之辞，网罗天下放失旧闻，略考其行事，综其终始，稽其成败兴坏之纪，上计轩辕，下至于兹，为十表，本纪十二，书八章，世家三十，列传七十，凡百三十篇。"这部分叙述与《太史公自序》稍有不同。《太史公自序》称："略推三代，录秦汉，上记轩辕，下至于兹，著十二本纪，既科条之矣。并时异世，年差不明，作十表。礼乐损益，律历改易，兵权山川鬼神，天人之际，承敝通变，作八书。二十八宿环北辰，三十辐共一毂，运行无穷，辅拂股肱之臣配焉，忠信行道，以奉主上，作三十世家。扶义俶傥，不令已失时，立功名于天下，作七十列传。凡百三十篇，五十二万六千五百字，为《太史公书》。"两段记载主要的不同是五种体例的编次顺序不同，《报任少卿书》是"表"在"本纪"前，而《太史公自序》先说"本纪"，后说"表"，与今本《史记》编次相同。另外，《报任少卿书》未提及成稿的名称和总字数，而《太史公自序》有细致的说明。这说明《报任少卿书》所述的情况比《太史公自序》记载的内容要早。也可见司马迁在征和二年已基本完成了《史记》的写作，但尚未定稿，后期应该又进行了修订。

《报任少卿书》的写作时间对推知司马迁的卒年及写作进程有重要的意义，成为历代学者关注的一个重要问题。清代学者赵翼认为，从司马迁担任太史令至征和二年，前后约十八年，《史记》最终完成，《报任少卿书》也写在此年。此后司马迁尚存，很可能对《史记》进行删订改削，盖书之成凡二十余年。①而近代学者王国维在《太史公行年考》中认为《报任少卿书》作于汉武帝太始四年（前 93），进而根据《史记》中所记的最晚一事是征和三年李广利战败投降匈奴的事情，判断《史记》记事下限是征和三年。当然，如果考虑到司马迁的父亲司马谈任太史令期间所做的准备工作，《史记》的创作时间是远远超过二十年的。大约在写了《报任少卿书》之后，司马迁就没有踪迹可寻了。有学者认为由于这封书信的内容被汉武帝知悉，再加上巫蛊之祸的余惧尚在，司马迁很可能就此下狱而死。②

综上，司马氏父子对《史记》的写作各有贡献，而司马迁更是自少年时即为作史进行着各方面准备，可以说，《史记》的写作伴随了他的一生。那么，是什么样的力量支撑着父子两代

---

① ［清］赵翼著，王树民校证：《廿二史劄记校证》卷一《司马迁作史年岁》，北京：中华书局，1984 年，第 1 页。
② 参见朱维铮：《朱维铮史学史论集》，上海：复旦大学出版社，2015 年，第 111—112 页。

人孜孜不倦、前仆后继，甚至甘愿忍辱受耻，也要完成这样一部著作呢？

二、司马氏父子的写作动因

司马氏父子对自己的历史使命有清楚的认识，即在总结文化的基础上振兴史家之文。可以说，司马谈一开始就确定了这个人生方向。

1. 接续历史文化的自觉意识与使命感

司马迁在《太史公自序》中说：

> 太史公曰："先人有言：'自周公卒五百岁而有孔子。孔子卒后至于今五百岁，有能绍明世，正《易传》，继《春秋》，本《诗》《书》《礼》《乐》之际？'意在斯乎！意在斯乎！小子何敢让焉。"

据张守节《史记正义》，这里的"太史公"是司马迁，而"先人"就是司马谈。这里司马谈把周代以来的两大文化巨人，即周公和孔子，作为历史阶段的重要标志，认为他们是划时代的人物，他们主要的功业就在继承明世文化。具体从何做起呢？司马迁接着又引述了父亲的话："余闻之先人曰：'伏羲至纯厚，作《易》《八卦》。尧舜之盛，《尚书》载之，礼乐作焉。汤武之隆，诗人歌之。《春秋》采善贬恶，推三代之德，褒周室，非独刺讥而已也。'"就是说，《易》《尚书》《诗经》《春秋》这些古代典籍都记载了当时的历史。这些书在汉代是被奉为经的，而司马谈把它们看成是记录远古以来史事的史籍，并认为它们已形成前后相承的序列，这表明他已经有通观历史的眼光。基于这种认识，司马谈把接续这样一个作史序列看作自己的历史使命，并以此激励儿子司马迁：

> 夫天下称诵周公，言其能论歌文武之德，宣周、邵之风，达太王、王季之思虑，爰及公刘，以尊后稷也。幽、厉之后，王道缺，礼乐衰，孔子修旧起废，论《诗》《书》，作《春秋》，则学者至今则之。自获麟以来四百有余岁，而诸侯相兼，史记放绝。今汉兴，海内一统，明主贤君忠臣死义之士，余为太史而弗论载，废天下之史文，余甚惧焉，汝其念哉！①

这段话具体讲了周公在文化史上的贡献。在司马谈看来，其核心成就依然是记载周代先祖从后稷、公刘、太王、王季至文王、武王的历史，以及周公自己所在时代的历史。这些历史都保存在《诗经》《尚书》中了，这也是周公能为天下人称颂的原因。孔子又接续了周公的事业，讨论《诗》《书》，继作《春秋》；孔子能扬名后世，也在于他能"修旧起废"。自孔子作《春秋》至汉代，已有四百多年了，由于诸侯兼并，战争不断，导致"史记放绝"，司马谈认为自己应该继承周公、孔子以来的作史传统，承担起振兴史文的责任。

这几段话，都是司马谈讲的，而司马迁把它们记载在《太

---

① [汉] 司马迁：《史记·太史公自序》，点校本二十四史修订本，北京：中华书局，2014 年，第 4001 页。

史公自序》中，一方面突出了父亲司马谈作史的强烈使命感，另一方面也可视作是司马迁对自己的鞭策。可以说，司马氏父子一开始就把自己的人生目标设在人类文化承传的历史坐标系中，这个目标显然超越了一个人短暂的生命历程，这使得他们的眼光能够超越时代限制，而放眼在整个人类历史进程中。作为天官的司马谈，甚至把"五百岁出圣人"看作是历史规律，而使自己的使命具有了某种超越人事、能够上达广阔宇宙的意义。由此产生的精神动力必然是长久的，并且会在个人或国家遭遇困顿时，更能显示其独特的作用。

2. 撰著史文的自觉意识与责任感

作为史家，司马氏对于《史记》写作的时代要求有自觉的认识，并将撰著史书看作史官的基本职责。正如《太史公自序》所说:

> 汉兴以来，至明天子，获符瑞，封禅，改正朔，易服色，受命于穆清，泽流罔极，海外殊俗，重译款塞，请来献见者，不可胜道。臣下百官力诵圣德，犹不能宣尽其意。且士贤能而不用，有国者之耻；主上明圣而德不布闻，有司之过也。且余尝掌其官，废明圣盛德不载，灭功臣世家贤大夫之业不述，堕先人所言，罪莫大焉。

联系上段引文可见，司马氏父子作史的重点，一是孔子获麟以来四百多年的历史，一是汉兴以来的历史，主要目的是记载明圣天子的盛德及功臣世家贤大夫的事迹。这大概是司马谈最初的设想。因为他生活在文帝、景帝及武帝前期，社会正处于汉兴以来最为兴盛安定的上升时期，文化事业的建设，使各种人才得到提拔任用。处在这样的时代氛围中，司马谈自然更关注君主圣明、人才兴盛的局面，并希望通过历史记载宣扬明主贤臣的功业。这种宏阔昂扬的时代气息所产生的推动力，促使他们从总体上论载汉兴以来文化建设的历史。

> 维我汉继五帝末流，接三代绝业。周道废，秦拨去古文，焚灭诗书，故明堂石室金匮玉版图籍散乱。于是汉兴，萧何次律令，韩信申军法，张苍为章程，叔孙通定礼仪，则文学彬彬稍进，《诗》《书》往往间出矣。自曹参荐盖公言黄老，而贾生、晁错明申、商，公孙弘以儒显，百年之间，天下遗文古事靡不毕集太史公。太史公仍父子相续纂其职。

这是对汉兴以来文化历史的总结。萧何、韩信、张苍、叔孙通主要是总结政治军事制度，陆贾《新语》、贾谊《新书》等探讨秦亡的历史教训，黄老、申商、儒家学术都得以发展。到了汉武帝时代，前代积累的文化成果进入综合整理的阶段。司马迁父子恰好相继担任太史令，主持文化典籍的整理工作，他们能够看到这些典籍，是西汉统一、文化兴盛的时代为他们提供了撰史条件。而"史记放绝"四百多年，亟待新的总结性史文出现，他们感受到这个时代要求，并自觉地承担起时代发展赋予他们的历史使命。这不仅突破了太史令"文史星历，近乎卜祝之间"的常规职守，而且为后来史家树立了著史的新目标。

3. 继承家学、立身扬名的自觉追求

父亲的临终遗言对忠孝立身与继承父业的强调，也是司马迁在遭遇李陵之祸后，依然能坚持完成撰著的重要精神力量。司马迁在少年时就受父亲的教诲，将"世典周史"的家族历史与作史的责任感结合起来，由此也可见司马谈的远见和深意。观《太史公自序》，开篇即强调司马氏家族"世典周史"，中间又引司马谈临终嘱托:"余先周室之太史也。自上世尝显功名于虞夏，典天官事。后世中衰，绝于予乎? 汝复为太史，则续吾祖矣。……余死，汝必为太史;为太史，无忘吾所欲论著矣。且夫孝始于事亲，中于事君，终于立身。扬名于后世，以显父母，此孝之大者。"结尾复记太史公之言曰:"於戏! 余维先人尝掌斯事，显于唐虞，至于周，复典之，故司马氏世主天官。至于余乎，钦念哉! 钦念哉!"可以说，继承家族遗业的观念深深埋藏在司马迁的心中，父亲的临终嘱托时时回响在他的耳边。因此，即使在对当权的武帝、当世的政策深感失望的情况下，司马迁依然能够有精神上的支撑。如屈原在《离骚》开篇所颂"帝高阳之苗裔兮，朕皇考曰伯庸"，其中蕴含的实是深重的家族责任感与使命感。而司马迁之所以不同于屈原，在于他更能从文化的总结与承传中汲取精神力量，当司马迁把个人的一生及家族事业放在整个人类历史中去考量的时候，他感到的依然是困厄中奋起的精神。同时，这种继承家学的追求也激发了他建立千秋功业、扬名于后世的愿望。他在《报任少卿书》中抒发了强烈的扬名立身的意识:"所以隐忍苟活，幽于粪土之中而不辞者，恨私心有所不尽，鄙陋没世，而文彩不表于后世也。""古者富贵而名摩灭，不可胜记，唯倜傥非常之人称焉。"司马

迁以古来圣贤作为自己撰著立身的榜样，希望自己也成为"倜傥非常之人"，留名后世。由此他对史文功能有了新的认识，即书郁结，通其道，述往事，思来者。这也是《史记》能够影响后世史学与文学的重要原因。

三、《史记》开创的纪传体通史

《史记》是我国第一部纪传体通史，记事起自传说中的黄帝，下至司马迁生活的汉武帝时代，共二千四百多年的历史，这是时间上的贯通；在内容上，则记载了历代学术文化、政治军事、社会经济、天文地理、民族宗教等的变迁，也是通观全局的。为了表现《史记》"通古今之变"的宗旨，《史记》的体例也是综合古今史著的优长，形成了五体配合而成的综合体，即十二本纪、十表、八书、三十世家、七十列传，共一百三十篇。本纪，主要是以编年的形式，提纲挈领地记载各个时期有关天下大势的大事件，是全书的纲领。故"纪"一般解为纲纪。所谓"本"，就是用追本溯源、原始察终的方法考察这些大事件盛衰转变的整个过程，其主要目的是考察"王迹所兴""见盛观衰"。而有关天下兴衰的关键节点往往呈现为朝代更替中帝王的废立，像秦始皇、刘邦及汉初帝王等本纪都是以人物命名，就体现了这种情况。后人根据标题，往往把"本纪"理解为记天子行事的传记。但本纪中还有一些是以朝代命名的，如《夏本纪》《殷本纪》《周本纪》《秦本纪》，这些就是以整个朝代为考察对象，在更久远的范围内观察历史盛衰的轨迹，更注重揭示盛衰变化的前因后果及历史发展的线索。十二本纪记事大体是略古详今，如五帝时期与夏、商、周三代各立一纪，秦史则有

《秦本纪》与《秦始皇本纪》，汉史就有六纪。其中项羽和吕太后的本纪，历来备受争议：项羽号霸王，并未统一天下；吕后称制，并未建立年号，都不符合天子立本纪的认识，因此成为后人争论的焦点。实际上，按《史记》本意，项羽有灭秦之功，他的胜利是一代王朝灭亡的标志，并且项羽分封各路诸侯，在一段时间内他是左右局势的主要人物。惠帝在位不听政，惠帝之后的幼帝也听凭吕后废立，吕后是当时实际掌控朝廷大权的人。他们都是体现一时盛衰大势的历史人物，即后人所说"天下号令在某人，则某人为本纪"。总之，《史记》立本纪只为纪实，不是为谁争名分、别正统。从《汉书》开始，本纪专记帝王才成为定例，名称也改为"纪"。

表是用表格的形式，排比各朝的历史人物和历史事件，使其简洁明了地呈现出来。《史记》全书十表，分世表、年表、月表三种。除了《三代世表》和《秦楚之际月表》之外，其余都是年表。其中以汉代的年表数量最多，占了六个，即《汉兴以来诸侯王年表》《高祖功臣侯者年表》《惠景间侯者年表》《建元以来侯者年表》《建元以来王子侯者年表》和《汉兴以来将相名臣年表》，记录了汉兴、高祖、惠景间、汉武帝时期侯王将相封赏罢黜的情况，因主要记人事的变迁，又被看作人物表。其他四表主要按年代记述三代、春秋、战国、秦楚之际的事件，被看作大事年表。这是根据内容划分的。合起来看，表对上古以来的历史发展进行了阶段划分。《三代世表》记事自黄帝至共和元年（前841），主要是五帝、夏、商、周王朝的大事记；《十二诸侯年表》记事自共和元年至周敬王崩（前477），即孔子卒后第三年，相当于我们现在说的春秋时期。以上两表的时段是《史记》所说的"上古"。《六国年表》记事自周元王元年（前476）至秦二世之亡（前207），记述了相当于我们现在说的战国至秦统一这段历史；《秦楚之际月表》记事起于陈涉起义（前209），终于刘邦称帝（前202）。以上两表时段司马迁称之为"近古"。《汉兴以来诸侯王年表》以下六表记汉代事，对司马迁来说是当代史。十表对历史阶段的划分表明司马迁在通观三千年历史的基础上，对历史的发展总趋势及其阶段性特征已经有了较为准确的认识。他还在每篇表前写有序论，提示每一历史阶段的主要特征和发展趋势，可以说较为集中地表达了其通古今之变的思想。一般认为，表是配合本纪的，它能使本纪中所记的纷繁复杂的历史大事和人事变化更清晰，使读者一览之下，盛衰可见。此外，表还能补充纪传中不便详写的内容，或者不予立传的人物也可记在表中以补缺漏，这样也避免了纪传的烦冗。后来史家写史，也很重视作表，但因表创作难度较大，亦不便刊刻，正史中的表体时有废止或散佚。有表者唯《汉书》《新唐书》《宋史》《辽史》《金史》《元史》《明史》《新元史》《清史稿》。清代学者重新提倡作表补表，使得表体再度兴盛。

书八篇，以叙述社会制度和自然界现象为主体，分别对礼、乐、律、历、天文、经济、水利、封禅等制度的发展和现状加以系统的记述，其目的是"承敝通变"，即探究并改变前代制度衰敝之处，以求建立更完善的制度。其中《平准书》专记汉代经济制度，《封禅书》主要记秦皇、汉武的封禅活动与制度变迁，是后人关注较多的两篇。八书是我们研究典章制度的历史沿革和司马迁思想的重要史料。班固《汉书》改"书"为

"志"，并增补了《史记》所无的《地理志》《艺文志》等，使典章制度史更为完备。后来正史皆沿用《汉书》称"志"。

世家，司马迁在《太史公自序》中说是为"辅拂股肱之臣""忠信行道，以奉主上"者设立的。从《史记》三十世家来看，有一部分是春秋、战国、汉初所封侯国，以彰显它们"尊周室"或"为汉藩辅"的功业。因此，后来学者据此理解世家就是"王侯传国之家"。但《史记》也有非王侯而入世家的，如《孔子世家》《陈涉世家》和《外戚世家》，这也是后来学者争议最多的几篇。孔子入世家是肯定他"为天下制仪法，垂六艺之统纪于后世"，也就是说，孔子所开创的儒学为后世垂范，是以道业相传者。与孔子相比，陈涉入世家更是争论的焦点。从《史记》中的《陈涉世家》《太史公自序》《秦楚之际月表》来看，司马迁认为亡秦大业由陈涉发起，经项羽灭秦，至高祖统一天下，是一个前后相接的完整过程，而陈涉是发端者，可谓以功业相传者。《外戚世家》主要写使汉家皇朝世代相传的后妃，以及由封侯形成的外戚势力，他们确有辅弼王室之功，就政治影响力而言，应入世家。可见，世家之"家"不专指王侯功业，"世"也不限于一家一姓之相继。能否入世家，最终还要看他们在历史发展过程中是否对国家盛衰、天下兴亡、世道人心有影响力。班固《汉书》不立"世家"，之后的历代正史也没有沿用此体。只有《新五代史》有世家年谱十一卷，《宋史》有世家六卷，可视为效法《史记》世家而作。

列传，专门写历史人物的传记，这是司马迁的创举。在这之前，"传"主要指解经的文献，与经相对，如《春秋公羊传》《春秋穀梁传》《春秋左氏传》等；也可以泛指记事立论的文

献，如诸子著作。《史记》七十列传选择传主的标准是"扶义俶
傥，不令己失时，立功名于天下"，只要是节行突出，在当时建
立功业并影响一时的历史人物和民族，都可以立传，而无关人
物出身贵贱。其中比较特殊的：一是以国族相别的民族传，如
《匈奴列传》《南越列传》《东越列传》《朝鲜列传》《西南夷列
传》《大宛列传》等。二是以类相从的类传，也有学者称为
"杂传"，如《儒林列传》《循吏列传》《酷吏列传》《刺客列
传》《游侠列传》等。三是序传，即《太史公自序》。其他人物
传记又分为单传、合传、附传。单传为某一个重要的历史人物
单独立传，如《孟尝君列传》《魏公子列传》等。合传是把两
个以上的历史人物写在一个传记里，如《屈原贾生列传》《老子
韩非列传》《孟子荀卿列传》《张释之冯唐列传》《廉颇蔺相如
列传》《魏其武安侯列传》。由于合传所持标准不一，写法各异，
所以后世对合传的争论较多。附传，是把一人事迹附在与其事
相关之人的传后，一般篇题中不出现这个人物的名字，如《魏
其武安侯列传》中附载灌夫，《苏秦列传》中附载苏代、苏厉，
《廉颇蔺相如列传》中附载赵奢、李牧，《田儋列传》中附载田
荣、田横，等等。

　　列传的编排次序一直是学者们讨论的焦点，尤其是《匈奴
列传》之后的二十篇的排列次序，大多认为有后人窜改的痕迹。
清代学者赵翼认为《史记》列传次序是"成一篇即编入一篇"，
不是全书完成后再重新排比，没有什么深意。① 有些学者说《匈

---

① 参见〔清〕赵翼著，王树民校证：《廿二史劄记校证》卷一《史记编次》，北
　京：中华书局，1984年，第6页。

奴列传》后继以《卫将军骠骑列传》《平津侯主父列传》表达了司马迁的深意，清代学者梁玉绳则批评这是曲解。他认为匈奴、南越、东越、朝鲜、西南夷、大宛应以类相从，放在杂传之后。① 而朱东润认为，根据《汉书·司马迁传》所记，《匈奴列传》在《卫将军骠骑列传》《平津侯主父列传》之后，《司马相如列传》《汲郑列传》《大宛列传》乃后人补作，不考虑《匈奴列传》《司马相如列传》《汲郑列传》《大宛列传》次序，那么《史记》原本的次序是很清楚的。② 后来学者多认为《史记》目次安排自有章法，并反映了司马迁的某些作史宗旨。

此外，关于《史记》五体是否新创，或谓司马迁独创，或谓有所本，莫衷一是。可以说，关于《史记》五体的名称，在司马迁之前大多已经出现，但其原来的性质、用途却与《史记》不尽相同，把这五种体裁有机地结合在一部书里，使它们相互配合，形成一个完整的体系，发挥各自不同的作用，这是司马迁的首创。赵翼《廿二史劄记》云："司马迁参酌古今，发凡起例，创为全史。本纪以序帝王，世家以记侯国，十表以系时事，八书以详制度，列传以志人物，然后一代君臣政事，贤否得失，总汇于一编之中。自此例一定，历代作史者遂不能出其范围，信史家之极则也。"③ 他充分肯定了《史记》五体配合、创为全史的开创之功。把原本简陋散乱、没有联系的各种体裁建构成一个体系严密、分工细致的新体例，就好比由检核零星材料到

---

① ［清］梁玉绳：《史记志疑》卷三十六，北京：中华书局，1981 年，第 1484 页。
② 参见朱东润：《史记考索》，上海：华东师范大学出版社，1996 年，第 23—24 页。
③ ［清］赵翼著，王树民校证：《廿二史劄记校证》卷一《各史例目异同》，北京：中华书局，1984 年，第 3 页。

最终建成一座庄严华丽的宫殿，其创造之功是无可否认的。

五种体例中本纪、世家、列传总体以人物传记为主，这是《史记》与前代史书相比最显著的特征。《史记》通常被称为"纪传体"史书，虽不能全面涵盖五体，但反映了其主要特点。东汉班彪续写《史记》时，就主张只保留"纪""传"二体。后来班固写《汉书》，断代为史，除不用世家、改书为志外，纪、传、表都全部继承《史记》，可能更符合"纪传体"的称呼。后来的正史，都有纪、传，构成了前后相续的26部纪传体正史系列。

除了以上五体外，《史记》几乎每一篇都有"太史公曰"，大部分在文末，也有的在篇首或篇中。这是司马迁新创的史论形式，是司马迁直接表达自己"一家之言"的一部分。后来史书相沿不绝，只是名称不同，如《汉书》的"赞曰"、《三国志》的"评曰"、《后汉书》的"论""赞"、官修史书的"史臣曰"等。因此，"太史公曰"又被后人称为"论赞"。有些学者也把它看作史书中的一体。《史记》论赞的内容丰富，思想深刻，形式不拘一格，是古今学者研究评论的焦点。总体上，"太史公曰"除了阐释司马迁的立传主旨、补充传中未载之事的作用外，还有阐发《史记》的材料取舍原则、评价历史人物和事件等作用。"太史公曰"，如张大可所说，"构成了系统的历史学理论，使历史编纂成为真正的历史学"。至于"太史公曰"的体例，章学诚认为是司马迁"自注"。它开启了后世的史注一体，尤其在阐发作史宗旨及史料处理方法方面有独特的作用。《史记》中的"太史公曰"不仅对后来的史书编纂有极大启发，而且为后来文人竞相模仿，唐宋以后史论成为一种盛行的文体。

但从《史记》论赞的内容和作用来看，它与后世的史论实有不同，原因是后世史论已经不明司马迁作论赞的意旨所在。像唐代司马贞觉得《史记》论赞内容和写法都无定例，因此为每一篇别作述赞，全用四言韵语，反觉雷同乏味。

总之，《史记》五体所记载的内容，相互勾连补充，形成一个立体、全面、系统的著史结构，实是对前代史文的总结和创新，也对后来史书产生了重大影响。当然，历代学者对《史记》这种体例的缺点多有论及。如同一历史事件或历史人物，可能会分散在本纪、世家、列传等不同部分记述，事件发生的前后时序就不像编年体那样清晰可见。实际上，司马迁已经作了十表，来解决"并时异世，年差不明"的问题。表有纵目，有横目，相互配合，可同时表现时序与各国、各事、各人的情况。同时，他还在《史记》中广泛运用"互见法"，使同一人物的事件详略得当地分布在不同体例或不同篇章中，尽量避免叙事的重复烦琐。这都表明司马迁对《史记》的纪传体是经过深思熟虑的，是一种自觉的创造。

《史记》的版本与流传

《史记》自汉代开始流传，影响逐渐扩大，历代钞本、刻本繁多，在官方和私家目录书中著录过的版本更是数不胜数。① 专门研究《史记》版本的代表作如贺次君的《史记书录》，著录《史记》版本 64 种，其中明刻本最多，有 29 种，宋刻本 16 种，清刻本渐少，辽金元最少。现代有张玉春的《〈史记〉版本研究》。以下参考贺次君《史记书录》、张大可《〈史记〉史话》及安平秋、张玉春等学者的研究论著，对历代《史记》版本及其传播历程做一简明介绍。

一、《史记》的主要版本

在宋代雕版兴盛以前，《史记》多以手写抄录流传。现存《史记》写本都是残卷，如传世六朝及唐写本《史记》有 7 件被日本收藏，包括石山寺藏六朝写本《张丞相列传》《郦生陆贾列传》残卷，高山寺旧藏唐写本《夏本纪》（今存日本东洋文

---

① 参见赵望秦等：《中外书目著录〈史记〉文献通览》，西安：陕西师范大学出版总社，2017 年。

库）、《殷本纪》（今寄托京都博物馆）、《周本纪》（今寄托京都博物馆）、《秦本纪》（今存东洋大学岩崎文库）残卷，东京博物馆藏《河渠书》一卷。[1] 法国巴黎国家图书馆藏《史记》敦煌石窟钞本有《史记集解》之《燕召公世家》、《史记集解》之《管蔡世家》、《史记集解》之《伯夷列传》的残卷。[2]

自从南朝宋裴骃撰《史记集解》后，《史记》全文即随《史记集解》而行。南朝隋唐通行的《史记》文本多为八十卷的集解本。唐代司马贞的《史记索隐》和张守节的《史记正义》中的《史记》原文，都以裴骃的《史记集解》为据。宋代始有《史记》刻本，北宋刊刻的《史记》都是《史记集解》单注本。可以说，《集解》本《史记》是后来《史记》版本的源头。今存《史记集解》本有十行本、十二行本、十四行本、九行本等。其中，北宋景祐年间刊刻的是十行本，每半叶十行，行十九字，注双行，行二十五、二十六字不等，是今存最早的北宋刻本，中国国家图书馆藏有其残卷。此本在南宋绍兴年间重刻，称南宋绍兴本。到明孝宗弘治三年（1490），又在此本残本的基础上补刊成一百三十卷补刊本，版式同景祐本。以上三种版本都是《史记集解》单刻本。

《史记索隐》三十卷最初也是单刻本，有明代崇祯十四年（1641）毛氏汲古阁北宋大字本。此本无目录，《史记》本文只有标注的字句，不录全文。毛氏汲古阁刻本称是“北宋秘省

---

① 参见张宗品：《近百年来〈史记〉写本研究述略》，《古籍整理研究学刊》2014年第 3 期；张宗品：《裴注八十卷集解本〈史记〉篇目考——基于古写本文献的研究》，《文献》2022 年第 3 期。
② 参见张玉春：《敦煌莫高窟藏〈史记〉唐写本考》，《敦煌研究》2001 年第 2 期。

大字刊本"，毛晋为之校勘改正，四库即据此著录，其注文多胜于南宋诸刻。此本于考校今本《史记》原文及注，至关重要。

此外，还有《史记集解》《史记索隐》合刻本。现在所知最早的二家注合刻本是南宋高宗绍兴年间（1131—1162）的杭州刊本，现已无存，仅存残卷。还有南宋乾道七年（1171）建溪蔡梦弼刊本《史记集解索隐》残卷，藏中国国家图书馆，是现存最早的二家注合刻本。还有南宋孝宗淳熙三年（1176）刊于常州的合刻残本，有广汉张杅跋。还有南宋孝宗淳熙八年（1181）澄江耿秉重修桐川郡斋本，耿秉本流传至今，卷数齐全，藏中国国家图书馆。

南宋还产生了《史记》三家注合刻本，较为世人称道的，一是南宋黄善夫本，是最早的三家注合刻本，刊于南宋庆元二年（1196）。此本半叶十行，每行二十字，小注二十三字。中国国家图书馆藏黄本残卷六十九卷。日本有多种藏本，上海涵芬楼据日藏本影印发行，流传广泛。由于黄本校刻精善，讹误较少，不仅胜过南宋二家注合刻本之蔡梦弼本和张杅本，也优于明代的两个著名版本，即柯维熊本和王延喆本。二是元代元世祖至元二十五年（1288）安福彭寅翁刊《史记集解索隐正义》一百三十卷，此本主要根据黄善夫刻本，对其中讹误做了一些校正，但对三家注做了较多删削。

明代三家注本常见的有"嘉靖三刻"和"南北监本"。"嘉靖三刻"的第一刻是嘉靖四年至六年（1525—1527）金台汪谅刊刻的《史记集解索隐正义》一百三十卷，此本因由莆田柯维熊校正，故世称"柯本"；第二刻是嘉靖四年至六年震泽王延喆刊刻的《史记集解索隐正义》一百三十卷，世称"王延喆本"；第三刻是嘉靖十三年（1534）明代藩王秦定王朱惟焯刊刻的《史记集解索隐正义》一百三十卷。明刻本中的"南北监本"有南监本3种、北监本1种，南监本由南京国子监祭酒分别刻于嘉靖九年（1530）、万历二年至三年（1574—1575）和万历二十四年（1596），北监本是万历二十六年（1598）由北京国子监祭酒校正的《史记集解索隐正义》一百三十卷。总体上，"嘉靖三刻"优于"南北监本"，"三刻"中柯本最善。

此外，明代《史记》评论大兴，始有评林本。影响最大的当属明吴兴凌稚隆辑校的《史记评林》一百三十卷，刊于万历四年（1576）。此本分上下两栏，下栏为《史记》正文和三家注，上栏是诸家评论，对正文的校勘用小字旁注。后来有明李光缙增补本，流传日本、朝鲜等。除此之外，还有明杨慎《史记题评》一百三十卷、归有光《归震川评点史记》一百三十卷、陈仁锡《史记评林》一百三十卷、邓以赞《史记辑评》二十四卷、《钟惺评史记》一百三十卷，清吴汝纶点勘《桐城吴先生点勘史记读本》一百三十卷，等等。可见明清评点《史记》风气之盛。

清代还有《史记》百衲本，是清代学者辑宋本残卷补缀而成的完本。最早的百衲本《史记》是清代钱曾汇集而成的，但此本未流传下来。后来有清宣统三年（1911）贵池刘世珩玉海堂影印本、上海涵芬楼影印本二种。现存可见的即此二种影印百衲本《史记》。

《史记》也是历代官方或私家刊刻正史通行本中必不可少的一种，目前保存下来的正史系统刻本有：明汲古阁本十七史、明南北监本二十一史、清武英殿本二十四史、五局合刻金陵本二十四史、清末石印二十四史本、晚清活字二十四史本、民国商务印书馆影印百衲本二十四史、商务四部丛刊本二十四史、丛书集成本二十四史、中华书局四部备要本二十四史、开明书店缩印本二十五史等。其中明汲古阁本《史记》、清武英殿刻本《史记》和五局合刻金陵本《史记》是三大善本，且以武英殿本最流行。

而我们目前使用最多的是中华书局点校本《史记》一百三十卷。此本用新式标点，竖排繁体印刷，含三家注，1959 年初版。此本在整理过程中，以清同治年间金陵书局刊行的《史记集解索隐正义》合刻本为底本。因金陵书局本经晚清著名校勘学家张文虎与唐仁寿校订，博采宋元明清诸善本汇校汇考，又吸收了梁玉绳《史记志疑》、王念孙《读书杂志》、钱大昕《史记考异》等书的成果，世称善本。点校本在此基础上又参考了明清评林本的句读，对《史记》原文和三家注做了全新的断句、标点、分段，是最便于阅读的读本。后来，中华书局又请专家学者对点校本进行了修订，主要在参考学术界近几十年来新成果的基础上，对《史记》点校本的底本加以校改，订正了标点讹误，并于 2013 年出版了修订本《史记》。可以说，这使得点校《史记》更加完善精良了。

二、《史记》在后世的流传

《史记》成书后，在汉代流传的范围有限。据桓谭记载，《史记》曾经东方朔的"平定"：书中凡署"太史公"都是东方朔所加。^① 班固在《汉书·司马迁传》中说：司马迁死后，《史记》篇目逐渐流出，至汉宣帝时，司马迁的外孙平通侯杨恽"祖述其书，遂宣布焉"。到王莽时，还找到司马迁后人，封为"史通子"。^②《史记》在汉宣帝时的流布范围应是有限的。汉成帝时，东平王来朝，上书求《太史公书》，成帝征求大将军王凤的意见，王凤以为《太史公书》有"战国纵横权谲之谋，汉兴之初谋臣奇策，天官灾异，地形厄塞，皆不宜在诸侯王，不可予"。成帝遂不与东平王书。^③ 这说明，到汉成帝时，汉诸侯王尚且不能随便观览《史记》，更何况是民间士人。西汉时，褚少孙、刘向、刘歆、冯商、扬雄等十多位学者都曾缀集时事，或补或续之，桓谭、王充等也都评价过《史记》。这些人大都是在朝为官、能接触到宫廷藏书的文人。大概，西汉时《史记》的流布主要还是在这个范围内。但也有学者指出，汉昭帝七年（前81）曾组织学者官员就盐铁政策进行辩论，桑弘羊就在辩论中引用了司马迁《史记·货殖列传》中的话，即"司马子言：'天下攘攘，皆为利往'"。此外，在罗布淖尔出土的汉宣帝时的汉简中也引用了《史记》文句，似乎《史记》已为边吏所知。^④这说明《史记》大概自汉昭帝时，已有个别篇章在宫廷官员中得以宣布，而官方文书引用《史记》文句可随诏令颁发而传播到宫廷之外。

① ［汉］桓谭：《新论》下《离事》第十一，［清］严可均：《全后汉文》卷十五，北京：商务印书馆，1999 年，第 138 页。
② ［汉］班固：《汉书》，北京：中华书局，1962 年，第 2737 页。
③ 参见［汉］班固：《汉书·宣元六王传》，北京：中华书局，1962 年，第 3324 页。
④ 参见陈直：《史记新证·匈奴列传第五十》，天津：天津人民出版社，1979 年，第 169 页。

至东汉，班彪准备接续《史记》写史的时候，发现《史记》有些篇目已经亡阙了。《后汉书·班彪传》载："（司马迁）作本纪、世家、列传、书、表凡百三十篇，而十篇缺焉。"班固《汉书·司马迁传》记《史记》："凡百三十篇，五十二万六千五百字，为《太史公书》……迁之自叙云尔。而十篇缺，有录无书。"《汉书·艺文志》记载相同："《太史公》百三十篇。十篇有录无书。"一般认为，《汉书·艺文志》是班固依据刘向、刘歆父子所整理的宫廷藏书目录《别录》《七略》写成，凡有部类调整、篇目增损等，都会一一注明。而这里《汉书·艺文志》已记载《史记》"十篇有录无书"，可推知西汉末年刘向整理宫廷图书时，《史记》大概已有亡阙了。而且，成帝时博士褚少孙曾记："臣以通经术，受业博士，治《春秋》，以高第为郎，幸得宿卫，出入宫殿中十有余年。窃好《太史公传》。……臣往来长安中，求《龟策列传》不能得。"① 说明成帝时《史记》确已有亡阙。至于亡阙的具体篇目是哪些，为什么会亡阙，这是汉以后学者一直争论的一大课题。

东汉时，朝廷对大臣赐书的记载渐多，如《后汉书·窦融传》记载光武帝刘秀曾"赐融以外属图及太史公《五宗》《外戚世家》《魏其侯列传》"②。窦氏传自窦太后，窦太后是汉景帝的母亲，五宗是指景帝子十三人，窦融是窦太后弟弟窦广国的七世孙，魏其侯窦婴又是窦太后的侄子，都与窦氏等皇亲外戚

① ［汉］司马迁：《史记·龟策列传》，点校本二十四史修订本，北京：中华书局，2014年，第3920页。
② ［南朝宋］范晔：《后汉书》卷二三《窦融列传》，北京：中华书局，1965年，第803页。

有关，所以光武帝选了这几篇赐予窦融。此外，《后汉书·王景传》也记载汉明帝为奖赏王景治水之功，赐给他《河渠书》。可见，东汉时《史记》多为单卷别行，渐渐流传开来。

到东汉桓、灵时，《太史公书》被正式称为《史记》。在此之前，"史记"多泛指史书，而东汉人以《史记》称《太史公书》，梁玉绳认为这表现了当时学者对司马迁及其《太史公书》的尊崇，同时说明东汉后期《史记》的地位基本得到了广泛的认可。

东汉之后，《史记》依然为历朝统治者所重视。如曹操官方文书中，经常引用汉代史事与人物，很多出自《史记》。如他在《分租与诸将掾属令》说："赵奢、窦婴之为将也，受赐千金，一朝散之，故能济成大功，永世流声。吾读其文，未尝不慕其为人也。"① 魏文帝曹丕自述说："余是以少诵《诗》《论》，及长而备历五经、四部，《史》、《汉》、诸子百家之言，靡不毕览。"② 曹丕还有《孝武论》，评论汉武帝伐匈奴之事。而曹植作过《汉二祖优劣论》③，比较了汉高祖和光武帝的优劣。这说明曹氏父子是熟悉《史记》的。其后曹丕的孙子高贵乡公曹髦为帝时，还组织大臣一起讨论夏少康、汉高祖的优劣。钟会根据此次讲论写成《太极东堂夏少康、汉高祖论》④。此外，吴主孙权不仅自己熟读史书，"少时历《诗》《书》《礼记》《左传》

---

① ［清］严可均：《全三国文》卷二，北京：商务印书馆，1999 年，第 15 页。
② ［清］严可均：《全三国文》卷八，北京：商务印书馆，1999 年，第 81 页。
③ ［清］严可均：《全三国文》卷十八，北京：商务印书馆，1999 年，第 176—177 页。
④ ［清］严可均：《全三国文》卷二十五，北京：商务印书馆，1999 年，第 248—249 页。

《国语》，惟不读《易》。至统事以来，省三史、诸家兵书，自以为大有所益"，而且建议吕蒙"宜急读《孙子》《六韬》《左传》《国语》及三史"，目的是广泛涉猎，以见往事。① 由此可见，汉魏之际，《史记》已与儒家经典一起成为治政者观往知来的重要参考书，进一步传播开来。

唐宋时期是《史记》传播与研究的第一个高潮。这主要由官方重视修史、读史而起，再加上唐代科举考试也逐渐增加对史学考核的内容，从而对史学发展和《史记》的传播起到了积极作用。在这种情况下，唐代《史记》注家蜂起，并取得重要成就。唐代《史记》注家多出自弘文与崇文两馆，如司马贞、许子儒、刘伯庄、王元感、褚无量等都属弘文馆或崇文馆，两馆可说是《史记》研究的中心。根据《隋书·经籍志》、两《唐书》史志及《文献通考》《通志》等书记载，隋唐之际的《史记》注本有张莹《史记正传》九卷，唐代有许子儒《史记注》一百三十卷、《史记音》三卷，刘伯庄《史记音义》二十卷、《史记地名》二十卷，王元感《史记注》一百三十卷，李镇《史记注》一百三十卷、《史记义林》二十卷，陈伯宣《史记注》一百三十卷，徐坚《史记注》一百三十卷，窦群《史记名臣疏》三十四卷，裴安时《史记纂训》二十卷，褚无量《史记至言》十二篇。以上《史记》注本，均已亡佚，只有个别书的内容保存在后人的注释中。流传至今的注本只有唐司马贞的《史记索隐》和张守节的《史记正义》，这两本书与南朝裴骃的

---

① ［晋］陈寿：《三国志》卷五四《吴书·吕蒙传》，裴松之注，北京：中华书局，1982 年，1274—1275 页。

《史记集解》一起，并称为"史记三家注"。三家注的形成在《史记》研究史上具有里程碑意义。

宋代帝王热衷学史，并且十分注意《史记》版本的刊刻，多次下诏刊正《史记》版本，力求精良。文人学者们也都把《史记》作为案头必备经典来学习，他们在自己的文集、笔记、文话、评点及杂著中对《史记》多有评论。他们的评论往往能援引具体词句说明观点，较唐人更为具体。下层民众则在瓦舍勾栏的话本、戏剧中了解《史记》故事和人物，至元代，杂剧中的《史记》戏兴盛一时。可以说，宋代君臣民众都对《史记》和《史记》故事表现出极大的热情和浓厚的兴趣。宋代文章总集，选取了很多《史记》的篇章。如真德秀的《文章正宗》、陈仁子的《文选补遗》、楼昉的《崇古文诀》、汤汉的《妙绝古今》等，它们在《四库全书》中都属于集部总集类。宋代史学不同于前代的另一点是，史钞开始兴盛。有关《史记》的史钞有北宋钱端礼的《诸史提要》、南宋洪迈的《史记法语》、吕祖谦的《东莱先生史记详节》，在《四库全书总目》的史部史钞类存目中可以找到。

明清时期《史记》流传的广度和深度超过前代。明代印刷技术的发展使《史记》刊刻兴盛一时，并促进了《史记》评点的大发展。明代学者评点《史记》的成果很多，据《史记评林》所列，自正德至隆庆年间（1506—1572）就有六十多家学者评点《史记》。这些评点之作大多出自明代古文家之手，复古派及唐宋派代表人物，如唐顺之、归有光、茅坤等人，都评点过《史记》。如归有光的《归震川评点本史记》一百三十卷、杨慎的《史记题评》一百三十卷、茅坤的《史记钞》九十一卷、唐顺之的《荆川先生精选批点史记》十二卷、陈仁锡的《史记奇钞》十四卷、孙鑛的《孙月峰先生批评史记》一百三十卷。此外，董份、王鏊、王韦、何孟春、凌约言、茅瓚、王慎中、王维桢、陈沂等都有《史记评钞》。这些个人评点本不仅有对《史记》叙事写人技巧的分析，还有对《史记》字词句法及史实的考辨，其中以归有光点评《史记》影响最大。此外，文章选本与史钞中也大量选录《史记》篇目，民间以《史记》为题材的通俗演义及戏曲依然盛行，这些都从不同层面促进了《史记》更广泛的传播。清代《史记》的传播途径与明代大致相同，而更注重对《史记》各个不同版本的考证，以及各种论题的总结。

　　总体来看，《史记》注本、文章选本、个人专集与史评专书构成了多面立体的传播载体，促使《史记》作为文章典范不断被传播。① 上至帝王，下及文章大家，再到一般读书人，或选文，或评点，或评论，构成了体系完整的《史记》接受与传播的链条及机制。

---

① 王锺陵：《总集与评点——兼论文学史运动的动力结构》，《中国社会科学》1993 年第 4 期。

第二章
天人古今，实录为根：《史记》的
写作主旨及思想价值

　　司马迁在《报任少卿书》中说："仆窃不逊，近自托于无能之辞，网罗天下放失旧闻，略考其行事，综其终始，稽其成败兴坏之纪，上计轩辕，下至于兹，为十表，本纪十二，书八章，世家三十，列传七十，凡百三十篇。亦欲以究天人之际，通古今之变，成一家之言。"意思是说，写作《史记》的目的是研究天和人之间的关系，对从古至今的历史发展趋势有一个贯通的认识，成为自己的一家之言。这是司马迁自己对《史记》写作宗旨最全面的概括了。

《史记》"究天人之际"

  从人类社会的发展史来看，政权的兴替是体现历史变化规律的主要形式。那么，政权的兴替是取决于人，还是天？这是历代政治家关注的大问题，也是历史学家要面对的问题。而天的因素主要包含两个方面：一是个人的命运与天的关系；一是国家社会的命运与天的关系。关键是如何理解"天"的含义。对于天的认识，有其久远的历史，可以说，自有人类历史以来，人们就在思考这个问题了。商周时期的文献，如《诗经》《尚书》中出现大量的"上帝""天命"等，总体上是君权神授思想。但周代后期逐渐开始重视民意，这在《左传》《国语》中有突出的表现，被称为民本思想。而汉代，这些思想依然存在，并且杂糅了战国、秦以来的阴阳五行等学说，形成新的天人感应、阴阳灾异学说。这在哲学史与思想史中都有详细的分析，此不赘述。

  关于天人之际的探讨，自春秋以来就是诸家学术讨论的一大论题。春秋战国如墨子、孟子、荀子、邹衍，汉代如贾谊、董仲舒等都讨论过天人之际的问题。① 从邹衍、贾谊至董仲舒都

---

① 雷家骥：《中国古代史学观念史》，北京：北京师范大学出版社，2018 年，第95—104 页。

有用阴阳五行、灾异之说解释天人之际的趋向。如汉武帝在建元元年（前140）曾就天人之际的问题策问贤良学士，问："三代受命，其符安在？灾异之变，何缘而起？"董仲舒在对策中具体阐释了"天人相与之际"："国家将有失道之败，而天乃先出灾害以谴告之，不知自省，又出怪异以警惧之，尚不知变，而伤败乃至。以此见天心之仁爱人君而欲止其乱也。"① 可见，天人感应论主要宣扬天命皇权，君主受命有各种祥瑞的标志，失道时也会有各种灾害怪异之兆，这是天之谴告；而灾异的出现，董仲舒归之于君主"废德教而任刑罚"，此时，君主当应天谴而有所约束。司马迁在全面考察了这些学说之后，对他们的学说或批判，或怀疑。他最终决定从历史事实的变迁来探究历史变化的动力及其规律，所谓"王迹所兴，原始察终，见盛观衰，论考之行事"，这无疑是历史观的一大进步。因此，司马迁提出"究天人之际"有其历史背景与现实背景，也可以说他是在现实背景的刺激下，对有史以来的"天人"学说进行了一次总结，对人的重视最终也决定了《史记》以人物传记为中心来写史的体例。

人们探讨司马迁天人之际的思想，多从《史记》中的《天官书》与《封禅书》入手，认为《天官书》反映了司马迁作为天文学家对自然运行规律的认识，但也杂糅了一些感应思想；《封禅书》则反映了司马迁对鬼神方术的批评。我们认为，《天官书》与《封禅书》毕竟是典章制度史，其主要功能是记录和

---

① ［汉］班固：《汉书》卷五六《董仲舒传》，北京：中华书局，1962年，第2496、2498页。

保存历代关于天文、星象、封禅、祭祀的制度，其中必然保留了前代及汉代重要的天官思想，但不能说它们代表了司马迁对"天"的认识。因此，我们对此不详论。

此外，七十列传第一篇《伯夷列传》通常被视为司马迁对天道的质疑。司马迁在《伯夷列传》中说：

> 或曰："天道无亲，常与善人。"若伯夷、叔齐，可谓善人者非邪？积仁洁行如此而饿死！且七十子之徒，仲尼独荐颜渊为好学。然回也屡空，糟糠不厌，而卒蚤夭。天之报施善人，其何如哉？盗跖日杀不辜，肝人之肉，暴戾恣睢，聚党数千人横行天下，竟以寿终。是遵何德哉？此其尤大彰明较著者也。若至近世，操行不轨，专犯忌讳，而终身逸乐，富厚累世不绝。或择地而蹈之，时然后出言，行不由径，非公正不发愤，而遇祸灾者，不可胜数也。余甚惑焉，傥所谓天道，是邪非邪？

他首先通过古今善人、恶人遭遇的对比，提出"天道无亲，常与善人"是对还是不对的疑问。假设天道"常与善人"是对的，那么首先面对的问题就是什么是善、什么是恶，由此将天道是非的命题过渡到善人与恶人的评价问题上。要解答天道是非的问题，就要先判断仁善怨恶，对天道是非的疑惑就是他对仁义判断的疑惑，天道与人道就联系起来了。司马迁下面还引了孔子的话，"'道不同不相为谋'，亦各从其志也"，意思是说，由于每个人评价善恶的标准不同，导致人们对天道产生疑惑，因此他要从自己所观察到的历史现象中寻找新的衡量标准和价值判断。可以说，在《伯夷列传》里司马迁主要是提出问题，不是质疑天道。他认为天道是存在的，无可置疑，他关注的是探讨天道与人道的关系，并且提出要建立不同于前人的评判标准。至于这个评判标准是什么，那是贯穿在整个七十列传中的。直到《游侠列传》，司马迁明确回答了此前对天道是非、仁义善恶的提问。他看到持有布衣之义的闾巷之侠对"人道"之仁义的发扬，看到他们对"常与善人"之"天道"的践行，尤其赞赏他们用行动和生命载道的品质，如游侠的"千里诵义""赴士之厄困"，刺客的"立义较然，不欺其志"，从而凸显"布衣之义"在儒家仁义失守时的历史贡献。可以说，从《伯夷列传》到《游侠列传》，表现了司马迁在历史事实中"究天人之际"的心路历程。在这个过程中，他把天道是非命题和仁义判断命题统一起来，也就是把对天道与人道的认识统一起来了，进而树立了对天人关系的新理解，即天道需要人道来执行和发扬。

由此可见，天与人是紧密不可分的。但司马迁不是通过天人之间的感应来讲天人关系，而是从人类漫长曲折的历史发展进程中来探讨天人关系。司马迁在《史记》中讲到政权更替或国运兴衰时，多用"天""天命""天授""天助"等表达自己的看法。如讲尧舜禅让：

> 于是帝尧老，命舜摄行天子之政，以观天命。……尧崩，三年之丧毕，舜让辟丹朱于南河之南。诸侯朝觐者不之丹朱而之舜，狱讼者不之丹朱而之舜，讴歌者不讴歌丹朱而讴歌舜。舜曰"天也夫！"而后之中国践天子位焉，是为帝舜。

可以看到，舜观天命不是观察上天的启示，而是观察诸侯、狱讼者、讴歌者等民众的意向，最终判断自己可得天命。而民众之所以愿意拥戴舜践天子之位，也是因为舜几十年来孜孜不倦的努力。如司马迁所记："舜年二十以孝闻，年三十尧举之，年五十摄行天子事，年五十八尧崩，年六十一代尧践帝位。"① 舜自二十岁以孝闻，是肯定他的个人品德，从三十岁被举用到六十一岁践帝位，这三十多年他都在勤勉地摄行政事。可见，人事最终决定了天命所归，而没有丝毫神秘的意味。

《史记》探讨秦的兴起，把它放在一个很长远的历史发展进程来考察。如《六国年表》：

> 太史公读秦记，至犬戎败幽王，周东徙洛邑，秦襄公始封为诸侯，作西畤用事上帝，僭端见矣。《礼》曰："天子祭天地，诸侯祭其域内名山大川。"今秦杂戎翟之俗，先暴戾，后仁义，位在藩臣而胪于郊祀，君子惧焉。及文公逾陇，攘夷狄，尊陈宝，营岐雍之间，而穆公修政，东竟至河，则与齐桓、晋文中国侯伯侔矣。是后陪臣执政，大夫世禄，六卿擅晋权，征伐会盟，威重于诸侯。及田常杀简公而相齐国，诸侯晏然弗讨，海内争于战攻矣。三国终之卒分晋，田和亦灭齐而有之，六国之盛自此始。务在强兵并敌，谋诈用而从衡短长之说起。矫称蜂出，誓盟不信，虽置质剖符犹不能约束也。秦始小国僻远，诸夏宾之，比

① ［汉］司马迁：《史记·五帝本纪》，点校本二十四史修订本，北京：中华书局，2014 年，第 52 页。

> 于戎翟，至献公之后常雄诸侯。论秦之德义不如鲁卫之暴
> 戾者，量秦之兵不如三晋之强也，然卒并天下，非必险固
> 便、形势利也，盖若天所助焉。

这里他讲秦的兴起，一直追溯到西周末年周幽王的败亡，秦襄
公因护送周平王东迁洛邑，被封为诸侯。之后，经文公逾陇、
穆公修政，秦的实力可与齐桓公、晋文公相比。后来，晋、齐
等大国相继发生内乱，三家分晋、田和灭齐，大国分裂为小国，
国与国之间征战不断，不守盟约。而秦国在这段时间改革修政，
国力强盛起来，最终统一天下。最后得出结论说，这是秦得
"天助"的结果。而在这之前，司马迁并未描写天如何助秦，而
主要通过历史事实勾勒了秦怎样从西周时僻处西戎的小国，经
过数代人的努力，卒并天下的历史。那这里的"天助"，就可以
理解为西周末以来总的历史发展趋势和秦自身的历史发展趋势。
实际上，司马迁是借用了当时流行的看法和术语阐释了自己的
主张。他说当时"学者牵于所闻，见秦在帝位日浅，不察其终
始，因举而笑之，不敢道，此与以耳食无异。悲夫！"。就是说，
当时的学者一方面只看到秦二世而亡的结局，另一方面被一些
道听途说的话迷惑，因此把秦当作笑柄。他们看秦，一是论秦
之德义，二是量秦之兵，孤立地观察秦的兴亡，而没有把秦的
发展放在整个历史进程中去考察。当时还流行一种迷信："或曰
'东方物所始生，西方物之成孰'。夫作事者必于东南，收功实
者常于西北。"① 显然这是阴阳家的说法。受此影响，学者们自

---

① 以上二则见［汉］司马迁：《史记·六国年表》，点校本二十四史修订本，北
京：中华书局，2014年，第836页。

然认为秦得天下是因为地处西北，打败了东南诸侯，得天助而统一天下，不仅仅是地势险固、形势有利的原因。

从这里我们看到，司马迁明确提出自己写史的方法是"原始察终"，这就要求史家把观察对象放在一个较长的历史时段内观察，而不能仅仅局限于自己所见所闻的短时间段内。这可能也是司马迁把父亲原定的写史范围，扩展到从黄帝以来直至自己生活的汉武帝时期的原因。这样，就能更客观地看待历史人物和历史事件。可以说，对"天人之际"的考察，不仅使司马迁更客观地评价历史，还影响了《史记》通史体例的确立。

同样，司马迁在考察汉之得天统，更是从虞、夏之兴讲起，直到秦的统一，接到秦末汉兴，《秦楚之际月表》曰：

昔虞、夏之兴，积善累功数十年，德洽百姓，摄行政事，考之于天，然后在位。汤、武之王，乃由契、后稷修仁行义十余世，不期而会孟津八百诸侯，犹以为未可，其后乃放弑。秦起襄公，章于文、缪、献、孝之后，稍以蚕食六国，百有余载，至始皇乃能并冠带之伦。以德若彼，用力如此，盖一统若斯之难也。

秦既称帝，患兵革不休，以有诸侯也，于是无尺土之封，堕坏名城，销锋镝，锄豪桀，维万世之安。然王迹之兴，起于闾巷，合从讨伐，轶于三代，乡秦之禁，适足以资贤者为驱除难耳。故愤发其所为天下雄，安在无土不王。此乃传之所谓大圣乎？岂非天哉，岂非天哉！非大圣孰能当此受命而帝者乎？

这里的"贤者"就是指陈涉及相继而起的反秦力量，"大圣"就是指最终统一天下的汉高祖刘邦。当时学者认为汉高祖是"受命而帝"的大圣人。如董仲舒在《天人三策》中所说："臣闻天之所大奉使之王者，必有非人力所能致而自至者，此受命之符也。"司马迁就有这样的说法，他考察三代以来的历史，认为一统天下并非易事，要么用德，要么用力，总之离不开长期的人为努力。陈涉等人的反秦活动已经大大打击了秦的力量，再加上秦的一系列措施恰好为王者兴于民间提供了有利条件，因此最终高祖得以统一天下。这一点，他在《刘敬叔孙通列传》中说得更明确：

> 太史公曰：语曰"千金之裘，非一狐之腋也；台榭之榱，非一木之枝也；三代之际，非一士之智也"。信哉！夫高祖起微细，定海内，谋计用兵，可谓尽之矣。[1]

也就是说，高祖起于民间，无所依靠，他能统一海内，是依靠所有民众的力量，尽了比前代帝王更多的人事、计谋、兵力，而不是依靠某一个人的智慧成就的。三代以来的历史都如此。刘邦自己也说，张良、萧何、韩信，"此三者，皆人杰也，吾能用之，此吾所以取天下也"[2]。这样来看，《史记》不仅没有否定高祖的功绩，反而更强调了他的智慧和力量，这不比神秘的

---

① ［汉］司马迁：《史记·刘敬叔孙通列传》，点校本二十四史修订本，北京：中华书局，2014 年，第 3301 页。

② ［汉］司马迁：《史记·高祖本纪》，点校本二十四史修订本，北京：中华书局，2014 年，第 480 页。

受命说更能反映客观历史吗？而其中蕴含的天道与人道的关系
也得到了更清晰的展现。司马迁的这种认识不仅超越了当时的
学者，也比后来学者更客观。后来班彪在他的《王命论》中也
讲了高祖之兴的条件："其兴也有五：一曰帝尧之苗裔，二曰体
貌多奇异，三曰神武有征应，四曰宽明而仁恕，五曰知人善任
使。"前三条还专门举了各种灵瑞符应加以佐证："初刘媪妊高
祖而梦与神遇，震电晦冥，有龙蛇之怪。及其长而多灵，有异
于众，是以王、武感物而折券，吕公睹形而进女；秦皇东游以
厌其气，吕后望云而知所处；始受命则白蛇分，西入关则五星
聚。故淮阴、留侯谓之天授，非人力也。"① 这种认识显然是不
能与司马迁相比的。

《史记》还探讨了"天人之际"在一国盛衰中的表现，世
家记写诸侯国的历史，就始终贯穿天与人的思考。如《楚元王
世家》中说：

> 太史公曰：国之将兴，必有祯祥，君子用而小人退。
> 国之将亡，贤人隐，乱臣贵。使楚王戊毋刑申公，遵其言，
> 赵任防与先生，岂有篡杀之谋，为天下僇哉？贤人乎，贤
> 人乎！非质有其内，恶能用之哉？甚矣，"安危在出令，存
> 亡在所任"，诚哉是言也！

此句本出自《礼记·中庸》："国家将兴，必有祯祥；国家将亡，
必有妖孽。"韩兆琦译注《史记》，认为司马迁在引用时加以变

---

① ［清］严可均：《全后汉文》，北京：商务印书馆，1999 年，第 232—233 页。

化就把原来神秘的东西改成了用贤与否来判断国家的兴与衰，极富唯物特征。也可以说，司马迁明确指出了所谓"祯祥"就是贤人得用，而"妖孽"之类显然是指小人乱臣得宠。这就为我们理解《史记》中众多神异之事指明了基本方向，即不论"祯祥""妖孽"为何，其根本判断的依据仍是人事的变动。这样，国运就与人事紧密结合了起来。

　　世家中比较全面地表现司马迁关于天人之际认识的是《田敬仲完世家》。司马迁在此篇"太史公曰"中讲："盖孔子晚而喜《易》。《易》之为术，幽明远矣，非通人达才孰能注意焉！故周太史之卦田敬仲完，占至十世之后；及完奔齐，懿仲卜之亦云。田乞及常所以比犯二君，专齐国之政，非必事势之渐然也，盖若遵厌兆祥云。"① 看起来，周太史和懿仲的占卜准确预言了历史发展趋势，所谓"盖若"是不肯定的意思，大概是当时人们看到历史发展竟然与占卜预言的结果一致，觉得是神秘的、不可解释的。而我们在读传记的具体内容时就发现，其中主要讲的不是通过占卜来预测历史，而是强调一些通人达才对历史发展趋势的预见能力。如晏子因看到田釐子"收赋税于民以小斗受之，其稟予民以大斗，行阴德于民，而景公弗禁。由此田氏得齐众心，宗族益强，民思田氏"，而预见"齐国之政其卒归于田氏矣"。晏婴是根据自己观察到的事实来预测的。《郑世家》开篇记载周太史伯预测，周衰之后齐、秦、晋、楚将兴起，依据有二：一是这些诸侯国的先祖皆"尝有功于天下"，二

---

① ［汉］司马迁：《史记·田敬仲完世家》，点校本二十四史修订本，北京：中华书局，2014 年，第 2305 页。

是"有德"。由此可见，这些能够预见历史发展大势的通人达才，更多的是依据一个长时间段内人事的变化来判断历史变动，而不仅仅依赖于占卜。这就说明人们可以通过历史过往来预测时势的变化。这样一来，就破除了其神秘性，并且使那些能够预言历史的君子及其所具备的修养成为人们关注的焦点。也就是说，司马迁在运用这些梦卜事件时，更多强调了人事在事件发展中的作用，即使结果确与预言相合，观史者也能透过神异现象的表面，领会更多的人事发展的必然性。占卜、观星等本是古代史官观察历史发展变化的一种方法，司马迁本身也是熟知这些方法的，但他并没有夸大其神秘性，而是把我们的注意力引向了那些能够预测历史变化的人，称赞他们是"通人达才""闳览博物君子"。司马迁在《吴太伯世家》《晋世家》《赵世家》《韩世家》中多次写到季札观政、预言三家分晋的事情，并赞扬道："延陵季子之仁心，慕义无穷，见微而知清浊。呜呼，又何其闳览博物君子也！"① 意思是说季札能从细微的事情预见兴衰变化，大概是因为他博通古今历史，并对仁义德行有深刻的理解。可见，要成为通人达才，这两点修养很重要，而这也是司马迁探讨天人之际的途径。

讲个人命运与天的关系时，司马迁主要强调人谋的作用，强调个人对时势的预测与把握。如汉初的张良、陈平都以善谋著称，萧何则能顺应时势。他论张良，"运筹帷幄之中，制胜于无形，子房计谋其事，无知名，无勇功，图难于

---

① [汉] 司马迁：《史记·吴太伯世家》，点校本二十四史修订本，北京：中华书局，2014 年，第 1781 页。

易，为大于细"①；论陈平，"常出奇计，救纷纠之难，振国家
之患。及吕后时，事多故矣，然平竟自脱，定宗庙，以荣名终，
称贤相，岂不善始善终哉！非知谋孰能当此者乎？"②；论萧何，
"及汉兴，依日月之末光，何谨守管籥，因民之疾秦法，顺流与
之更始。淮阴、黥布等皆以诛灭，而何之勋烂焉"③。当然，司
马迁也观察到历史上贤才很多，并不是每个人都能建立当世的
功业，如他在《范雎蔡泽列传》中说，范雎、蔡泽是世人称道
的辩士，然游说诸侯至白首而无所遇合，不是因为他们的计策
拙劣，而是成就他们游说之功的外在条件不够强。等到他们二
人羁旅入秦，相继为秦卿相，最终垂功名于天下，确实是时势
强弱不同造成的。历史上有些士人恰好能与时势相合，但大多
数贤者都像范、蔡二人一样，不得尽意，这样的情况太多了，
"然二子不困厄，恶能激乎"？这里的"强弱之势"就是指当时
时势的变化。一个人的成功，除了个人努力外，还需要时势的
配合。而时势变化的周期较长，且促成变化的因素较多，一个
人短暂的一生是否能乘势有偶然性，但最终还是要看个人是否
奋发。其实，司马氏父子相继作史的经历，本身就是对天人之
际的绝好阐释，即使有五百岁出圣人的天命，也需要个人的不
断努力去完成。

综上，从一代政权的更替，到一国盛衰之变，再到个人的

---

① ［汉］司马迁：《史记·太史公自序》，点校本二十四史修订本，北京：中华书
局，2014 年，第 4018 页。
② ［汉］司马迁：《史记·陈丞相世家》，点校本二十四史修订本，北京：中华书
局，2014 年，第 2505 页。
③ ［汉］司马迁：《史记·萧相国世家》，点校本二十四史修订本，北京：中华书
局，2014 年，第 2452 页。

命运变化，都体现了司马迁对天人之际的思考。最终，司马迁经过这些考察，通过梳理历史发展趋势及观察人事的力量，进行了古今历史变化规律的探究。也有学者认为，这种观念也促成了司马迁开创本纪、书、表、世家、列传这种新史体。① 当然，受时代影响，司马迁也相信一些天灾示警的东西，但并不影响他对天人关系的积极探索所具有的进步意义。

---

① 雷家骥：《中国古代史学观念史》，北京：北京师范大学出版社，2018 年，第115 页。

《史记》"通古今之变"

司马迁之前，"变"的思想无论是在学术领域还是在政治领域，都已经很普遍了。从《周易》、老子、韩非子以来，学者多有论及。汉武帝时期，更化通变已成共识，"通其变""通古今"都是官方文书中常见的用语。如《儒林列传》记载公孙弘奏请博士官置弟子，说朝廷所下诏书律令，都是"明天人分际，通古今之义，文章尔雅，训辞深厚，恩施甚美"，而一般小吏不能通晓宣扬其中大义，因此需要加强他们的经学掌故修养。汉武帝在诏书中也时常讲变，如元朔元年诏曰："朕闻天地不变，不成施化；阴阳不变，物不畅茂。《易》曰'通其变，使民不倦'，《诗》云'九变复贯，知言之选'。朕嘉唐虞而乐殷周，据旧以鉴新。其赦天下，与民更始。"① 说明"通古今"已成为时代要求。司马迁讲"通古今之变"，则是从古往今来的历史变化中，寻找其变化的轨迹，从整体上把握历史变化的规律。

---

① ［汉］班固：《汉书·武帝纪》，北京：中华书局，1962 年，第 169 页。

一、编纂体例上的通古今

《史记》首先在体例安排上，体现了"通古今之变"的格局。吕思勉曰："谈、迁有作，乃举古事之可记者，下逮当世，悉网罗之于一编，诚通史之弘著也。抑通史之义有二：萃古今之事于一编，此通乎时者也。合万邦之事于一简，此通诸地者也。自古所谓世界史者，莫不以其所知之地为限。当谈、迁之时，所知之世界，固尽于其书之所著，则谓其书为当时之世界史可也。其创制之功，亦伟矣哉！"① 这是从史书编纂体例方面揭示《史记》通史的特点，即在时、空两方面都是贯通的。

——历史时段的古今之变。《史记》之前的史书，严格来说，都只记录某一历史阶段的历史，如《尚书》记尧、舜及夏商周三代的历史，《左传》《国语》记春秋时事，《战国策》记战国之事，《楚汉春秋》记楚汉相争及惠、文间事。而且记录多有缺略，不是系统连续地记录一个历史时段。如《史通·疑古》评价《尚书》"至于废兴行事，万不记一。语其缺略，可胜道哉！故令后人有言，唐、虞以下帝王之事，未易明也"；《春秋》主要记载鲁国历史，而兼及他国，为后人视为断烂朝报；《左传》辅经而行，有《春秋》记载而《左传》不记者，有与《春秋》不同者；《国语》也以记言为主，且只记各国主要人物事件；《战国策》主要记策士游说的活动及说辞。《史记》对这些史籍进行了一次全面清理，为自黄帝以来至汉各个帝王的世系梳理出一条清晰的线索，并对这三千年的历史划分了时段，其

---

① 吕思勉：《秦汉史》，上海：上海古籍出版社，1983年，第774页。

间统系更替、治乱兴亡才得到系统贯通的展现。

　　在此基础上，司马迁形成了对历史发展的阶段性认识，并把各个时期有代表性的事件进行了详略有序的安排，《史记》的十表集中体现了这些思想和方法。如白寿彝所说："《史记》十表是最大限度地集中表达古今之变的……司马迁写每一个表，就是要写这个历史时期的特点，写它在'古今之变'的长河中变了些什么。"① 从表及其他体例安排来看，司马迁对待历史表现了略古详今的倾向，即离汉代越远的时代记得越简略，越近的记得越详细。这一方面是因为汉以前的史事，《尚书》《左传》《国语》等都记载过，《史记》在记写这部分历史时，就把他书详写的内容尽量简略，这样就避免了重复记录，节约了篇幅；另一方面更重要的是，观古的主要目的是知当今、观来者，所以对汉代人事就记得比较详细。

　　——社会制度的古今之变。典章制度构成社会政治生活的各个方面，《礼书》《乐书》《律书》《历书》《天官书》《封禅书》《河渠书》《平准书》，相当于分专题记述了政治、经济、天文、地理、典礼等方面的制度沿革。这表明司马迁把国家政治制度纳入历史学的范畴，把它看作观古今之变的重要途径。本纪、世家、列传等构建社会人群的各个阶层，从帝王将相、世家大族、公卿大夫到从事各种职业的人群，如儒林、循吏、酷吏、刺客、游侠、日者、龟策、滑稽、货殖、佞幸等，它们是司马迁考察天人关系、人伦变化和历史发展动力的主要篇章。

---

① 白寿彝：《司马迁与班固》，《白寿彝史学论集》，北京：北京师范大学出版社，1994年，第732—733页。

此外，对于与汉有密切关系的少数民族国家与地区，如匈奴、南越、东越、朝鲜、西南夷、大宛等，《史记》也进行了系统考察和记录，不仅详细梳理了它们本民族的发展历史，而且记录了它们与大汉交往的历史。这样一来，司马迁把自己所生活的汉家王朝也看作一个历史研究对象，置之于一个世界格局之中，通过它与周边各民族的交往来观察其兴衰。比起孤立地只写汉朝一家，这种情况显然要求史家具备更广泛的视野、更复杂的思考和更深远的眼光。

——学术的古今之变。司马迁在《太史公自序》中说，自己在作史过程中，"厥协六经异传，整齐百家杂语"，可以说是对自古以来的学术发展史进行了通观。其父司马谈的《论六家要旨》就是对战国以来的学术发展与流变，做了一次系统的梳理与总结。《史记》对那些影响汉家政策的学术思想及其源流，都尽量详细记载，比如记载儒家自孔子创始至汉代的变迁、老子之学与韩非之学的渊源、黄老之学的兴起等。《孔子世家》主要记写孔子成六艺、重建中国学术传统的历程。中国上古的文献资料，经孔子系统化整理，终不至散乱断绝。所以司马迁在《太史公自序》中说："周室既衰，诸侯恣行。仲尼悼礼废乐崩，追修经术，以达王道，匡乱世反之于正，见其文辞，为天下制仪法，垂六艺之统纪于后世。作《孔子世家》第十七。"但到汉代，经董仲舒等人提倡，儒家六艺被独尊，其后儒学发生了变化，这些变化就另写在《儒林列传》中，先是"公孙弘以《春秋》白衣为天子三公，封以平津侯。天下之学士靡然乡风矣"，后来公孙弘为经师及博士弟子"广厉学官之路"，"公卿大夫士吏斌斌多文学之士"，最后说董仲舒"弟子通者，至于命大夫；

为郎、谒者、掌故者以百数。而董仲舒子及孙皆以学至大官"。
这时，儒家六经已成为儒生通往利禄之途的工具，与孔子所言
六艺有了本质的不同。而司马迁分立《孔子世家》《儒林列
传》，就是有意区分孔子施教的六艺与依附政治成为经典的六
经，以强调儒学古与今的变化。司马迁在《儒林列传》中按时
代先后叙写了六艺逐渐附于政治被经典化的过程：从孔子卒后，
至秦末，及高皇帝，及今上即位。在这个发展线索上，司马迁
重点写了两个关键人物：一个是为高祖制定朝仪的叔孙通，在
《刘敬叔孙通列传》中论定他是"汉家儒宗"；另一个就是汉武
帝时广开学官之路的公孙弘。这就是说，司马迁是在通观了孔
子以来的儒学发展史后，分清了其发展的不同历史阶段和关键
历史人物，最终才能通古今学术之变。其他，如汉初盛行的黄
老之学，有学者认为，黄老并称不见于他书，应是司马氏父子
首先提出，并对其发展历史做了详细系统的考察。① 《史记》中
《仲尼弟子列传》《孟子荀卿列传》《老子韩非列传》等都是以
合传的形式考辨学术思想的源流，揭示各家学术之间的联系，
表现出通古今之变的思想和方法。

二、通古今之变的方法和思想

为了达成"通古今之变"的作史宗旨，司马迁运用并总结
出一些有效的历史研究方法和思想，如"原始察终""见盛观
衰""见微知著"等。

---

① 逯耀东：《抑郁与超越——司马迁与汉武帝时代》，北京：生活·读书·新知三
联书店，2008 年，第 45—52 页。

——原始察终的方法。就是将起因与结果联系起来思考问题，在把握历史演变全过程的基础上，考察事件的起因、经过、结果，避免孤立地评判。《十二诸侯年表》："儒者断其义，驰说者骋其辞，不务综其终始；历人取其年月，数家隆于神运，谱谍独记世谥，其辞略，欲一观诸要难。于是谱十二诸侯，自共和讫孔子，表见《春秋》《国语》学者所讥盛衰大指著于篇，为成学治古文者要删焉。"司马迁认为以前的学者总会被一种观念或一种学说所限制，只能从某一方面记录和解说历史，而不能把各种历史社会因素作整体性考察。而历史变化的动因，各要素之间的相互作用，是如此复杂多变，需要以更合理的方法和观念探究其成败兴坏的原理。因此，他提出从贯通的角度考察历史，才能"一观诸要"，即要把儒家讲的义、历人讲的运数、谱牒记载的帝王世系等综合起来，更全面地看问题，这样才能发现社会各要素之间的联系，然后盛衰大旨才能显露。《高祖功臣侯者年表》及《惠景间侯者年表》都强调"谨其终始""咸表始终"，《天官书》还说："终始古今，深观时变，察其精粗，则天官备矣。"由此可见，司马迁提出"综其终始"，就是要通观历史发展，观往知来。这是在总结前人历史观念和方法基础上提出来的，因而具有自觉性，并有创新性，可以被看作我国史学发展认识史的一次飞跃。当然，这也说明，随着剧烈的历史变迁、社会制度的复杂多变和时空领域的拓展，人们认识历史的能力提高了。

——见盛观衰的方法。就是在事物兴盛的时候，探寻到它走向衰败的起点或因素。司马迁在观察了诸多历史兴亡后，发现在某一王朝或某一历史人物的兴盛中往往隐藏着一些衰变的因素。如《老子》所说："祸兮，福之所倚；福兮，祸之所伏。"
祸福盛衰之间的转变似乎具有某种神秘性，有时很难解释，比
如，秦的二世而亡，项羽的暴兴终灭。司马迁试图从具体史事
中寻求解释，既然盛中隐藏了衰的因素，那么盛什么时候会转
为衰，这是应该关注的问题。因此，就有"盛极而衰"的观念
出现。如《李斯列传》记载李斯游说秦始皇成功，从布衣而至
丞相，家族盛极一时，连他自己都不禁生出一种戒惧之心，"当
今人臣之位无居臣上者，可谓富贵极矣。物极则衰，吾未知所
税驾也"！可以说，李斯对盛衰之间的转化有自觉意识，但他只
能看到盛的一面，不能预见衰的因素，原因在于他内心对盛的
追求过于强烈，使他有意忽视了衰的一面，或者说对衰的因素
存有侥幸心理。因此，他顺从赵高之谋，为自己寻找的理由是
"独遭乱世，既以不能死，安托命哉"。后来他被赵高投入监狱，
又说："昔者桀杀关龙逢，纣杀王子比干，吴王夫差杀伍子胥。
此三臣者，岂不忠哉，然而不免于死，身死而所忠者非也。今
吾智不及三子，而二世之无道过于桀、纣、夫差，吾以忠死，
宜矣。"从"不能死"到"以忠死"，李斯都在为自己找借口。
他所说的"乱世""所忠者非"却是实情，说明李斯对始皇与
二世的统治有清醒的认识，但他考虑的不是如何去救乱世，却
只求富贵与保命。时势不可逆转，个人哪得苟且偷生？为什么
一个人掌握了很多历史知识，具有盛极而衰的意识，却不能见
盛观衰？这似乎又是人的客观认识与主观愿望之间的关系。司
马迁的这种探求已深入到人性层面。

《平准书》则具体探讨了国家由盛转衰的过程与原因。司马
迁开篇就把汉兴以来至汉武帝的兴盛局面进行了铺陈描写，并

指出这强盛中暗伏着危机，"当此之时，网疏而民富，役财骄溢，或至兼并豪党之徒，以武断于乡曲。宗室有土公卿大夫以下，争于奢侈，室庐舆服僭于上，无限度。物盛而衰，固其变也"。由于财富的积累，民间有豪党之徒独霸一方，皇室与诸侯国则争于奢侈，于是变与衰就出来了："严助、朱买臣等招来东瓯，事两越，江淮之间萧然烦费矣。唐蒙、司马相如开路西南夷，凿山通道千余里，以广巴蜀，巴蜀之民罢焉。彭吴贾灭朝鲜，置沧海之郡，则燕齐之间靡然发动。及王恢设谋马邑，匈奴绝和亲，侵扰北边，兵连而不解，天下苦其劳，而干戈日滋。行者赍，居者送，中外骚扰而相奉，百姓抏弊以巧法，财赂衰耗而不赡。入物者补官，出货者除罪，选举陵迟，廉耻相冒，武力进用，法严令具。兴利之臣自此始也。"这里，司马迁综合考察了汉兴以来军事、经济、刑法、选举等各方面的情况，认为汉武帝时期就处在盛极而衰的阶段，原因是前代积累的财富养成了奢侈无度的风气，但财富总有用尽的时候，为了满足各方面的欲望与花费，人们甚至开疆拓土，求利于域外。在这种情况下，兴利之臣充斥朝廷，国家动荡，风气益衰，变易就成为必然。所以司马迁在《平准书》末尾"太史公曰"中总结说："物盛则衰，时极而转，一质一文，终始之变也。"并说这种盛衰之变是"事势之流，相激使然"，即社会历史各种因素相互作用的必然结果。

　　——见微知著的方法。盛衰之间不是突然转化的，都有一个渐渐积累至于变易的过程，因此司马迁认为"见微知著"是史家很重要的修养。《史记》在追究列国世家的兴衰历史时，始终注意从细微之事寻找一国兴衰的原因。如《田敬仲完世家》

写秦的统一进程最终推进到与齐决战的阶段，曾与秦争雄的齐国竟然不战而降。这与人们对齐国的期待、齐国昔日的强盛形成巨大的落差，足以启人深思。因此，文中说道："始，君王后贤，事秦谨，与诸侯信，齐亦东边海上，秦日夜攻三晋、燕、楚，五国各自救于秦，以故王建立四十余年不受兵。君王后死，后胜相齐，多受秦间金，多使宾客入秦，秦又多予金，客皆为反间，劝王去从朝秦，不修攻战之备，不助五国攻秦，秦以故得灭五国。五国已亡，秦兵卒入临淄，民莫敢格者。"这就把齐不战而亡的原因追溯到四十多年前，那时齐王建的母亲君王后尚在，还能妥善处理与秦及其他诸侯国的关系。而此时秦正专心攻占三晋、燕、楚等国，无暇顾及齐国，齐国因此四十多年来一直承平无事。齐王建在这样一个安定的环境中成长，对战事一无所知，同时也养成了希图苟安的心态。因此君王后死后，他自然会顺从说客们朝秦的主张，不修战备，不战而降。而齐国的老百姓认为齐的灭亡是因为齐王建用人不当，"故齐人怨王建不蚤与诸侯合从攻秦，听奸臣宾客以亡其国"。但司马迁认为齐亡的原因还可以追到更远的齐湣王时期：

　　三十六年，王为东帝，秦昭王为西帝。苏代自燕来，入齐，见于章华东门。齐王曰："嘻，善，子来！秦使魏冉致帝，子以为何如？"对曰："王之问臣也卒，而患之所从来微，愿王受之而勿备称也。……齐遂伐宋，宋王出亡，死于温。齐南割楚之淮北，西侵三晋，欲以并周室，为天子。泗上诸侯邹鲁之君皆称臣，诸侯恐惧。……四十年，燕、秦、楚、三晋合谋，各出锐师以伐，败我济西。王解

　　而却。燕将乐毅遂入临淄，尽取齐之宝藏器。

　　齐湣王在位时，秦国派魏冉鼓动齐王称帝。苏代建议齐湣王不要向外宣称，否则会有祸患。但齐湣王并未采纳他的建议，而称东帝，后来虽然取消了帝号，却已成为众矢之的；并且在实际行动上，他也准备灭周室，为天子，因此，齐灭了宋，占了楚之淮北，又侵伐三晋地区。这些行动引起了其他诸侯的恐慌，于是他们联合起来讨伐齐国。最终，齐国七十余城被占领，湣王被杀，齐国差点亡国，从此实力大减。齐在湣王死后虽复国，但实力已不足以与秦争锋，最后被秦灭亡，也是势所必然。湣王出兵攻打诸国时何其盛大，而最后的败亡何其惨烈！追本溯源，司马迁借苏代之口揭示了"患之所从来微"，即祸患往往是在强盛时，就隐蔽在某些不为人注意的事情上。齐湣王称东帝，很快又取消，在各国竞相称王称帝的战国已司空见惯，不为人注意；相反，人们关注的是齐湣王南征北战、东征西讨，强盛一时，大有统一天下的气势。"当是时，齐湣王强，南败楚相唐昧于重丘，西摧三晋于观津，遂与三晋击秦，助赵灭中山，破宋，广地千余里。与秦昭王争重为帝，已而复归之。诸侯皆欲背秦而服于齐。湣王自矜，百姓弗堪。"[①] 湣王这一系列活动，对外而言达成了诸侯服于齐的局面，使他心生骄纵；对齐国百姓来讲，兵役徭役苦不堪言。由此可预见齐亡于秦的最终结局，这就是司马迁看到的"微"。

---

① ［汉］司马迁：《史记·乐毅列传》，点校本二十四史修订本，北京：中华书局，2014 年，第 2946 页。

——承弊易变的历史思想。司马迁在《太史公自序》中说：
"礼乐损益，律历改易，兵权山川鬼神，天人之际，承敝通变，
作八书。"就是说，他通过梳理历代典章制度的变化，看到承敝
通变是历朝各种制度建设的基本原则。有学者提出，司马迁
"变"的思想受到了《易经》的影响，认为历史有一种向前发
展的趋势，"变"是历史的必然。①因此，他有时用"易变"，
有时用"通变"。还有，汉武帝时大儒董仲舒提出的"三统循环
论"也影响了司马迁。《高祖本纪》云："太史公曰：'夏之政
忠。忠之敝，小人以野，故殷人承之以敬。敬之敝，小人以鬼，
故周人承之以文。文之敝，小人以僿，故救僿莫若以忠。三王
之道若循环，终而复始。周秦之间，可谓文敝矣。秦政不改，
反酷刑法，岂不缪乎？故汉兴，承敝易变，使人不倦，得天统
矣。'"司马迁在这里运用三统循环论解释秦亡汉兴的原因，主
要强调前一个朝代亡了，后一个朝代要及时总结经验教训，把
前朝的弊政改过来，根据时势变化采用新的政策。对秦来讲，
它继周而起，应该使百姓回到忠直朴实的生活，但秦统一后，
不仅没有使民休息，还用各种严刑酷法驱使百姓，赋敛愈重，
戍徭无已。汉兴以后，高祖改变这一做法，"约法三章"，使百
姓休养生息，因此能得以维持长久的统一。在《平准书》"太史
公曰"中，司马迁还说商汤与周武王能"承敝易变，使民不倦，
各兢兢所以为治"。这样看来，是否承敝易变、使民不倦就成为
判断朝政是否长久的重要依据。因此，在评价吕后、文帝时，

---

① 吴怀祺：《中国史学思想史》（第3版），北京：北京师范大学出版社，2016年，
第90页。

司马迁都注意从"使民不倦"方面考察其历史功绩。他评价吕后："孝惠皇帝、高后之时，黎民得离战国之苦，君臣俱欲休息乎无为，故惠帝垂拱，高后女主称制，政不出房户，天下晏然。刑罚罕用，罪人是希。民务稼穑，衣食滋殖。"① 他肯定汉文帝："除诽谤，去肉刑，赏赐长老，收恤孤独，以育群生。"② 这说明，司马迁主要是根据历史事实去观察和评论历史发展的动力，从而将有神秘色彩的三统循环论变得更切实可感。

综上，司马迁通过《史记》的体例表达了自己通古今之变的思想，并用恰当的史学方法和思想考察历史古今之变的轨迹及动因，可以说，他从思想与方法上为后来史学树立了楷模。

① ［汉］司马迁：《史记·吕太后本纪》，点校本二十四史修订本，北京：中华书局，2014 年，第 521 页。
② ［汉］司马迁：《史记·孝文本纪》，点校本二十四史修订本，北京：中华书局，2014 年，第 551 页。

《史记》"成一家之言"

司马迁在《报任少卿书》中，表明了他写《史记》的目的在于"究天人之际，通古今之变，成一家之言"。在《太史公自序》中又说："序略，以拾遗补艺，成一家之言，厥协六经异传，整齐百家杂语，藏之名山，副在京师，俟后世圣人君子。"后来学者据此阐释司马迁"成一家之言"的含义：有的认为纪传体通史是司马迁"成一家之言"的基本形式，司马迁写当代史的过程既是形成自己独立、系统的见解的过程，又是他表达一家之言的过程。还有的学者把司马迁和先秦诸子等学术流派相比附，认为司马迁是借史的形式发表自己的一家之言。白寿彝对司马迁的"成一家之言"评价很高，曾写有专文加以阐释，认为司马迁"成一家之言"主要表现在：综合古今典籍及资料，创造出一部通史；综合古今学术，辨别源流得失；综合已有的史体，创立新的史书体裁；继《春秋》，述往事，思来者。① 还有的学者认为"稽其成败兴坏之纪"是司马迁"成一家之言"的层面，并从政治观、经济观和人才观等方面探讨司马迁在历

---

① 参见白寿彝：《史学遗产六讲》，北京：北京出版社，2004年，第183—204页。

史思想上的一家之言。① 我们把这些看法综合起来，对司马迁"成一家之言"的了解也许会更准确、更全面、更深刻，即"成一家之言"的最终目的是要完成一部完整的史家著述，这就包含了著述体例、史料编次、文字表述和撰述思想等不同层面上的"成一家之言"，只有这几方面较好地配合才能称为"成一家之言"。总的来说，司马迁所说的"成一家之言"，其内容是多层次的，但其鲜明的进步性、自觉性、创新性和系统性，是司马迁"成一家之言"的核心内容。这也是《史记》"成一家之言"的价值能够超出史学的范围，为后人广泛探求的主要原因。可以说，"成一家之言"不仅是司马迁对自己的工作要求，而且他还以其巨大的实践成就，为以后的史家指出了前进的方向。

首先，史学成家，成为一种独立的学问，应从司马迁写《史记》开始。翦伯赞先生说："在汉以前，中国早有纪录历史的文献，如《尚书》《春秋》《国语》《战国策》《世本》等。惟此等史籍，无论纪言纪事，皆简略散漫，断烂成书，一直到汉初，中国尚没有一部有系统的史书，因而历史学，也还没有成为一种独立的学问。"② 就是说，从早期纪录历史的文献发展为独立系统的史书，是一种创造。同时，《史记》在纪传体体例、文献整理、学术源流的梳理，以及历史思想、作史方法等方面，全面实践了新史学，从而使史学成为一种独立的学问。如司马迁提出的见盛观衰、综其终始、稽其成败兴坏之纪，都说明他这种创造的自觉性，他的搜集史料、总结学术、记写人

---

① 参见汪高鑫：《中国史学思想会通·秦汉史学思想卷》，福州：福建人民出版社，2018 年，第 202—205 页。

② 翦伯赞：《秦汉史》，北京：北京大学出版社，1999 年，第 553 页。

物都有这个目的，这是他为史学树立的目标。这些方面的内容我们在前面各个章节已有探讨，此不赘述。

其次，"一家之言"本质上是提倡史家独立思考的自主精神，史家要敢于表达个人的思想认识，不为时人的认识所束缚，也不拘泥于圣人的评价，甚至不同于官方的政治意识。《史记》往往不是执一家之观念来评价古今人物——那是经学家所为，而是能够在总结历史、反思历史的基础上提出自己的见解。如他论汉初人对秦二世而亡的认识，称之为"耳食者"；评魏之为秦所灭是必然，即使魏公子也无法挽回；说当时人认为李斯是忠而见杀，而司马迁则认为李斯死得不冤枉，他在《李斯列传》"太史公曰"中说:"斯知六艺之归，不务明政以补主上之缺，持爵禄之重，阿顺苟合，严威酷刑，听高邪说，废嫡立庶。诸侯已畔，斯乃欲谏争，不亦末乎! 人皆以斯极忠而被五刑死，察其本，乃与俗议之异。不然，斯之功且与周、召列矣。"史家拥有独立自主的批判意识，对史学的发展至关重要。司马迁提出"成一家之言"是在宣告史书要独立于经，史家要区别于圣人、独立于帝王。后来史家迫于政治压力，大多不能坚持这种独立自主的批判意识，因而"成一家之言"成为史家难以实现的理想。明代谢肇淛认为《史记》能做到"他人不能赞一词"，就在于司马迁"师心独创"，"有所独主，知我罪我皆所不计也……直书美恶，不少贬讳……今人非惟不能作，亦不敢作也"。① 就是说，司马迁对历史有自己的主张，能坚持实录的

---

① ［明］谢肇淛:《五杂组》卷十三《事部一》，上海:上海书店出版社，2009 年，第 267—268 页。

原则，不妄加褒讳，也不计个人毁誉，这些都是史家主体意识和创新精神充分发挥的表现。

再者，"成一家之言"也指在会通古今的基础上自成体系的思想方法。从史学发展上看，能成一家之作必定是在网罗前代已有成就、会通古今的基础上有所创新，并且能代表一代史学成就的巨著。如司马光所编《资治通鉴》，近人金毓黻评其为："取《史》《汉》之文，徐徐自出手眼，冶于一炉，创为新作。试取其书观之，无一语不出于《史》《汉》，而无一处全袭《史》《汉》，非特前汉为然，全书无不如是，所谓剥肤存液，取精用宏，神明变化，不可方物者，非《通鉴》一书不足以当之，此所以为冠绝古今之作也。"① 这里所谓"剥肤存液，取精用宏"就是说史家要善于融汇前代史家的精华，学习其创新精神。司马迁作史，追求的是通史"究天人之际，通古今之变"的目标。"通"者，不狭隘不停滞，可理解为历史时间的无限性，也可以是一种贯通历久的观念认识，古人称之为"史义"。

此外，在文字表述上，司马迁也在自觉追求一种新的历史撰述风格。《史记》文字简约，但并不是寓褒贬于一字一句的春秋笔法，而力求在叙事、写人中蕴藏历史和社会发展的规律，让人们在读故事、悟人生的过程中不知不觉地领悟历史真理。或者说，他在历史时空之外营造了另一个空间，人们可以在这里体味历史与现实、社会与人生的种种启示。这个空间并没有用文字直接描绘出来，而是读者在阅读《史记》时构建出来的，因而是流动变化的，能感发人心的。这就是史书文字表述的审

---

① 金毓黻：《中国史学史》，石家庄：河北教育出版社，2000年，第261—262页。

美性。鲁迅称这种风格是"不拘于史法，不囿于字句，发乎情，肆于心而为文"，应该说准确概括了《史记》文字表述的审美特征和价值。它冲破了那种受制于经义的文字运用，建立了一种新的史书表述要求，即通过真实生动地再现历史，引导人们在审美关照中更直观地观往察来，而不被褒贬经验所束缚，这样才能有更深入更高明更接近历史本质的感悟。这就是实录文风的内质。清代邵晋涵评《封禅书》"直纪事而其失自见，不用贬词，可为史法"，这就说明了后来史家对《史记》表述风格的关注与认可，并以此作为史家文字表述的标准。

《史记》的实录

　　《史记》在汉代被誉为"实录"，在班固以前，刘向、扬雄、班彪等人都曾评价过《史记》"实录"的特点，班固把他们的认识加以总结，对《史记》做了一个全面的评价：

　　　司马迁据《左氏》《国语》，采《世本》《战国策》，述《楚汉春秋》，接其后事，讫于天汉。其言秦汉，详矣。至于采经摭传，分散数家之事，甚多疏略，或有抵捂。亦其涉猎者广博，贯穿经传，驰骋古今，上下数千载间，斯以勤矣。又其是非颇谬于圣人，论大道则先黄老而后六经，序游侠则退处士而进奸雄，述货殖则崇势利而羞贱贫，此其所蔽也。然自刘向、扬雄博极群书，皆称迁有良史之材，服其善序事理，辨而不华，质而不俚，其文直，其事核，不虚美，不隐恶，故谓之实录。①

司马迁的实录精神，首先体现在他注重史料真实，做到了文直

---

① 〔汉〕班固：《汉书·司马迁传》，北京：中华书局，1962 年，第 2737—2738 页。

事核；其次是"不虚美，不隐恶"，坚持实录秦、汉历史的求真精神。

一、网罗旧闻，考之行事

史料真实是史书可信的基本前提，凡是严肃的史家都会尽量广泛地搜集史料，并加以审慎的考订和选择，写出真实的历史，揭示历史的真相。对史料的运用，孔子已经提出了一些基本看法，如《论语》记载："子不语怪，力，乱，神。"因此，孔子作《春秋》，只记人事活动，不记诬妄之说。孔子还提倡研究客观事物，要有文献根据，决不能凭主观臆断，而应该"多闻""多见"。他说："盖有不知而作之者，我无是也。多闻，择其善者而从之；多见而识之；知之次也。"[1] 又说："多闻阙疑，慎言其余。"[2]"君子于其所不知，盖阙如也。"[3] 孔子这些观点主要是就君子的修养来说的。但他也有针对古代文献整理的经验和原则，如"夏礼，吾能言之，杞不足征也；殷礼，吾能言之，宋不足征也。文献不足故也。足，则吾能征之矣"[4]。孔子对夏、商的礼制都有了解，宋是殷商后代，为了考察殷礼，孔子还专门去宋国，"我欲观殷道，是故之宋，而不足征也"[5]。可见，他不仅想通过古时的典籍验证自己的研究，而且进行了实地考察。可是，由于时代久远，能够证明古礼的文献都已不复存在了，这令他遗憾不已。他的这些认识和实践对后代史家

---

① 杨伯峻译注：《论语译注·述而篇第七》，北京：中华书局，2006 年，第 84 页。
② 杨伯峻译注：《论语译注·为政篇第二》，北京：中华书局，2006 年，第 20 页。
③ 杨伯峻译注：《论语译注·子路篇第十三》，北京：中华书局，2006 年，第 150 页。
④ 杨伯峻译注：《论语译注·八佾篇第三》，北京：中华书局，2006 年，第 28 页。
⑤ 杨天宇译注：《礼记译注》，上海：上海古籍出版社，1997 年，第 365 页。

形成重视搜集文献并加以慎重考订的优良传统，有重要的启发意义。司马迁作《史记》，以"继《春秋》"为己任，从学术思想、撰述方法和著史实践上全面继承、发展了孔子的原则，创立了"网罗天下放失旧闻，略考其行事，综其终始，稽其成败兴坏之纪"①，"考信于六艺"②、"折中于夫子"③、"厥协六经异传，整齐百家杂语"④ 的考信标准和考订方法，为后世史家确立了求真的范式。

　　司马迁搜集史料的范围极广，可谓不遗余力，正如他自己所说"厥协六经异传，整齐百家杂语"。有学者统计，《史记》称引的文献有上百种，其中六艺类 28 种，诸子方技类 49 种，史地档案类 18 种，文学类 7 种。⑤ 这些文献主要来自皇家藏书，即"石室金匮之书"，如《太史公自序》所云："百年之间，天下遗文古事靡不毕集太史公。"而司马氏父子为太史令，整理这些图书本是他们的主要任务。据《隋书·经籍志》载："武帝置太史公，命天下计书，先上太史，副上丞相，开献书之路，置写书之官，外有太常、太史、博士之藏，内有延阁、广内、秘室之府。"也就是说，他们不仅能看到遗文古事，还能接触官府档案文书等秘藏。《史记》中的四个侯者年表所记封爵失侯年月，及世家、列传中记述战功赏赐等，都是以官府档案为主要

---

① ［汉］司马迁：《报任少卿书》，《文选》卷四一，北京：中华书局，1977 年，第581 页。
② ［汉］司马迁：《史记·伯夷列传》，北京：中华书局，2014 年，第 2581 页。
③ ［汉］司马迁：《史记·孔子世家》，北京：中华书局，2014 年，第 2356 页。
④ ［汉］司马迁：《史记·太史公自序》，北京：中华书局，2014 年，第 4027 页。
⑤ 参见赵生群：《〈史记〉编纂学导论》，南京：凤凰出版社，2006 年，第 80—81 页。

依据的。当然，官方藏书中，司马迁运用较多的应该是《左传》《国语》《世本》《战国策》《楚汉春秋》等史书和古诸侯史记。东晋葛洪《西京杂记》记载："太史公司马谈，世为太史；子迁，年十三，使乘传行天下，求古诸侯史记。"[①] 因秦曾燔灭诗书，"诸侯史记尤甚"，中间又经过楚汉相争的战火，到司马氏父子整理藏书时，诸侯史记已大多散乱损毁，因此他们很注重搜集运用这方面的史料。赵生群详细论列了《史记》采用前代诸史的情况，认为《史记》采用《左传》《国语》的史料以删削简化为主；采用《战国策》资料多保持原貌不做改动，但绝大多数资料不同于今本《战国策》；而《世本》《楚汉春秋》二书现只存佚文，司马迁所载多与之不同或多有裁剪。[②] 可见，司马迁写史充分利用了前代史书，有些史料可能不为后世所见。

　　除了这些官方的文献，司马迁还通过其他途径扩展取材范围，如他在游历途中做过大量的实地考察。如《五帝本纪》曰："余尝西至空桐，北过涿鹿，东渐于海，南浮江淮矣，至长老皆各往往称黄帝、尧、舜之处，风教固殊焉，总之不离古文者近是。"因当时关于黄帝的传说与文献特别繁杂，司马迁为考察其真实性，专门到有黄帝遗迹的地方实地考察，最终确定了古文经记载的可信性。《河渠书》曰："余南登庐山，观禹疏九江，遂至于会稽太湟，上姑苏，望五湖；东窥洛汭、大邳，迎河，行淮、泗、济、漯洛渠；西瞻蜀之岷山及离碓；北自龙门至于

---

① ［晋］葛洪撰，周天游校注：《西京杂记》卷六《汉太史公》，北京：中华书局，2020 年，第 255 页。

② 参见赵生群：《〈史记〉编纂学导论》，南京：凤凰出版社，2006 年，第 108—128 页。

朔方。"司马迁曾跟随武帝至瓠子治理黄河决口，并与当时从官一起负薪填决河。因此，他特别留意全国各地的水利工程情况，将其所作系统考察都记在《河渠书》中。

同时，司马迁还调查了一些重要的文物古迹，如《秦始皇本纪》记载了秦始皇巡幸时留在各地的刻石，《孔子世家》记载了司马迁至鲁观仲尼庙堂，《伯夷列传》记载了他登箕山考察许由冢，《魏公子列传》记载了他寻访夷门，等等。

他也访问有关人物，搜集民间流传的历史故事。如《屈原贾生列传》记曰："孝武皇帝立，举贾生之孙二人至郡守，而贾嘉最好学，世其家，与余通书。"《项羽本纪》记曰："吾闻之周生曰'舜目盖重瞳子'，又闻项羽亦重瞳子。"《魏世家》记曰："吾适故大梁之墟，墟中人曰：'秦之破梁，引河沟而灌大梁，三月城坏，王请降，遂灭魏。'"《刺客列传》对荆轲的一些传闻进行了考察："世言荆轲，其称太子丹之命，'天雨粟，马生角'也，太过。又言荆轲伤秦王，皆非也。"

他也了解地理物产和民情风俗，最典型的莫过于《货殖列传》。司马迁根据各地物产及经济发展情况，把全国划分为几个区域，分别描绘了各个区域的物产、经济及风俗等。如："关中自汧、雍以东至河、华，膏壤沃野千里，自虞夏之贡以为上田，而公刘适邠，大王、王季在岐，文王作丰，武王治镐，故其民犹有先王之遗风，好稼穑，殖五谷，地重，重为邪。""齐带山海，膏壤千里，宜桑麻，人民多文彩布帛鱼盐。临菑亦海岱之间一都会也。其俗宽缓阔达，而足智，好议论，地重，难动摇，怯于众斗，勇于持刺，故多劫人者，大国之风也。"其他如《西南夷列传》《匈奴列传》《孟尝君列传》等都有相关记载。这样系统细致的考察显示了司马迁作史的宏阔视野，使《史记》具有了文化史的内涵。

他还记录了自己与当时学者、同僚、故旧的交游，如从孔安国、董仲舒等问故，与壶遂讨论作史，与田仁、冯遂、任安交往，记写李广、郭解给他留下的印象等。这是司马迁对当代人物的观察体会，这使得他写的当代史更加生动真实。这样广泛的搜集范围和宏大的整理规模，远远超过了此前的史书，其耗费的精力心血更是难以想象的，诚如班固所说，"贯穿经传，驰骋古今，上下数千载间，斯以勤矣"。

面对如此浩繁的史料，司马迁逐渐形成了自己取舍史料的一些原则和方法。一是"非天下所以存亡，则不著"。也就是说，司马迁注意采择那些能反映天下存亡的史料。如《留侯世家》记曰："留侯从上击代，出奇计马邑下，及立萧何相国，所与上从容言天下事甚众，非天下所以存亡，故不著。"二是"择其言尤雅者"。这是本纪第一篇《五帝本纪》提出的原则。司马迁针对"百家言黄帝，其文不雅驯"的情况，考证经典、实地考察，最终选择儒家经典的说法。因此，雅驯可理解为有文献依据、合于情理的意思。相应地，对于那些怪诞不经之辞，《史记》较少采用。三是"疑则阙之，异说并存"。就是在史料缺略或明显不可信的情况下，就不加记载。如《高祖功臣侯者年表》曰："于是谨其终始，表见其文，颇有所不尽本末；著其明，疑者阙之。后有君子，欲推而列之，得以览焉。"还有一种情况就是无法判断各种异说之真伪，则并存之。如《老子韩非列传》记载了关于老子的三种异说，《齐太公世家》记载了关于姜太公的几种异说。四是"既见其书，论其轶事"。就是对那些有著作流传于世的历史人物，司马迁在作传时，不再详载其著作，而主要记述他们一生的行事。五是"考信于六艺，折中于夫子"。这是因为孔子所传六艺被后世奉为经典，所以"中国言六艺者折中于夫子"，而这些经典确实记载了很多可信的史料，因此在运用这些史料时，孔子的言论是绕不开的。

司马迁的基本态度是"考信"，以写出一部信史为自己的人生目标。后世学者，从班固论定《史记》实录之后，基本认同《史记》是实录信史。近代学者多利用出土文献等进一步论证其史料的可信度，如王国维利用新发现的甲骨文，证明司马迁所记殷商诸王世系为确。陈直《史记新证》也多有论定。这些就是《史记》在总体上具有较高史料价值的有力证据。后代不少史家和学者继承了司马迁撰史的求实精神，或在撰史中据事直书，或在评论中辨伪纠误，在中国史学史上培育了、树立了实录传统。

二、不虚美，不隐恶

实录还指评价态度的客观公正。"不虚美，不隐恶"，是指司马迁在评价历史事件和历史人物时，褒善贬恶，都有事实为依据，这是史家所应有的修养。班固此评既能帮助人们更好地理解司马迁实录的思想旨趣，也道出了司马迁"实录"与先秦史学"直笔"传统的渊源。

先秦史家已经有"秉笔直书""书法不隐"的传统。晋太史董狐因坚持史法，不隐"赵盾弑君"之罪，被孔子赞为"古之良史也"。"书法"是当时史官作史所依循的法则，"不隐"就是不加隐讳。齐国太史因坚持秉笔直书"崔杼弑其君"而被杀，他的弟弟仍然坚持这样写，又被杀了，"南史氏闻太史尽死，执简以往"①。因此，南朝理论家刘勰在总结史书写作原则时说："辞宗丘明，直归南董。"即史家直笔而书当以齐太史、南史及董狐为依归。可见，在史学兴起之初，记事不隐的原则就成为史家提倡的一种人格境界，也是良史的一个标准，影响着我国古代史学的发展。司马迁的"不虚美，不隐恶"在精神上继承了这一优良传统，同时对它又有新的发展。

《史记》述秦、汉事最详，不仅写出了功臣贤士大夫的事业，也揭露了当时社会上存在的问题和统治集团的内部矛盾。后来司马迁受到重刑，仍然不忘著述《史记》。他说："草创未就，会遭此祸，惜其不成，已就极刑而无愠色。""则仆偿前辱之责，虽万被戮，岂有悔哉！"为了写成这部史书，就是自己丢了性命，也没有什么可后悔的。正是司马迁这种不避强御的正气和强烈的使命感，促使他要尽量客观公正地撰写历史、评价历史，形成了《史记》"不虚美，不隐恶"的特点。

但《史记》之所以能成为实录的信史，最重要的还是因为司马迁不受一般道德褒贬标准的限制去被动地记录史事，而是自觉地探究历史发展的起因和结果，把历史事迹和人物放在真实可见的历史背景中考察，从而使善恶更加鲜明。司马迁在《太史公自序》中引孔子的话说："我欲载之空言，不如见之于行事之深切著明也。"表明自己要以孔子作《春秋》为榜样，用事实说话，不发表空论。他以保留史事的真相为自己作史的"书法"，从记录史事中表达自己的价值判断。只有这样，才能

---

① 杨伯峻编著：《春秋左传注》，北京：中华书局，1990年，第1099页。

看见历史事实发展的原委，才能"原始察终，见盛观衰"。

如《封禅书》详细记载了秦汉以来的封禅祭祀活动，它历来被视为司马迁批判汉武帝的力作。实际上，司马迁批评汉武帝的求仙，并不是从个人好恶上随意褒贬，而是在考察战国秦汉以来的五德始终说发展历史之后，做出的理性思考和判断。五德始终说起于战国驺衍（即邹衍），后来逐渐被方士神秘化。对驺衍学说，司马迁一方面肯定了其合理的一面，另一方面批评了其学说的流弊：

> 要其归，必止乎仁义节俭、君臣上下、六亲之施，始也滥耳。王公大人初见其术，惧然顾化，其后不能行之。……驺子重于齐。适梁，惠王郊迎，执宾主之礼。适赵，平原君侧行撇席。如燕，昭王拥彗先驱，请列弟子之座而受业，筑碣石宫，身亲往师之。作《主运》。其游诸侯见尊礼如此，岂与仲尼菜色陈蔡，孟轲困于齐梁同乎哉！①

驺衍五德始终说在战国得以流行，受到各国君主的尊礼，是因为它适应了当时社会的风气，"驺衍睹有国者益淫侈不能尚德，若《大雅》整之于身，施及黎庶矣。乃深观阴阳消息而作怪迂之变，《终始》《大圣》之篇十余万言"。司马迁把这种情况与孔子、孟子周游列国而被困辱的境遇加以对比，认为驺衍等就是"有意阿世俗苟合而已"，相当于批评了仁义不行、邪说横行的社会风气。司马迁在《封禅书》中这样描述："驺衍以阴阳主

---

① ［汉］司马迁：《史记·孟子荀卿列传》，北京：中华书局，2014年，第2849页。

运显于诸侯，而燕齐海上之方士传其术不能通，然则怪迂阿谀苟合之徒自此兴，不可胜数也。"秦始皇称帝后，采用五德始终说建立礼法制度：

> 始皇推终始五德之传，以为周得火德，秦代周德，从所不胜。方今水德之始，改年始，朝贺皆自十月朔。衣服旄旌节旗皆上黑。数以六为纪，符、法冠皆六寸，而舆六尺，六尺为步，乘六马。更名河曰德水，以为水德之始。刚毅戾深，事皆决于法，刻削毋仁恩和义，然后合五德之数。于是急法，久者不赦。①

为了合于五德之数，秦采取刻削急法政策，天下苦秦。这种五德始终说竟导致秦最终暴虐而亡！其历史教训着实可畏。而汉武帝时，"今天子初即位，尤敬鬼神之祀"，于是"海上燕齐怪迂之方士多更来言神事矣"，② 鬼神之说更加盛行。司马迁看到，神仙怪诞之说大行其道，被方士们越搞越玄妙，甚至戏弄主上于股掌之间。而汉武帝之所以被愚弄，乃是他个人的私欲作祟，或为长生，或为却病，或为登仙，或为建天子之威。对此，司马迁深感忧虑与无奈。"余从巡祭天地诸神名山川而封禅焉。入寿宫侍祠神语，究观方士祠官之意，于是退而论次自古以来用事于鬼神者，具见其表里。后有君子，得以览焉。若至俎豆珪币之详，献酬之礼，则有司存。"可见，他详细记载当时方士祠

---

① ［汉］司马迁：《史记·秦始皇本纪》，北京：中华书局，2014 年，第 306 页。
② ［汉］司马迁：《史记·封禅书》，北京：中华书局，2014 年，第 1664、1666 页。

官的一系列活动，本有保存史料、以为后鉴的意思。"具见其表里"就是按照事实情况原原本本地记录下来，以便人们明白事情的真相，并不是专意批评武帝。同时，他把方士的鬼神活动与封禅中的"俎豆珪币之详，献酬之礼"区分开来，认为二者性质不同。从这个角度看，他对汉武帝"封禅，改正朔，易服色"① 等礼乐制度的建设又加以肯定，认为这属于武帝"内修法度"的功绩。封禅之礼存于有司，不必详载。此外，他还把被方士神仙化的黄帝与历史上的黄帝做了区分，在《五帝本纪》中另为黄帝作传。

因此，在《封禅书》里司马迁主要记录了方士们借助封禅外衣进行的鬼神之祀，研究了其学术渊源和社会效应，把武帝时期种种荒唐怪诞的鬼神活动放在这个历史发展背景中观察，其目的主要是引导人们追寻客观历史的真相，而不是褒贬哪一个人。当然，在了解了历史事实的真相后，善恶自然显露。此即所谓"不虚美，不隐恶"。可以说，这是《史记》超越前代史书的地方。它试图摆脱褒善贬恶的限制，在深广复杂的历史事实中，探寻更客观的历史认识。

出于这种探寻历史真实的追求，《史记》记事往往能够突破善恶评断，或从历史源流考察，或从正反两方面思考，显示出更客观公正的气度。如《万石张叔列传》记录石奋家族"恭谨无与比"的家风，就是从高祖时写起，写石奋和他的儿子们如何凭着恭谨在文帝、景帝、武帝期间不断获得宠禄，子孙咸至大官，中间虽时有废迁之事发生，但总体上，这个家族从高祖

① ［汉］司马迁：《史记·太史公自序》，北京：中华书局，2014年，第4009页。

延续至武帝，可谓长盛不衰。对此，司马迁先说"举齐国皆慕其家行，不言而齐国大治"，"其教不肃而成，不严而治"，称石奋及其儿子们为"讷于言而敏于行"的笃行君子，从而肯定了他们在维护一方风化方面的作用。到了后半部分，他写到石庆成为丞相，当时汉武帝正大力起用桑弘羊、王温舒、兒宽等，"事不关决于丞相，丞相醇谨而已。在位九岁，无能有所匡言"。接着，他又一连写了卫绾、直不疑、周文、张欧等以恭谨谦退著称的大臣，以"子孙咸至大官矣"作结。司马迁还在《张丞相列传》中说，自申屠嘉死后，景帝、武帝时的丞相都"媕婀廉谨，为丞相备员而已，无所能发明功名有著于当世者"。这种写法好像是把后面这些人物作为一个舞台背景，让人们从总体上看到自高祖、文帝、景帝至武帝，朝廷大臣们一直秉承着恭谨谦退以干时禄的风气，而这种风气的典型就是石奋家族，所以把他们作为主角推到台前尽情表演。这就好比绘画，闲笔点染与浓墨重彩并用，历史的演化就得以真实全面地呈现出来，人们自然领会到在封建王权不断强化之下，君主的强横专制、群臣的恭谨自保、社会风气的转变是一种历史必然。每个人在这种历史必然的驱使下被迫做出自己的选择，这时谁善谁恶都变得次要了，人心所向、社会走向反而成为人们关注的问题。

　　不虚不隐，美恶自现，这就把史学引向更高明更广阔的领域，而不仅仅局限在善恶判断中了。我们可以说，"不虚美，不隐恶"使《史记》摆脱了经学影响，开始建立自己的思想领域，而史学也自此渐渐走向独立。

第三章

实录谤书之争：汉魏晋南北朝《史记》学术史

　　两汉时期是《史记》成书、传播，以及学者们开始对其研读的时期，也是《史记》陷入"谤书"论的时期。此后，随着汉建安五年（200）荀悦《汉纪》的成书，编年体史书重获史家青睐，与纪传体争胜一时。这段时期的史学批评与理论基本是围绕着《史记》展开的，纪传体与编年体、通史与断代史、谤书与实录是此期的核心议题。魏晋以后，直至隋唐，人们对《史记》的评价渐趋公允全面。此期评价《史记》的学者主要有扬雄、班彪、班固、王充、张辅、葛洪、刘勰等，他们从实录、良史、体例、叙事、取材等方面评价司马迁《史记》。一些有关《史记》史学批评的命题逐渐形成，如实录、良史、爱奇、反经、马班优劣等。可以说，中国史学评论也随着对《史记》的评析逐渐萌芽。

对司马迁与《史记》的评论

对《史记》的讨论与批评，在汉魏之际与魏晋之间多围绕两个主题进行：一是司马迁因遭李陵之祸，内心郁结，反映在他的著作里，就有对现实政治的"微文刺讥"，因此《史记》被视为司马迁发愤而作的"谤书"；二是对司马迁的思想倾向的讨论，尽管《史记》中有众多儒家人物传记，但仍被后来的经学家认为"是非颇谬于圣人"，乃"好奇反经"之作。

一、实录与谤书

对《史记》"实录"与司马迁良史之材的肯定，以刘向、扬雄、班彪、班固为代表，前已述及。

对应"实录"的评价，出现了"谤书"说。汉代学者卫宏曰："司马迁作《景帝本纪》，极言其短及武帝过，武帝怒而削去之。"说明《史记》有些内容引起了当朝天子的不满。而公开讨论这一问题的是班固，他在《典引》中说：

臣固言：永平十七年，臣与贾逵、傅毅、杜矩、展隆、郗萌等召诣云龙门，小黄门赵宣持《秦始皇帝本纪》问臣等曰："太史迁下赞语中，宁有非耶？"臣对："此赞贾谊《过秦篇》云：'向使子婴有庸主之才，仅得中佐，秦之社稷，未宜绝也。'此言非是。"即召臣入，问："本闻此论非邪？将见问意开窦邪？"臣具对素闻知状。诏因曰："司马迁著书，成一家之言，扬名后世。至以身陷刑之故，反微文刺讥，贬损当世，非谊士也。司马相如污行无节，但有浮华之辞，不周于用。至于疾病而遗忠，主上求取其书，竟得颂述功德，言封禅事，忠臣效也。至是贤迁远矣。"①

司马迁引用贾谊《过秦论》作为《秦始皇本纪》的赞语，汉明帝曾就其中评论秦亡得失部分产生疑问，因此诏问群臣。班固上表陈述己见，批驳了贾谊及司马迁的看法。后人把班固上表的内容附载于《史记·秦始皇本纪》的末尾，正好可与此处引文互补。班固说："贾谊、司马迁曰：'向使婴有庸主之才，仅得中佐，山东虽乱，秦之地可全而有，宗庙之祀未当绝也。'秦之积衰，天下土崩瓦解，虽有周旦之材，无所复陈其巧，而以责一日之孤，误哉！俗传秦始皇起罪恶，胡亥极，得其理矣。复责小子，云秦地可全，所谓不通时变者也。"班固认为，秦的衰亡是始皇父子罪恶积累的必然结果，即使周公旦再生，也无力挽回秦亡的命运，而贾谊、司马迁却责备子婴，显然是不了解时势变化的道理。这里，班固引出贾谊《过秦论》中的这句话，主要是为了回应明帝的诏问。因明帝是针对《史记·秦始

---

① ［汉］班固：《典引》，《全后汉文》卷二十六，北京：商务印书馆，1999 年，第 256 页。

皇本纪》赞语发问，班固批评贾谊时就连带着也批评了司马迁。实际上，司马迁对秦亡的过程追究得很细致，他在《秦本纪》《秦始皇本纪》《六国年表序》《李斯列传》《蒙恬列传》中记叙了秦之兴起及衰亡的过程，绝不是不通时变者。作为史家，班固应该是很清楚这一点的。他强行批评司马迁，当另有原因。贾谊《过秦论》中的这段文字，隐含了承认秦在历史中具有正当地位的意思。按五德相克的运行道理，周以火德王，秦代周，所以秦为水德，汉代秦，汉应为土德。贾谊即主张汉为土德，"色尚黄"，这等于承认秦为汉之前的正统。而汉初有些学者主张汉直承周得火德，应为水德，即不承认秦为历史统系中的一环。到东汉，经过光武帝刘秀对谶纬的提倡，对承统之说更加看重。因此，汉明帝读到《史记》中这段文字时，感觉汉家正统地位受到藐视，而加以批评。他还把西汉两司马——司马迁与司马相如加以比较，认为司马相如尚能够颂述主上功德，可称"忠臣"，而司马迁虽著成《史记》，却只是为了扬名后世，并因个人遭刑而贬损当朝天子，这就不如司马相如"忠"。因此，他比较两司马的目的是强调"忠于主上"才是做臣子的本分，至于是否有功当世、泽及后代等都不重要。而班固对贾谊、司马迁的批评更坚定了汉明帝的看法。

班固的父亲班彪曾评论司马迁说："其论术学，则崇黄老而薄《五经》；序货殖，则轻仁义而羞贫穷；道游侠，则贱守节而贵俗功：此其大敝伤道，所以遇极刑之咎也。"班彪本来是从学术发展探讨司马迁的思想倾向问题，但最后却把这个思想倾向与司马迁遭遇极刑的结局联系在一起，认为司马迁是因为思想不合于"道"而遭遇极刑的。实际上，这提出了史家的思想意识与官方政治意识发生冲突的问题。联系上面明帝对司马迁"微文刺讥，贬损当世"的批评，我们可以推测，班彪的看法一方面反映了当时君主大臣的一般看法，另一方面也促成"谤书说"的产生。因此，班固的"是非颇谬于经"的议论，折中了扬雄和父亲班彪的意见，而在用词上更加严厉，把班彪指责司马迁的"轻仁义""贱守节""贵俗功"，改为"崇势利""退处士""进奸雄"。而且，他还把司马迁创作《史记》的动因与李陵之祸直接结合起来，认为司马迁"既陷极刑，幽而发愤"，而著《史记》。虽然他评价《史记》为实录，"书亦信矣"，但这却也开启了后人将《史记》看作"发愤"之作的认识。葛洪在《西京杂记》中说司马迁："作《景帝本纪》，极言其短及武帝之过，帝怒而削去之。后坐举李陵，陵降匈奴，下迁蚕室。有怨言，下狱死。宣帝以其官为令，行太史公文书事而已，不复用其子孙。"① 意思是司马迁因李陵事件被下在狱中，因此在《史记》中多有怨言，像《伯夷列传》《项羽本纪》《屈原贾生列传》中都有怨辞。据说，葛洪编《西京杂记》时采用了很多刘歆及班氏父子撰《汉书》丢弃不用的材料，这说明在两汉之际，认为司马迁因李陵之祸而发愤著《史记》的说法应该是比较普遍的。荀悦编写的《汉纪》卷十四《孝武皇帝纪》载："上以迁欲沮贰师，为陵游说。……上怒，乃族陵家，而下迁腐刑。……司马子长既遭李陵之祸，喟然而叹，幽而发愤，遂著《史记》。"这较他人更为明确地提出《史记》是司马迁遭遇李

---

① ［晋］葛洪撰，周天游校注：《西京杂记》卷六《汉太史公》，北京：中华书局，2020 年，第 255—256 页。

陵之祸、内心怨愤而作。而且荀悦《汉纪》多采《汉书》史料，而不怎么采用《史记》，也说明东汉时发愤说的流行致使《史记》不能得到应有的评价。

由此发展，《史记》不仅仅被看作是抒发一己愤怨之作，还被看作是贬损当代天子的"谤书"，而被当时的官方严格控制传播。据《后汉书》记载，汉章帝时，太学生孔僖、崔骃因议论汉武帝政治得失而被告发，孔僖上书说："孝武皇帝，政之美恶，显在汉史，坦如日月。是为直说书传实事，非虚谤也。"①这反映了当时朝廷对贬损当世的言论控制较严。但太学生阅读讨论《史记》，认为其所记为事实而不是谤书，他们只是直述史书记载，不是无中生有地谤议武帝。这也间接反映了当时有些学者并不认同官方宣扬的"谤书说"。

汉魏之际，《史记》已被当朝者称为"谤书"。《三国志》卷六《魏书·董卓传》注引谢承《后汉书》的记载，说董卓被诛时，蔡邕闻之，有叹息之词，因而被王允治罪。蔡邕恳求黥首为刑，以继汉史。王允曰："昔武帝不杀司马迁，使作谤书，流于后世。方今国祚中衰，戎马在郊，不可令佞臣执笔在幼主左右，后令吾徒并受谤议。"对于这段记载，裴松之为《三国志》作注时提出了自己的看法，他说："史迁纪传，博有奇功于世，而云王允谓孝武应早杀迁，此非识者之言。但迁为不隐孝武之失，直书其事耳，何谤之有乎?"②唐李贤注《后汉书·蔡

① ［南朝宋］范晔：《后汉书》卷七九上《儒林列传·孔僖传》，北京：中华书局，1965年，第2560—2561页。
② ［晋］陈寿：《三国志》卷六《魏书·董卓传》，北京：中华书局，1982年，第180页。

邕列传》云："凡史官记事，善恶必书。谓迁所著《史记》，但是汉家不善之事，皆为谤也。非独指武帝之身，即高祖善家令之言，武帝算缗、榷酤之类是也。"① 言外之意，司马迁不隐讳汉家不善之事，因而被统治者目为"谤书"，实际上他是坚持了史家善恶必书的原则，应属实录。可见，汉以后的史家或学者多能摆脱汉家朝廷的官方立场，而从史书本身的实录性质来评价《史记》。

到曹魏时期，视《史记》为谤书的认识依然存在，但已有学者开始公开反对这种看法。《三国志·魏书》记载了魏明帝向王肃问《史记》一事：

> 帝又问："司马迁以受刑之故，内怀隐切，著《史记》非贬孝武，令人切齿。"对曰："司马迁记事，不虚美，不隐恶。刘向、扬雄服其善叙事，有良史之才，谓之实录。汉武帝闻其述《史记》，取孝景及己本纪览之，于是大怒，削而投之。于今此两纪有录无书。后遭李陵事，遂下迁蚕室。此为隐切在孝武，而不在于史迁也。"②

这里王肃辨正了两件事情。首先他认为司马迁在遭遇李陵之祸前，已经完成了《孝景本纪》和《孝武本纪》，而后人说司马迁因遭李陵之祸在《史记》中非贬汉武帝，显然是颠倒事实。

---

① ［南朝宋］范晔：《后汉书》卷六十下《蔡邕列传》，北京：中华书局，1965 年，第 2007 页。
② ［晋］陈寿：《三国志》卷十三《魏书·王肃传》，北京：中华书局，1982 年，第 418 页。

另外，汉武帝因为不满《史记》中"不隐恶"的记载，心怀怨恨，于是以李陵投降之事为借口使司马迁遭受腐刑，说明内心含有隐切之情的是汉武帝，而不是司马迁。可以说，王肃是第一个公开为《史记》"谤书"之说辩诬的学者。王肃还在《上疏请恤役平刑》①中引用《史记》记载的张释之谏文帝不杀惊御马者的事情，劝谏君主要慎于用刑。可见，他是熟悉《史记》内容的，并非凭空议论。这说明，随着汉王朝的瓦解，汉家朝廷对《史记》的控制权也自然逝去，社会环境的变化使人们能更客观地评价《史记》。晋初史学家傅玄撰《傅子》一书，其主要目的是"论经国九流及三史故事，评断得失，各为区别"，"三史"即《史记》《汉书》和《东观汉记》。他认为班固的《汉书》本是承接父亲班彪的续作而成，班固却没有说明父亲的功劳，而司马迁作《史记》，在《史记》中屡次称引父亲司马谈之言。从这一点，就可以看出班固与司马迁的品行不同。基于此，傅玄甚至对应着班固批评司马迁的话，针锋相对地提出了班固之失："吾观班固《汉书》，论国体，则饰主阙而抑忠臣；叙世教，则贵取容而贱直节；述时务，则谨辞章而略事实，非良史也。"②傅玄也是从思想倾向和表述风格两方面批评班固，虽有过激之嫌，但反映出晋初史家对"谤书"之评已经完全持否定态度了。当然，班氏父子的思想本来就接近官方标准，这与他们生活的时代思潮有关，不完全是为了顺承阿谀官方。

综上，从西汉末至魏晋时，人们对于《史记》是实录还是

---

① ［清］严可均：《全三国文》卷二十三，北京：商务印书馆，1999年，第226—227页。
② ［清］严可均：《全晋文》卷四十九，北京：商务印书馆，1999年，第507页。

谤书展开了激烈的论证，晋以后认识渐趋公正。但本质上，"谤书说"的产生与争论，主要反映了政治力量对史家史书之独立性干预的程度。

二、爱奇与反经

这是与司马迁的思想倾向相关的另一个论题。汉魏时期的学者提出并探讨了司马迁的"爱奇"。扬雄说"子长多爱，爱奇也"，谯周说司马迁"爱奇之甚"①，刘勰《文心雕龙·史传篇》则说《史记》"爱奇反经之尤"，都是说司马迁具有爱奇反经的思想倾向。

针对司马迁的学术思想倾向，较早提出其思想不合于经的是扬雄，他认为"太史公记六国，历楚汉，讫麟止，不与圣人同，是非颇谬于经"②。扬雄认为司马迁写战国以后至汉武帝的历史，在思想倾向和人物评价方面表现出与圣人不同的是非标准，其中一点就是"爱奇"与"爱义"的差别。如扬雄《法言·君子篇》："多爱不忍，子长也。仲尼多爱，爱义也；子长多爱，爱奇也。"这里扬雄把孔子与司马迁进行比较，实际上把司马迁的"爱奇"与经之"爱义"对立起来。因此，扬雄所说的"爱奇"是司马迁"谬于经"的一种表现。这个观点扬雄曾多次提出，后来班固在《汉书·扬雄传》中引用桓谭的评价，说："昔老聃著虚无之言两篇，薄仁义，非礼学，然后世好之者尚以为过于《五经》，自汉文、景之君及司马迁皆有是言。"他

① ［汉］司马迁：《史记·孟子荀卿列传》司马贞《索隐》引，北京：中华书局，2014年，第2850页。
② ［汉］班固：《汉书·扬雄传》，北京：中华书局，1962年，第3580页。

是把司马迁的"薄仁义,非礼学"作为反面例子,以此表彰扬雄著作"文义至深,而论不诡于圣人"。以此可见,扬雄的观点影响了班固,实开班氏父子批评《史记》的先河。

班彪曰:"迁之所记,从汉元至武以绝,则其功也。至于采经摭传,分散百家之事,甚多疏略,不如其本,务欲以多闻广载为功,论议浅而不笃。其论术学,则崇黄老而薄《五经》;序货殖,则轻仁义而羞贫穷;道游侠,则贱守节而贵俗功:此其大敝伤道,所以遇极刑之咎也。然善述序事理,辩而不华,质而不野,文质相称,盖良史之才也。诚令迁依《五经》之法言,同圣人之是非,意亦庶几矣。"①班彪把司马迁"谬于经"的表现归结为三点,认为这是司马迁有违五经法言的地方。关于"崇黄老而薄《五经》"的说法,扬雄已有表述,他在《法言·寡见》中说:"或问:司马子长有言曰:五经不如《老子》之约也。当年不能极其变,终身不能究其业。曰:若是,则周公惑,孔子贼。"这里扬雄把司马谈《论六家要旨》中的观点看作司马迁的思想,认为这是对儒家思想的背离。班彪的认识可以说是来源于扬雄,不同的是班彪认为司马迁的一大功劳就是记载了汉兴至武帝这一段历史。而且他还把《史记》与《左传》《国语》《世本》《战国策》《楚汉春秋》并列在一起,称之为"今之所以知古,后之所由观前,圣人之耳目也"②。这就比扬雄专挑司马迁"谬于经"的做法多了一重史家的眼光,甚至可以

---

① [南朝宋]范晔:《后汉书》卷四十上《班彪列传》,北京:中华书局,1965年,第1325页。

② [南朝宋]范晔:《后汉书》卷四十上《班彪列传》,北京:中华书局,1965年,第1326—1327页。

说已涉及对经史关系的探讨，还把"史"看作圣人知古观前的重要媒介了。至于对货殖和游侠的评价，扬雄在《法言·渊骞》中说："'货殖。'曰：'蚊。'"意思是《货殖列传》中所记的商人货殖一类都像蚊子一样，吸食他人之血以自饱。司马迁对货殖者的勤劳智慧及其在社会经济发展中的作用持赞赏的态度，表现了他以历史考察为基础的远见卓识，而扬雄只看到了货殖的负面影响。同样在这一篇里，扬雄对游侠也进行了评价，说"游侠，曰：窃国灵也"。这显然也不同于司马迁在《游侠列传》中对游侠的态度，司马迁认为游侠，"其行虽不轨于正义，然其言必信，其行必果，已诺必诚，不爱其躯，赴士之厄困，既已存亡死生矣，而不矜其能，羞伐其德，盖亦有足多者焉"。在司马迁心目中，这些闾巷之侠是能够代表民间正义的社会力量。扬雄则把游侠与朝廷对立起来，视之为窃取国家权柄的人。这些观点对班固都有直接影响：班固在《汉书·货殖传》中说货殖是"上争王者之利，下锢齐民之业，皆陷不轨奢僭之恶"；在《汉书·游侠传》中说"郭解之伦，以匹夫之细，窃杀生之权，其罪已不容于诛矣"。因此，班固评司马迁："是非颇谬于圣人，论大道则先黄老而后六经，序游侠则退处士而进奸雄，述货殖则崇势利而羞贱贫，此其所蔽也。"[1] 这些评论，都试图用经的标准衡量《史记》，或可称为以经论史。殊不知《史记》本来就是要"通古今之变，成一家之言"的史书，司马迁立志要写的也是不完全同于《春秋》的史著。但当时的政治家及学者基本上都忽视了《史记》的宗旨，而强调其不同于经的"谬

---

① 〔汉〕班固：《汉书·司马迁传》，北京：中华书局，1962 年，第 2737—2738 页。

误"。如汉成帝时东平王来求书，王凤建议成帝不要把《史记》赐给诸侯王，理由是"《五经》圣人所制，万事靡不毕载。王审乐道，傅相皆儒者，旦夕讲诵，足以正身虞意。夫小辩破义，小道不通，致远恐泥，皆不足以留意"①，意思是说，《史记》是不能与经相比的小辩、小道而已。包括刘向和班固，都把《史记》附列于春秋经类，说明他们从观念上还是把史看作经的附庸。

可以说，关于《史记》"颇谬于经"的话题开启了经史关系之论，并进一步扩展到对《史记》史料运用方面的批评。尤其是东汉今古文之争中，常常会涉及《史记》"颇谬于经"的讨论。光武帝建武二年（26），尚书令韩歆上疏，建议为《费氏易》《左氏春秋》立博士。到建武四年（28）初，博士范升在廷议中提出反对意见，认为《左氏春秋》不当立，并且奏上《左氏春秋》之失十四事。当时与范升辩难的学者大多认为司马迁作《史记》尚多据《左氏春秋》，说明其可信。于是，范升"又上太史公违戾五经，谬孔子言，及《左氏春秋》不可录三十一事"②。而主张立《左氏春秋》的陈元则上书反驳：

臣元窃见博士范升等所议奏《左氏春秋》不可立，及太史公违戾凡四十五事。案升等所言，前后相违，皆断截小文，媟黩微辞，以年数小差，摭为巨谬，遗脱纤微，指为大尤。抉瑕擿衅，掩其弘美，所谓"小辩破言，小言破

① ［汉］班固：《汉书·宣元六王传》，北京：中华书局，1962年，第3325页。
② ［南朝宋］范晔：《后汉书》卷三十六《范升传》，北京：中华书局，1965年，第1229页。

道”者也。①

陈元认为范升所说的太史公违戾五经的事例，大多属于年数误差，或细微材料的遗脱。由此可见，范升主要是就司马迁运用经传材料时的取舍及失误发难。后来，东汉末的颍容也从这个方面批评《史记》，他在《春秋左氏条例》中说："迁《史记》不识毕公文王之子，而言与周同姓；扬雄《法言》，不识六十四卦，云所从来尚矣。"②《史记·魏世家》开篇曰："魏之先，毕公高之后也。毕公高与周同姓。"《史记索隐》注引用《左传》富辰的说法，说毕公是文王之子，而《史记》却说他"与周同姓"，似乎司马迁没有采用《左传》的说法。颍容是研究《左传》的学者，对司马迁作史不依据《左传》自然会提出批评。他所说的司马迁"违义正者"，主要就是指司马迁不采用《左传》之说。颍容所举的事例比较具体，大概能帮助我们理解经学家指责《史记》"违戾五经"及"阙略"是什么意思。他们主要从司马迁是否采用经传材料入手来批评《史记》，这与班氏父子从思想倾向方面批评司马迁"是非颇谬于经"有所不同，但都是把《史记》与经对立起来，以经的标准衡量《史记》。这基本上反映了两汉时期《史记》的境遇。

魏晋之际的学者，如谯周作《古史考》二十五篇，总结东汉以来诸家所说《史记》不合于经之处。刘知幾《史通》评这部书说："晋散骑常侍巴西谯周，以迁书周、秦已上或采家人诸

---

① ［南朝宋］范晔：《后汉书》卷三十六《范升传》，北京：中华书局，1965年，第1231页。

② ［宋］李昉等：《太平御览》卷六○二，北京：中华书局，1960年，第2710页。

子，不专据正经，于是作《古史考》二十五篇，皆凭旧典以纠其缪。今则与《史记》并行于代焉。"① 说明谯周的《古史考》也是针对司马迁"不专据正经"、依据已有经典而作的一部系统的考证《史记》的著作。《古史考》一直到唐代都与《史记》并行，是因为《隋书·经籍志》把它放在注释《史记》的众多著作之后。姚振宗《三国艺文志》曰："隋唐人以此为考史之书，故附《史记》以行；《隋志》亦从而录于诸家注义之后。《史通》所言，盖即指此。犹《汉书》之后，系以刘宝《驳议》、姚察《定疑》，《三国志》之后，系以何常侍之论、徐爰之评。"② 即指考史之中有注有评。因此，有学者认为《古史考》是一部史学评论萌芽期的著作，虽然谯周所持的是经学立场，但其所做的工作却是史学评论性质的。③ 晋武帝太康二年（281），汲郡有个叫不准的人盗墓时发现了一批竹简，共数十车。晋武帝很重视这个事情，专门过问这批新材料，并将之交付荀勖、束皙等人校缀编次。④ 其中有记载夏以来至周幽王及三家分晋至魏安釐王二十年的史书十三篇，当时名之为《纪年》（又称《竹书纪年》），书中的很多记载与经书不同，这就引起了当时学者对儒家经典的怀疑与反省。可以说，汲冢竹书的出现对当时的史学著作及史学研究方法产生了一定影响。如在史

---

① ［唐］刘知幾著，［清］浦起龙通释，王煦华整理：《史通通释》卷十二《古今正史》，上海：上海古籍出版社，2009 年，第 313 页。

② ［清］姚振宗：《三国艺文志》，收入《二十五史补编》第三册，北京：中华书局，1955 年，第 3225—3226 页。

③ 逯耀东：《经史分途与史学评论的萌芽》，北京：中华书局，2006 年，第 189 页。

④ ［唐］房玄龄等：《晋书》列传第二十一《束皙传》，北京：中华书局，1974 年，第 1432—1433 页。

学评论方面，司马彪据《纪年》对谯周的《古史考》重加考论，列出 122 条《古史考》论事不当处，① 这等于反驳了谯周对司马迁不专据正经的说法。郭璞也根据《汲冢竹书》所记，对司马迁所说的"至《禹本纪》《山海经》所有怪物，余不敢言之也"加以辨正。他说："司马迁叙《大宛传》，亦云自张骞使大夏之后，穷河源，恶睹所谓昆仑者乎？至《禹本纪》《山海经》所有怪物，余不敢言也。不亦悲乎！若《竹书》不潜出于千载，以作征于今日者，则《山海》之言，其几乎废矣。"② 大致与此同时，杜预认为《竹书纪年》大概是魏国的史书，并用《竹书纪年》来证明《左传》的可信。他在《春秋左传集解后序》中说《竹书纪年》："诸所记多与《左传》符同，异于《公羊》《穀梁》，知此二书近世穿凿，非《春秋》本意，审矣！虽不皆与《史记》《尚书》同，然参而求之，可以端正学者。"③ 这些学者都采用了新出土文献重新考察前代史书，而不仅仅局限于儒家经典。这在学术方法和学术观念上引起了人们对经史关系的重新思考。如杜预所说，经与史可以参而求之，经传的地位可由史书来印证，经学问题的解决需借助史学。这些认识和实践使人们在研读史书时，不再执守儒家经典的评价标准，而更多地从历史事实等多方面进行探索，对《史记》的评论因而也渐趋客观。如《史记·楚世家》记载："陆终生子六人，坼剖而产焉。"谯周等怀疑这是虚妄之言。干宝一开始对这个问题

---

① ［唐］房玄龄等：《晋书》列传第五十二《司马彪传》，北京：中华书局，1974年，第 2142 页。
② ［晋］郭璞：《注山海经叙》，《全晋文》卷一百二十一，北京：商务印书馆，1999 年，第 1290—1291 页。
③ ［清］严可均：《全晋文》卷四十三，北京：商务印书馆，1999 年，第 435 页。

也有疑惑，说"先儒学士多疑此事。谯允南通才达学，精核数理者也，作《古史考》，以为作者妄记，废而不论。余亦尤其生之异也"①。他一方面考之经典文献，以《诗经》记载姜嫄生后稷时"不坼不副，无灾无害"，证明古之妇人有坼剖而产的；又证之以事实，说魏黄初五年（224），汝南有妇人生男儿从右胳下水腹上出，数月创合，母子无恙。最后，干宝认为《史记》中的记载未必不可信。干宝对神异传说本来就很感兴趣，因此对《史记》中的这类记载多抱有同情理解之心。他说："虽考先志于载籍，收遗逸于当时，盖非一耳一目之所亲闻睹也，亦安敢谓无失实者哉！卫朔失国，二传互其所闻；吕望事周，子长存其两说。若此比类，往往有焉。从此观之，闻见之难一，由来尚矣。夫书赴告之定辞，据国史之方策，犹尚若兹，况仰述千载之前，记殊俗之表，缀片言于残阙，访行事于故老，将使事不二迹，言无异途，然后为信者，固亦前史之所病。然而国家不废注记之官，学士不绝诵览之业，岂不以其所失者小，所存者大乎？"② 干宝认为史家为了务求信实而广采史料，可由于历史久远，即使多方访求，也难免会出现一事两说的情况，但这并不影响史书的价值。从这种考察问题的方法来看，他已经不仅仅以经典为标准，而兼重历史事实和异闻奇说。这较前代学者是一个进步。

此外，东晋葛洪在《抱朴子·明本》中说："班固以史迁先

---

① 裴骃：《史记集解·楚世家》，"坼剖而产"句下引干宝语，北京：中华书局，2014年，第2040页。

② ［清］严可均：《全晋文》卷一百二十八，北京：商务印书馆，1999年，第1370页。

黄老而后六经，谓迁为谬。夫迁之洽闻，旁综幽隐，沙汰事物之臧否，核实古人之邪正。其评论也，实源本于自然，其褒贬也，皆准的乎至理。不虚美，不隐恶，不雷同以偶俗。刘向命世通人，谓为实录；而班固之所论，未可据也。固诚纯儒，不究道意，玩其所习，难以折中。"① 葛洪认为班固批评司马迁"先黄老而后六经"，完全是以儒家标准看待司马迁。若探究道意，司马迁应属于"博通乎今古，能仰观俯察，历变涉微，达兴亡之运，明治乱之体"的有道者，《史记》则是整齐百家杂语、综合诸家思想的著作，因此只有通人如刘向，才能给予《史记》正确的评价。葛洪此论，似乎传达了这样一个信息，即经与史有不同的著述方法和目的，因此不能用经的标准来衡量史书。像班固那样仅从儒家经典出发评价《史记》，当然无法做到全面公正。范晔在《后汉书·班固传》中也结合班固自身的经历与创作发表了自己的看法，他说："彪、固讥迁，以为是非颇谬于圣人。然其论议常排死节，否正直，而不叙杀身成仁之为美，则轻仁义，贱守节愈矣。固伤迁博物洽闻，不能以智免极刑；然亦身陷大戮，智及之而不能守之。呜呼，古人所以致论于目睫也！"范晔反对班氏父子批评司马迁"是非颇谬于圣人"，认为他们只看到事情的表象，没有抓到问题的实质。南朝刘勰在《文心雕龙·史传》中评论史书时基本是以"宗经"为标准的。他批评《汉书》学习《史记》为吕后立纪，是"违经失实"：所谓"违经"，即经书所载武王以来牝鸡不司晨、妇不

---

① ［晋］葛洪：《抱朴子·内篇》卷十《明本》，上海：上海古籍出版社，1990 年，第 69—70 页。

与国事的盟誓；而"失实"则指古来未有女帝，吕后专权之事
是汉代的特例，史家应该慎用名号、谨于政事。但总体上，他
还是认为《汉书》"宗经矩圣"，而《史记》则"爱奇反经之
尤"。刘勰还把那些喜欢用传说异闻作史的做法称为"爱奇"，
认为这也是造成史书讹滥的根源。

隋文帝时，王通著《元经》《续书》等。他对马、班以来
的史著都不满意，说："史之失，自迁、固始也，记繁而志寡。
《春秋》之失，自歆、向始也，弃经而任传。"① 又说："吾视
迁、固而下，述作何其纷纷乎！帝王之道，其暗而不明乎？天
人之意，其否而不交乎？制理者参而不一乎？陈事者乱而无绪
乎？"② 意思是，马、班以来的历史著作记录了很多历史事实，
但缺乏统绪，即对帝王之道、天人之意没有进行清晰的阐发。
实际上，王通的这些看法还是基于他对经史关系的认识，他认
为史传的兴起，使经书之旨意不能传达，甚至导致刘向等放弃
《春秋》经之体，而转向《列女传》等传体的编纂，犹如经学
异端。他还说："史传兴而经道废矣，记注兴而史道诬矣。是故
恶夫异端者。"③ 他重视的不是史书将历史事实梳理清晰，而是
能够明确地宣扬政治理念或褒贬态度。因此，他欣赏的文章是
晁错、董仲舒、公孙弘撰写的对策议论之文。这主要是因为王
通极其推崇周公、孔子，认为周孔之道近乎神道，进而对儒家
经典极其尊崇。即便是史书，他也认为宣扬经旨才是正道。这
种认识显然忽视了史书本身的特点，强行以经评史，是偏狭的。

---

① 《中说·天地》，张沛撰《中说校注》，北京：中华书局，2013 年，第 63 页。
② 《中说·天地》，张沛撰《中说校注》，北京：中华书局，2013 年，第 10 页。
③ 《中说·问易》，张沛撰《中说校注》，北京：中华书局，2013 年，第 139 页。

到了唐代，刘知幾在《史通》外篇《疑古》《惑经》篇中提出，孔子所刊修的儒家经典，如《尚书》《春秋》等，有"爱憎由己""为贤者讳"的情况，这不符合史家实录直书的标准，而且会造成"为人君者，靡惮宪章""真伪莫分，是非相乱"的结果。这可以看作是对经史关系认识的一种进步。同时他也以史家记事的标准赞美孔子所编《尚书》"是为属辞比事之言，疏通知远之旨"。这说明刘知幾对于经、史的评价标准已经分得很清楚了，不是以经论史或以史论经，也可以说，他确立了用实录直笔衡量史书的评价标准。

三、《史记》《汉书》优劣论

《史记》《汉书》前后相承，所记汉武帝以前的汉代历史绝大部分是重合的，二者同为纪传体树立了楷则，这些自然容易引起人们对马、班的比较和评论。汉魏六朝时期，人们已经开始把司马迁与班固、《史记》与《汉书》进行比较了。刘知幾在《史通》中说"王充著书，既甲班而乙马；张辅持论，又劣固而优迁"①，就把论述班马优劣的两个代表性人物即王充和张辅推举了出来。王充在《论衡》中说班氏父子"文义浃备，纪事详赡，观者以为胜于《史记》"，"班叔皮续《太史公书》百篇以上，记事详悉，义浅理备。观读之者以为甲，而太史公乙。子男孟坚为尚书郎，文比叔皮非徒五百里也，乃夫周召、鲁卫之谓也"②。王充是思想家和评论家，较推崇的是桓谭所撰的议

---

① ［唐］刘知幾著，［清］浦起龙通释，王煦华整理：《史通通释》卷七《鉴识》，上海：上海古籍出版社，2009 年，第 190 页。
② ［汉］王充：《论衡·超奇篇》，上海：上海人民出版社，1974 年，第 215 页。

论文章。他在《论衡》中多次赞赏桓谭之论，认为其超过司马迁。他说："案孔子作《春秋》，采毫毛之善，贬纤介之恶。可褒，则义以明其行善；可贬，则明其恶以讥其操。《新论》之义，与《春秋》会一也。"① 他认为桓谭《新论》与孔子《春秋》的褒贬之义是相通的。可见，王充看重的是褒贬善恶的议论，而非重事实的史学。当他用经义衡量《史记》时，就表现出贬抑司马迁的倾向。他在《论衡·超奇篇》中说："若司马子长、刘子政之徒，累积篇第，文以万数，其过子云、子高远矣。然而因成纪前，无胸中之造。"意思就是《史记》只是依据旧史述事而已，比不上扬雄等人的著作有褒贬之义。由此可见，王充的评论不是从史著的性质和史家修养出发的，因此才会有甲班乙马的认识。王充对《史记》的评论虽然次数较多，但多是只言片语，且多有偏颇之见。但值得肯定的是，他开启了《史记》《汉书》并论的论题。

此后并论马班的还有张衡、仲长统、傅玄。张衡认为《史记》应该在《五帝本纪》前增立《三皇本纪》，并且"条上司马迁、班固所叙与典籍不合者十余事"。仲长统认为司马迁、班固都是"述作之士"。傅玄则比较了马、班的品行，说："班固《汉书》，因父得成，遂没不言彪，殊异马迁也。"② 至晋人张辅，则对马、班优劣进行了全面比较：

世人论司马迁班固才之优劣，多以固为胜，余以为失。

---

① ［汉］王充：《论衡·案书篇》，上海：上海人民出版社，1974 年，第 440 页。
② ［清］严可均：《全晋文》卷五十，北京：商务印书馆，1999 年，第 526 页。

迁之箸述，辞约而事举，叙三千年事唯五十万言；固叙二百年事乃八十万言，烦省不敌，固之不如迁一也。良史述事，善足以奖劝，恶足以鉴戒，人道之常。中流小事，亦无取焉，而班皆书之，不如二也。毁败晁错，伤忠臣之道，不如三也。迁既造创，固又因循，难易益不同矣。又迁为苏秦、张仪、范雎、蔡泽作传，逞词流离，亦足以明其大才也。故述辩士则辞藻华靡，叙实录则隐核名检，此真所以为良史也。①

张辅从详略安排、史料剪裁、价值评断、创造因袭、史文表述、实录之风等几个方面比较了马、班，认为在这几方面《史记》都是胜过《汉书》的，因此司马迁可称为良史。由此可见，从王充的甲班乙马，经张衡、傅玄等人的批评，都表现出从道德判断向史学批评扩展的趋势，到张辅则全从史学的角度讨论史学，可说是史学脱离经学的一大进步。后来学者对张辅这几个方面的评价，大多集中在文字烦省方面，反而掩盖了张辅在其他几个方面评论的价值。比如，张辅论《史记》以惩恶劝善为目的来选择事实，而《汉书》则不加汰择；在评价人物上，二书也表现了不同的判断标准；二书的人物语言与叙事语言的风格；等等。这些问题已经涉及史料剪裁、价值评断、史文表述等史书编纂问题，都是值得深入探讨的。袁宏则从体例上比较二史，他在《后汉纪序》中说："史迁剖判六家，建立十书，非徒记事而已；信足扶明义教，网罗治体。然未尽之。班固源流

---

① ［清］严可均：《全晋文》卷一百五，北京：商务印书馆，1999 年，第 1113 页。

周赡，近乎通人之作，然因藉史迁，无所甄明。"① 此论兼顾马、班各自的特点，特别强调了司马迁在体例方面的创造之功，而班固虽将纪传体发展得更完备，但有因循之嫌。这是对张辅之论的进一步发挥。袁宏还在《后汉纪·孝和皇帝纪》四年说："固虽笃志于学，以述作为务，然好傅会权宠，以文自通。其序事不激诡，不抑抗，赡而不秽，详而有体，使读之者亹亹而不厌，亦良史之才也。至于排死节，否正直，以苟免为通，方伤名教也。史迁之作，皆推之于谈。彪经始《汉书》，略以举矣，而固卒其功，岂不盛哉！"② 他肯定了班固的叙事之才，但批评班固的史识和人品，这又是对傅玄观点的继承。可见，袁宏总体上是扬马抑班的。范晔在《后汉书·班彪列传》中继承了袁宏的看法，对马、班二人做出了比较公允的评价："议者咸称二子有良史之才。迁文直而事核，固文赡而事详。若固之序事，不激诡，不抑抗，赡而不秽，详而有体，使读之者亹亹而不厌，信哉其能成名也。"范晔认为马、班二人都堪称良史，在叙事上有各自的风格。他还特别表彰《汉书》的十志，认为是其精华所在。后来很多学者从这个方面比较马、班优劣，可以说都源自范晔此论。

总体上看，自西汉末至魏晋，学者对《史记》《汉书》的评价基本趋向客观。魏晋史家大多将马、班并提，并且认为班固继承了司马迁的实录文风。如公元 271 年，吴国史官华覈曾

① ［清］严可均：《全晋文》卷五十七，北京：商务印书馆，1999 年，第 592 页。
② ［晋］袁宏：《后汉纪》卷十三，《景印文渊阁四库全书》第三〇三册，第 493 页。

在上疏中说："汉时司马迁、班固，咸命世大才，所撰精妙，与六经俱传。"① 这就把《史记》《汉书》一同看作史学经典，认为其价值可与经相比。《晋书·孝友传》记载，刘殷"有七子，五子各授一经，一子授《太史公》，一子授《汉书》。一门之内，七业俱兴。北州之学，殷门为盛"。这说明当时《史记》《汉书》都已成为专家之学，与经一样成为人们学习的对象。

四、论《史记》体例编次

重视对史书体例的多方探讨和实践，是魏晋南北朝史学批评发展的一个主要特点。史学家们对纪传体的创立、编年纪传二体优劣，以及通史、民族史编纂的讨论，推动了对《史记》体例的评论。

——纪传体的述与作。对于《史记》五体配合而成的纪传体，是司马迁的创造，还是因袭旧作，这时出现两种认识：一种认为是对前代史著的因袭，一种认为是司马迁首创。如桓谭说："太史《三世表》，旁行邪上，并效《周谱》。"② 而王充则专门讨论了"述"与"作"的问题。他说，"《五经》之兴，可谓作矣。太史公书、刘子政序、班叔皮传，可谓述矣"，"孔子得史记以作《春秋》，及其立义创意，褒贬赏诛，不复因史记者，眇思自出于胸中也"③。王充认为孔子所作《春秋》，虽然

---

① ［晋］陈寿：《三国志》卷五十三《吴书·薛综传》，北京：中华书局，1982年，第1256页。
② ［汉］桓谭：《新论·离事》，《全后汉文》卷十五，北京：商务印书馆，1999年，第136页。
③ ［汉］王充：《论衡·对作篇》《论衡·超奇篇》，上海：上海人民出版社，1974年，第443、211页。

用了鲁史记的史料，但其中贯穿了孔子的褒贬义例和创意眇思，因此在著述体例和思想立意上为后人确立了准则，可称为"作"，即创始之意。而司马迁的《史记》、刘向的《新序》和班彪的传，都只是记事，史料多从旧典中来，属于"述"。因此他在《论衡·超奇篇》中说司马迁"因成纪前，无胸中之造"，这依然是以经来衡量史。但王充还提到，汉武帝时，周长生作《洞历》十篇，"上自黄帝，下至汉朝，锋芒毛发之事，莫不纪载，与太史公《表》《纪》相似类也。上通下达，故曰'洞历'"。据《论衡·超奇篇》记载，周长生是会稽文士，为刺史任安举奏。周长生所作《洞历》今已不存，从王充的介绍来看，《洞历》应该是采用了表的形式，记事时间与《史记》所记相同，是贯穿黄帝至汉朝的通史。王充认为其体例特征是"上通下达""锋芒毛发之事，莫不纪载"，与《史记》的表、纪类似，说明他对《史记》的通史体例及记事特征有较为准确的把握。这表明王充在一定程度上对史书的体例特征有了大致的认识。在这个意义上，他评价司马迁是"汉之通人"，并说："《诗》家鲁申公，《书》家千乘欧阳、公孙，不遭太史公，世人不闻。"[1] 意思是，鲁人申培的《诗经》学、欧阳和伯的《尚书》学，这些经学传授的统系，如果不是司马迁在《史记·儒林列传》中进行了梳理记载，可能世人就不能清楚地了解了。这是肯定司马迁在整理学术源流方面的成就。所以他把司马迁和刘向放在一起，说他们"有主领书记之职，则有博览通达之

---

[1] ［汉］王充：《论衡·案书篇》《论衡·书解篇》，上海：上海人民出版社，1974年，第437、433页。

名矣"①，强调司马迁之所以"有博览通达之名"，是因为他作为太史令，能接触到大量的官方文书和图籍。因此，博通不仅是史家的重要修养，也是纪传体史书重要的特征。在此基础上，史书才可能做到实录，即王充所谓"太史公书汉世实事之人"②，"子长少臆中之说"③。这都是肯定司马迁能够以真实的史料为基础如实地记载历史，汉世实事也因《史记》得以保存。总之，王充在述作之辨中，虽有以经评史的倾向，但在辨析二者不同时，实际上对司马迁《史记》在史料上真实完备、在体例上上通下达等特点有准确的分析，这为后人理解《史记》的体例特点是有启发意义的。刘勰在《文心雕龙·史传》中也提到，"子长继志，甄序帝绩"，"取式《吕览》，通号曰纪"。这些学者都认为《史记》的体例有所承袭，表体仿效周的谱牒，本纪取自《吕氏春秋》，取材也来自旧典。而班彪则认为《史记》体例是司马迁的创作，他说，"司马迁采《左氏》《国语》，删《世本》《战国策》，据楚、汉列国时事，上自黄帝，下讫获麟，作本纪、世家、列传、书、表凡百三十篇"，"司马迁序帝王则曰本纪，公侯传国则曰世家，卿士特起则曰列传"④。但他又认为《史记》把项羽入本纪、陈涉入世家，而把淮南、衡山这样的皇族降入列传，是"条例不经"。因此，他主张"纪"只"序帝王"，不列"世家"，其他人都入"传"。这个倡议后来被班固和陈寿采纳，并为后来正史所遵行。东汉张衡肯定了《史记》

---

① ［汉］王充：《论衡·定贤篇》，上海：上海人民出版社，1974年，第419—420页。
② ［汉］王充：《论衡·感虚篇》，上海：上海人民出版社，1974年，第76页。
③ ［汉］王充：《论衡·案书篇》，上海：上海人民出版社，1974年，第439页。
④ ［南朝宋］范晔：《后汉书》卷四十上《班彪列传》，北京：中华书局，1965年，第1325、1327页。

创立的表，他在《应间》中说："一介之策，各有攸建，子长谍之，烂然有第。"即赞赏《史记》的表体能够使史事记载井然有序。

——编年纪传论与《史记》。纪传体在班固的《汉书》中发展成熟，《汉书》确立了纪传体的地位。东汉末荀悦《汉纪》的编纂也使编年体史书成熟起来。因此到魏晋南北朝时期，史家围绕编年、纪传二体孰优孰劣展开讨论，其中也涉及对《史记》的评价。刘知幾在《史通·二体》中说："班、荀二体，角力争先，欲废其一，固亦难矣。"

荀悦奉汉献帝之命撰修《汉纪》三十卷，体例效法《春秋》的编年体，使编年体史书重新受到重视。晋太康元年，汲冢《竹书纪年》的发掘整理，使当时学者认为《春秋》这样的编年体才是古史正法，所以编年体史书逐渐争得与纪传体抗衡的地位。4世纪初，西晋大乱，石勒建立后赵，让史官修撰《上党国记》等史书，这对东晋王朝来说是一种刺激。东晋大臣王导提议重建史官制度，请修国史，他在《请建立国史疏》中说："当中兴之盛，宜建立国史，撰集帝纪……务以实录，为后代之准。"① 著作郎干宝于是领国史，撰《晋纪》二十卷，记述自宣帝至愍帝西晋五十三年史事，《晋书》本传称其"直而能婉，咸称良史"。此书采用编年体，而且干宝是在进行一番比较研究后才选择了编年体，他认为其书用编年史最优。刘知幾《史通·烦省》记曰："史之详略不均，其为辨者久矣。及干令升《史议》，历诋诸家，而独归美《左传》，云：'丘明能以三十卷之约，括

---

① ［清］严可均：《全晋文》卷十九，北京：商务印书馆，1999年，第171页。

襄二百四十年之事，靡有孑遗。斯盖立言之高标，著作之良模也。'"① 并且其《二体》篇说："晋世干宝著书，乃盛誉丘明而深抑子长。"说明干宝在撰《晋纪》之前，曾作《史议》对编年体和纪传体进行比较，并就二体的优劣立论，认为编年体的简约胜于纪传体。他的意见不仅被当时学者肯定，而且影响了后来史学的发展。刘知幾认为自《春秋》《左传》以来至晋的五百多年间，编年体几乎断绝，而干宝《晋纪》接续了编年体史书，使编年体再度复兴，因此称之为"史例中兴，于斯为盛"②。此后编年体史书，如孙盛《魏氏春秋》与《晋阳秋》、习凿齿《汉晋春秋》、袁宏《后汉纪》都被视为名著，编年体可谓兴盛一时。可见干宝对当时编年体史书复兴的影响，其编年、纪传二体优劣论也可看作具有学术史开创意义。

　　之后，范晔针对编年、纪传二体优劣发表了自己的看法。他说："《春秋》者，文既总略，好失事形，今之拟作，所以为短。纪传者，史、班之所变也。网罗一代，事义周悉，适之后学，此焉为优，故继而述之。"③ 范晔此论，以《春秋》与纪传对称，分别代表编年体和纪传体；以"纪传"指代马、班所创的史体，并认为是马、班变化《春秋》古体而成。这是从史学史的角度，指出二者的联系。同时，他认为追摹《春秋》的拟作者，只看到编年体简约的特点，在拟作中故意追求简约，使

① ［唐］刘知幾著，［清］浦起龙通释，王煦华整理：《史通通释》卷九《烦省》，上海：上海古籍出版社，2009 年，第 244 页。

② ［唐］刘知幾著，［清］浦起龙通释，王煦华整理：《史通通释》卷四《序例》，上海：上海古籍出版社，2009 年，第 81 页。

③ ［唐］魏徵等撰：《隋书》卷五十八《魏澹传》魏澹论史所引，北京：中华书局，1973 年，第 1419 页。

得史事记载过于简略，或致于遗漏。相对来讲，《汉书》这类纪传体断代史，既能够"网罗一代"，还能使史事和史义完备地呈现出来，更适合后学。这是从史学批评、史学编纂及流传的角度比较二体优劣。可以说，范晔此论考虑得更周全、更长远。再加上他编纂的《后汉书》影响极大，纪传体史书传统由此重新振作。

北魏孝文帝时，史臣李彪和高祐上表请修国史，认为司马迁、班固"皆博识大才，论叙今古，曲有条章，虽周达未兼，斯实前史之可言者也"，并且提出用纪传体修国史"宜依迁、固大体，令事类相从，纪传区别，表志殊贯，如此修缀，事可备尽"①。在选择纪传体修国史之前，李彪、高祐曾评论崔浩、高允所修编年体国史，认为崔、高二人之作"编年序录，为《春秋》之体；遗落时事，三无一存"，并进而批评《左传》"存史意而非全史体"，②其批评思路基本是沿着范晔批评的方向，还是从叙事详略、材料包罗、史意达否几方面比较二体优劣。与裴子野、阮孝绪同时代的文学批评家刘勰所撰的《文心雕龙·史传篇》可被视为中国史学史及史学批评雏形之作，其对二体优劣的评论略偏于纪传。刘勰从史学发展的角度，梳理了二体的源流，认为《左传》是对孔子《春秋》的进一步创新。虽继承汉儒传经之说，但指出《左传》"原始要终，创为传体"，乃"记籍之冠冕"。刘勰还评价纪传体说："《本纪》以述皇王，《列

---

① ［北魏］高祐：《奏请修国史》，《全后魏文》卷二十九，北京：商务印书馆，1999 年，第 285 页。
② 参见［北齐］魏收撰：《魏书》卷六十二《李彪传》、卷五十七《高祐传》，北京：中华书局，1974 年，第 1381、1260 页。

传》以总侯伯，《八书》以铺政体，《十表》以谱年爵，虽殊古式，而得事序焉尔。"即认为纪传体汇通众理、弥纶一代，叙事完备有序，这是它的优点。当时，北朝有李彪提倡撰修纪传体国史，南朝则有刘勰进行理论总结和评论，纪传体国史终在隋唐之际取得正史地位，这也是史学发展的必然。

有些史家还能在继承前代纪传体优长的基础上，对纪传体提出新的编写构想。如魏收撰《魏书》十志，提出"昔子长命世伟才，孟坚冠时特秀，宪章前哲，裁勒坟史，纪、传之间，申以书、志，绪言余迹，可得而闻。叔峻删缉后刘，绍统削撰季汉，十志实范迁、固，表盖阙焉"，认为书、志与纪传相配合是纪传体的优长。但他不是一味模仿前人，而是主张随时代变化而有所创制，他说："时移世易，理不刻船，登阁含毫，论叙殊致。《河沟》往时之切，《释老》当今之重，《艺文》前志可寻，《官氏》魏代之急，去彼取此，敢率愚心。"① 主张史家要根据不同时代的时代特点，设立不同的志、传，采取不同的写法，如史志可"搜猎上下，总括代终，置之众篇之后，一统天人之迹"，这种认识使得纪传体史书可以随时代发展而不断完善更新。由北周入隋的魏澹曾受隋文帝诏令又写了一部《魏史》，以补正魏收《魏书》中的失实混乱之处。他对《史记》的体例来源也有探讨，说："壶遂发问，马迁答之，义已尽矣。后之述者，仍未领悟。董仲舒、司马迁之意，本云《尚书》者，隆平之典，《春秋》者，拨乱之法，兴衰理异，制作亦殊。治定则直叙钦明，世乱则辞兼显晦，分路命家，不相依放。故云'周道

---

① ［北齐］魏收：《魏书·前上十志启》，北京：中华书局，1974 年，第 2331 页。

废，《春秋》作焉，尧、舜盛，《尚书》载之'，是也。'汉兴以
来，改正朔，易服色，臣力诵圣德，仍不能尽，余所谓述故事，
而君比之《春秋》，谬哉'。然则纪传之体出自《尚书》，不学
《春秋》，明矣。"① 魏澹认为《尚书》与《春秋》是不同体例的
代表，并根据司马迁在《太史公自序》中与壶遂的问答，提出
《史记》体例仿自《尚书》，属于力诵圣德的隆平之典。这只是
概括了《史记》内容的一个方面，未必是《史记》的总体特
征。但魏澹此论似乎对后来的刘知幾和章学诚都有影响，二人
也都以《尚书》《春秋》各为一种史书体例的代表，甚至认为
它们分别代表着"圆而神""方以智"的不同史书风格。不同
的是，魏澹此处主要是探讨《史记》所创纪传体的由来，主要
表现了史出于经的意识，他自己作《魏史》也是"依《春秋》
之义"。《魏史》虽然体例上是纪传体，即"澹自道武下及恭
帝，为十二纪，七十八传，别为史论及例一卷，并《目录》合
九十二卷"，但将史论及例别为一卷，表现了追摹《春秋》、重
视义例的意思。因此，他批评范晔肯定纪传体的言论是"岂直
非圣人之无法，又失马迁之意旨"，并且以《春秋》之义为标
准，批评司马迁于"周之太子并皆言名，汉之储两俱没其讳，
以尊汉卑周，臣子之意也。窃谓虽立此理，恐非其义"。按《春
秋》之义，太子必须书名，而司马迁对周之太子皆书名，对汉
之太子则讳不书名，表现了司马迁作为汉臣的尊汉之意，但不
符合《春秋》之义，这是对《史记》中人物称谓标准不一问题

---

① ［唐］魏徵等撰：《隋书》卷五十八《魏澹传》，北京：中华书局，1973 年，第
1419 页。也见［清］严可均：《全隋文》卷二十《〈魏史〉义例》，商务印书
馆，1999 年，第225—226 页。

的讨论。他还探讨了《史记》"太史公曰"及后来史书史论出现的问题，认为"司马迁创立纪传以来，述者非一，人无善恶，皆为立论。计在身行迹，具在正书，事既无奇，不足惩劝。再述乍同铭颂，重叙唯觉繁文。案丘明亚圣之才，发扬圣旨，言'君子曰'者，无非甚泰，其间寻常，直书而已。今所撰史，窃有慕焉，可为劝戒者，论其得失，其无损益者，所不论也"，[①]就是说后来史家写史，往往学习"太史公曰"来立论，几乎成为模式，不仅形式上如同铭颂之文，内容上也无关褒贬。他认为应该效法《左传》的"君子曰"，对于有关"劝戒"的内容就加以评论，其他的只须直书记载即可，不必篇篇立论。魏澹此处关于史书论赞形式与内容的讨论，不仅涉及史书写作风格的问题，还涉及史家作史宗旨的问题，对后来史家作史及评史都有启发意义。

　　魏晋南北朝逐渐形成史著繁盛的局面，《隋书·经籍志》把史部著作位列第二，仅次于经，即是这种情况的直观反映。此间，纪传体和编年体史书都得到了进一步发展。以南北朝时期的后汉史为例，纪传体有谢承等10家，编年体有晋袁宏、张璠等4家；以这一时期所修晋史为例，纪传体有王隐等11家，编年体有陆机、干宝等11家；其他纪传体史书有三国史7家，南北朝史17家；其他编年体史书有三国史2家，南北朝史6家。合计南北朝时期，共撰有纪传体断代史多达45家，编年体断代史23家。而纪传体史书开始被称为"正史"。"正史"之名即由

---

① 从上引文均见［唐］魏徵等撰：《隋书》卷五十八《魏澹传》，北京：中华书局，1973年，第1417—1419页。

梁元帝萧绎（梁武帝第七子）正式提出。他认为人之所以为人，是师儒教育的结果，故呼吁凡读书必读五经、正史及谱牒，此外群书自可泛观；他认为"正史既见得失成败，此经国之所急。五经之外，宜以正史为先。谱牒所以别贵贱，明是非，尤宜留意；或复中表亲疏，或复通塞升降，百世衣冠，不可不悉"①。后来唐初修《五代史志》，即将纪传体国史正名为"正史"。自汉至唐，"《史记》《汉书》师法相传，并有解释"，"自是世有著述，皆拟班、马，以为正史"②。史书编纂者奉马、班为圭臬，遂使纪传体史书大兴。

——通史修撰与《史记》。南北朝时梁武帝令群臣编纂上起三皇、下至萧齐的《通史》六百二十卷，"大抵其体皆如《史记》，其所为异者，唯无表而已"③。

北魏宗室大臣元（由拓跋改汉姓元）晖召集崔鸿等撰《科录》，起于上古，终于晋朝，共二百七十卷，"其编次多依放《通史》，而取其行事尤相似者，共为一科，故以《科录》为号"④。据《陈书》卷三十《陆琼列传》附传陆从典记载，陆从典除为著作佐郎，右仆射杨素上奏使陆从典续司马迁《史记》迄于隋。但其书尚未完成，就到了隋末动乱之时。杨素任右仆射是在592—601年，即隋文帝在位期间。604年，隋文帝崩，国内动

---

① ［梁］萧绎：《金楼子·戒子篇》，《景印文渊阁四库全书》第八四八册，第819页。
② ［唐］魏徵等撰：《隋书》卷三十三《志》第二十八《经籍二》，北京：中华书局，1973年，第957页。
③ ［唐］刘知幾著，［清］浦起龙通释，王煦华整理：《史通通释》卷一《六家》，上海：上海古籍出版社，2009年，第17页。
④ ［唐］刘知幾著，［清］浦起龙通释，王煦华整理：《史通通释》卷一《六家》，上海：上海古籍出版社，2009年，第17页。

乱，则陆从典续《史记》应该是在 604 年之前。杨素、陆从典应是较推崇《史记》的通史体例，因此欲续《史记》修通史至隋。梁、隋之间，人们虽不断追求《史记》的通史编撰，但都不尽如人意。通史之风再兴，是宋、元以后。

——关于民族传的编撰与讨论。司马迁是首位对中原地区少数民族和周边民族国家作系统研究的史家，他创立的少数民族和汉周边民族国家的传记使后来史家大体有这样一种认识：承认少数民族和周边民族的文化特点及历史作用，并尽力挖掘各民族交往的历史价值和历史意义。比如魏收著《魏书》，不仅记载了拓跋部以外的鲜卑族的历史，还记述了鲜卑族以外的其他北方及西域地区各民族的历史，可以说是对《史记》民族史撰述传统的继承。《史记》民族传中争议较多的是《匈奴列传》，关于《匈奴列传》的编次问题，《史记正义》说《匈奴列传》"本次《平津侯》后，第五十二。今第五十者，先生旧本如此"，"若先诸传而次四夷，则司马、汲郑不合在后也"①，此说与班固有关。班固《汉书·司马迁传》叙列传次第，将《卫将军骠骑列传》列为第五十，将《平津侯主父列传》列为第五十一，将《匈奴列传》列为第五十二，与《史记·太史公自序》所叙的次序不同。《汉书》把《匈奴传》与其他少数民族传记放在一起，置于全书末尾，这样就使内朝与外夷分开，有"华夷分立"的意思。以后的正史列传也都是这样安排的。

有学者认为，司马迁将民族传置于"列传"，是本于"先京

---

① ［汉］司马迁：《史记·匈奴列传》，北京：中华书局，2014 年，第 3483 页。

师而后诸夏，先诸夏而后夷狄"的观念意识。① 《史记》中其他少数民族国家的传记，"大体上系按照与汉发生关系，或得到解决之先后为次"，也与汉朝的国防问题及因国防而引发的内政问题相关。② 这种编次安排既表现了"严夷夏之防"的思想，也在文化价值上视华夷为平等。

南北朝时期，中原王朝与北方少数民族政权之间争持正统，正统观念比华夷观念显得更为重要。因此，这一时期的正史附载的外国传数目较少。但到南朝宋、齐以后，情况有所变化，"及宋、齐，至者有十余国，始为之传。自梁革运，其奉正朔，修贡职，航海岁至，踰于前代矣"③。唐代姚思廉撰《梁书》，专立《诸夷列传》，就如实反映了这个时代特点。可见，正史之所以记载那些"奉正朔，修贡职"主动来朝的夷国，是因为把它们看作了自己正统王朝的附庸。这是正统观念在民族史编纂上的体现。

同时，史学的发展又反过来促进了民族之间的文化融合与认同。魏晋南北朝时期是我国史学繁盛的时期，这可被视为民族融合的结果。如北朝的少数民族政权，他们一方面着力记述本民族兴起的历史，另一方面又通过史著追认先祖来确认自己的正统地位。④ 《魏书·序纪》开篇追溯北魏国史至黄帝，曰：

---

① 参见雷家骥：《中国古代史学观念史》，北京：北京师范大学出版社，2018 年，第 482—483 页。
② 徐复观：《论〈史记〉》，《两汉思想史》第三卷，上海：华东师范大学出版社，2001 年，第 232、240 页。
③ ［唐］姚思廉：《梁书》卷五十四《诸夷列传》，北京：中华书局，1973 年，第 783 页。
④ 参见李小树主编：《秦汉魏晋南北朝史学史稿》，北京：中国人民大学出版社，2007 年，第 148—149 页。

"昔黄帝有子二十五人，或内列诸华，或外分荒服，昌意少子，受封北土，国有大鲜卑山，因以为号。……黄帝以土德王，北俗谓土为托，谓后为跋，故以为氏。"① 这种追述，很容易让人联想到《史记》将黄帝定为华夏共祖的记载。可以说，前代史著所表现出来的这种历史观念对后来修史者产生了深刻影响，促使他们在写史时加以模仿和认同。再如《史记》《汉书》都记载匈奴是夏后氏苗裔淳维之后，后来赫连勃勃就自称匈奴为夏后氏之苗裔，这不仅仅是为了确认自己的合理地位，实际上也是对中原观念和文化上的认同。

　　——史书撰述的自觉意识。司马谈父子有历史文化绝灭的危机感，"自获麟以来，四百有余岁，而诸侯相兼，史记放绝"，由此引发史不可亡的自觉意识。国家可以亡，历史文化不可以亡，匹夫应有此使命与责任。司马迁"鄙没世而文采不传于后"，"述往事，思来者"的著史意识，也促成了后世史家的著史风气。王充《论衡·须颂》曰："汉司马长卿为封禅书，文约不具。司马子长纪黄帝以至孝武，扬子云录宣帝以至哀平，陈平仲纪光武，班孟坚颂孝明，汉家功德，颇可观见，今上即命，未有褒载。"这里他历数了当时续写汉史的人，主要是想表达汉代的历史需要有才德的鸿笔之士不断记载，不然，后人将不了解或不重视汉朝，这也是重史意识的体现。蔡邕被王允杀害后，马日磾批评王允说："王公其不长世乎？善人，国之纪也；制作，国之典也。灭纪废典，其能久乎！"② 陈寿曾批评蜀汉"国

① ［北齐］魏收：《魏书》卷一《序纪》，北京：中华书局，1974 年，第 1 页。
② ［南朝宋］范晔撰，［唐］李贤等注：《后汉书》卷六十《蔡邕列传》，北京：中华书局，1965 年，第 2006 页。

不置史，注记无官，是以行事多遗，灾异靡书。诸葛亮虽达于
为政，凡此之类，犹有未周焉"①。可见，是否重史已成为评判
人物的重要标准。史不可亡的意识及以文采传名于后世的追求，
也刺激了私修史书的风气。东晋史家王隐规劝祖纳写史，说：
"盖古人遭时，则以功达其道；不遇，则以言达其才，故否泰不
穷也。当今晋未有书，天下大乱，旧事荡灭，非凡才所能立。
君少长五都，游宦四方，华夷成败皆在耳目，何不述而裁之！
应仲远作《风俗通》，崔子真作《政论》，蔡伯喈作《劝学篇》，
史游作《急就章》，犹行于世，便为没而不朽。当其同时，人岂
少哉？而了无闻，皆由无所述作也。故君子疾没世而无闻，
《易》称自强不息，况国史明乎得失之迹。"② 东晋大臣王导亦
认为："帝王之迹，莫不必书，著为令典，垂之无穷。"要求元
帝设置史官"撰集帝纪，上敷祖宗之烈，下纪佐命之勋，务以
实录，为后代之准"，并且把这看作是"雍熙之至美，王者之弘
基"。③ 北魏史家李彪欲效太史谈、迁之志修国史，以尽史官
"职思其忧"之任："是以《唐典》篆钦明之册，《虞书》铭慎
徽之篇，《传》著夏氏之《箴》，《诗》录商家之《颂》，斯皆国
史明乎得失之迹也……史职不修，事多沦旷，天人之际，不可
须臾阙载也。"他还以司马迁与班固为学习的榜样，说："是以
谈、迁世事而功立，彪、固世事而名成，道争乃前鉴之轨辙，

① ［晋］陈寿撰，［宋］裴松之注：《三国志》卷三十三《蜀书·后主传》，北京：
中华书局，1973年，第902页。
② ［唐］房玄龄：《晋书·王隐传》，北京：中华书局，1974年，第2142—2143页。
③ ［晋］王导：《请建立国史疏》，［清］严可均：《全晋文》卷十九，北京：商务
印书馆，1999年，第171页。

后镜之蓍龟也。"① 可见，即使是生活在北朝，李彪对中国著史传统依然有强烈的自觉意识。这对中国史学传统的延续及民族文化的融合无疑是有推动作用的。

　　总而言之，自司马迁开创新史学，史学的标准亦随之形成。他对史著"究天人之际，通古今之变，成一家之言"的追求，对内容完备的践行和实录精神的坚持，都成为后世史家著史追摹的楷则。

---

① ［北魏］李彪：《求复修国史表》，见［清］严可均：《全后魏文》卷四十二，北京：商务印书馆，1999年版，第419—421页。

对《史记》历史人物及事件的评论

对史书内容的批评，也是汉晋时期史学批评的主要部分。两汉时期，对《史记》人物和记事评论较多的是扬雄和王充。

扬雄《法言》十三篇，体例上仿照《史记·太史公自序》，每一篇有序提示作旨。如"仲尼以来，国君将相，卿士名臣，参差不齐，一概诸圣，撰《重黎》《渊骞》"，即《重黎》《渊骞》两篇是评论孔子以来的历史人物的，其中有很多内容论及司马迁和《史记》。又如《重黎》开篇论及重黎与羲和、黄帝始终、盖天浑天，都与司马迁在《太史公自序》中讲的太史公世典周史及掌天官历法的事情有关。

《重黎》篇论及《史记》中的重要历史事件，主要是汉代学者普遍关注的历史问题。如秦之统一六国，扬雄认为是"时激、地保、人事"三方面互相作用的结果。所谓人事，就是指秦孝公任用商鞅变法后，秦强兵力农，蚕食六国；地保就是秦的地理优势；时激是指秦日益强大，有如刀斧，六国相攻伐，日益削弱，有如鱼肉。此外，秦为周之侯伯，最终灭周而吞天下，又是什么原因？扬雄认为诸侯僭端见于秦作西畤祭祀天地，其后诸侯纷纷效仿，而周天子不加匡正，反致文武胙，至于为秦所灭。这个观点实本于司马迁《六国年表》："太史公读《秦记》，至犬戎败幽王，周东徙洛邑，秦襄公始封为诸侯，作西畤用事上帝，僭端见矣。《礼》曰：'天子祭天地，诸侯祭其域内名山大川。'今秦杂戎翟之俗，先暴戾，后仁义，位在藩臣而胪于郊祀，君子惧焉。"司马迁在这里追溯秦的历史，认为秦的强大始自秦襄公，然后继续分析了秦统一天下的各种复杂因素。扬雄的观点应该是综合了司马迁的认识，但只讲秦祭礼上的僭越和周王的不加匡正，就使得纷繁复杂的历史显得简单化了。

扬雄在《重黎》篇中还论及秦楚之际政权三擅的历史事件，对秦亡汉兴之故，他认为是天人因素共同作用的结果。他所说的天主要是指制度的变化：周的分封制在战国时遭破坏，六国不再藩卫周天子，秦灭周，得擅权；秦废封建置郡县，而京师失去藩守，项羽以强暴宰侯王，得擅权；汉灭楚，擅天下。他所说的人的因素，就是兼用人才，用权谋计策。扬雄主要从制度与人谋两方面总结历史经验，说明他对汉兴的认识没有落入天人感应和夸大粉饰的套路，比当时儒生的认识要客观理性些。至于制度之变为何归入天的因素，又因何导致号令三擅，他的解说就显得模糊空洞了。

对于秦亡楚兴、楚亡汉兴，扬雄认为：汉兴是群策屈群力，楚亡是自屈其力，与天无关；秦、楚之速亡，则由暴虐百姓而致。此论讲天人关系，着重强调了人的力量，基本上与《史记》相关记载及司马迁的意旨相同。

扬雄在此篇还评论了《史记》中具体的历史人物，如伍子胥、文种、范蠡、陈胜、吴广、韩信、黥布等，他对这些历史人物的评价均表现出与司马迁观点不同的倾向。司马迁认为伍子胥、范蠡都是以个人才能辅佐君王建立功业的人，可名垂后世，如他在《越王勾践世家》中说"范蠡三迁皆有荣名，名垂后世"，在《伍子胥列传》中称伍子胥为"烈丈夫"，说他"弃小义，雪大耻，名垂于后世"，这都是以二者在历史上所建立的功业及其影响为判断标准提出的评价。至于他评价陈涉"其所置遣侯王将相竟亡秦，由涉首事也"，也是持这个标准。扬雄却批评伍子胥"破楚入郢，鞭尸藉馆"等作为"皆不由德"，批评范蠡不强谏而山栖、策种而遁，又批评陈涉为"乱"，这些评论显然都是针对司马迁的观点而发，所持的是道德评价标准。以这种标准看淮阴侯韩信和黥布，扬雄自然认为他们都是"忠不终而躬逆"，即使建立功名也非好名声。而司马迁在黥布和韩信的列传中，详细记写了他们在楚汉相争中的功绩，称韩信"于汉家勋可以比周、召、太公之徒"，因而对他们最后冤屈被诛的命运充满了同情。后来《汉书》作《韩彭英卢吴传》，称彭越、黥布、韩信等是以"诈力成功"最后谋逆不忠而灭亡，罪有应得，此评恐怕是受了扬雄的影响。

　　大体上，扬雄论历史人物多以道德标准如忠、信、仁、义等来评价，他在《渊骞》篇中就对《史记》人物依德行分类评价："美行：园公、绮里季、夏黄公、甪里先生。言辞：娄敬、陆贾。执正：王陵、申屠嘉。折节：周昌、汲黯。守儒：辕固、申公。灾异：董相、夏侯胜、京房。"他还把《史记》中原属同一传记或与某一事件紧密关联的人物分类加以评论，如将萧何与曹参，晁错与袁盎，张骞与苏武，樊、郦、滕与灌。他评价晁错为"愚"，评袁盎是"忠不足而谈有余"。其中，以"侠介"评樊、郦、滕与灌，这一点较为独特，大概这四人都曾在高祖或汉家危难之际发挥作用，即樊哙在鸿门宴中闯宴救高祖，郦商父子在吕后之乱中骗吕禄交出兵权，夏侯婴在逃跑中救了孝惠帝和鲁元公主，灌婴在吕后之乱中照应内外。这些侠义之行，实指忠于主上，与司马迁在《游侠列传》中赞赏的闾巷游侠显然是不一样的。扬雄的这些评价过于简略，往往用一二字定褒贬，表现出持圣人标准评价历史人物的倾向。如他评游侠为"窃国灵也"，说荆轲"实刺客之靡也，焉可谓之义也"。司马迁在《刺客列传》"太史公曰"中说："自曹沫全荆轲五人，此其义或成或不成，然其立意较然，不欺其志，名垂后世，岂妄也哉！"扬雄却说荆轲不可称为义，显然是针对司马迁的观点发论。扬雄还评价张仪、苏秦是诈人，圣人不会赞赏他们的行为，因为他们游说的目的是求富贵；孔子之徒子贡也有游说活动，但其目的是解乱。虽然他也承认仪、秦二人有才干，但非圣人欣赏的才干。大概在扬雄看来，纵横家及游说之人都是汲汲于富贵利禄者，所以他对此类人物的评价都不太高。扬雄在《重黎》中评价谏始皇不要分封子弟功臣的淳于越、谏始皇亲迎其母的茅焦、说项羽都咸阳的蔡生，以及郦食其、蒯通等汉初辩士，大抵也是这种态度。他这种执圣贤标准衡量所有历史人物的评价，较之司马迁灵活多样、富有历史同情心的人物评价，显得单一且缺乏丰富立体的史事支撑，甚至有时还歪曲事实。难怪他评价司马迁为"杂"：

> 或曰：淮南、太史公者，其多知与！曷其杂也。曰：

　　杂乎？杂。人病以多知为杂。惟圣人为不杂。[①]

扬雄在《法言》中多处把《淮南子》与《史记》并举，在《君子》篇中还说："淮南说之用，不如太史公之用也。太史公，圣人将有取焉。淮南，鲜取焉耳。"这可能是因为在西汉时这两本著作都可称为体大思精，非其他著作可比。扬雄此处说太史公的"杂"，好像特指"多知"，这在一定程度上指出了《史记》整齐百家杂语、考信于六艺、兼采传说与实地史料的特点。但他把运用丰富庞杂的史料看作"杂"，以为此法不合于经，认为"多知"是述作弊病，只有圣人才能做到不杂。比如孔子作《春秋》，采善贬恶，明是非，定犹豫，有一以贯之的褒贬标准。而司马迁在《史记》中不仅记载了历史大事件大人物，还记写了很多小故事小人物；评价人物时，既有道德褒贬的评价，也有历史意义的评判，还有对人情人性的感慨。这样纷繁复杂的内容和情态不正是社会历史本身活生生的反映吗？而扬雄称之为"杂"，归根结底，他是以经衡史，以哲学家的眼光评价史家和史著。

　　总体而言，扬雄在评价《史记》中的历史事件时，多能综合司马迁的观点，并有事实分析，显得较为客观。但他对历史人物的评价则主要以道德评价为主，多针对《史记》"太史公曰"发论，而较少结合人物一生行事和历史功绩进行评论；在评论形式上，他似乎有意模仿《春秋》"一字褒贬"的写法，

---

① ［汉］扬雄：《法言》卷五《问神》，《诸子集成》本，上海：上海书店出版社，1986年，第14页。

往往用一二字下论断，因此其历史人物评价的道德褒贬色彩较鲜明。

王充主要是从史料运用方面对《史记》加以评论。据统计，《论衡》中提到司马迁 23 次，是西汉到东汉初人物中被王充论及最多的。[①] 王充首先对司马迁记载某些诸子的虚妄之辞很不理解，他在《论衡·案书篇》中说："公孙龙著坚白之论，析言剖辞，务折曲之言，无道理之较，无益于治。齐有三邹子之书，汩洋无涯，其文少验，多惊耳之言。案大才之人，率多佗纵，无实是之验；华虚夸诞，无审察之实。商鞅相秦，作耕战之术；管仲相齐，造轻重之篇：富民丰国，强主弱敌，公赏罚，与驺衍之书不可并言。而太史公两纪，世人疑惑，不知所从。"《史记·孟子荀卿列传》中记载了驺衍和公孙龙，并介绍了其学说观点，是司马迁对战国诸子学派的梳理总结。王充认为驺衍和公孙龙的言论都华而不实，无益于治，不像商鞅和管仲，二人均有富国强兵之策，而司马迁都为他们立传，使虚妄之言与富民丰国之策并存，这让读者很困惑。王充有这种看法也不奇怪，他主张著书立说要得实，因此对虚妄之辞一概否定，这与他"疾虚妄"的主张是一致的。

同样在《案书篇》里，王充还批评司马迁采用神话传说写商、周的历史。他对比了《史记》在《三代世表》和《殷本纪》《周本纪》中对五帝世系源流的记载，认为表中既言五帝三王都是黄帝子孙，纪中又说商、周始祖是吞燕卵、践巨人迹而

---

① 徐复观：《两汉思想史》第二卷，上海：华东师范大学出版社，2001 年，第 382 页。

生，二说前后矛盾，一实一虚，不应并存。实际上，司马迁写殷、周始祖，是根据《诗经》中的《商颂·玄鸟》和《大雅·生民》来写的，这遵从了《诗经》时代商人、周人对自己始祖事迹的记载，为周秦以来的学者们所认可。所谓"《诗》亡而后《春秋》作"，就是说《诗经》中保存了一部分商、周历史，有史料价值；而表只显示帝王世系，只记名次，不能详载事迹，与本纪是互相补充的。王充的批评是从"疾虚妄"的角度提出的，并且涉及事迹渺茫的上古史，故后来学者围绕这个问题各抒己见，纷争不断。其实，西汉学者就曾讨论过这个问题，它原本起于经学家的争论。汉代今文学家为了神化帝王受命于天，多认为"圣人无父，感天而生"，而古文经学家则认为"圣人皆有父"。《史记·三代世表》后面附有西汉时褚少孙对这一问题的论述，他认为司马迁是"信以传信，疑以传疑，故两言之"。这是从司马迁处理史料的方法方面加以解释，因而摆脱了经学家关于圣人有父无父的纷争。

但王充对这种"两言之"的说法大抵是不认可的。比如，关于苏秦之死，司马迁在《史记》中保存了两种说法：一是在《苏秦列传》，说苏秦在齐为客卿，齐国大夫嫉妒他的才干，与他争宠，派人刺杀了他；二是在《张仪列传》，说苏秦虽身在齐国做官，却与燕国通谋破齐，以分其地，后来事情败露，被齐王车裂而死。王充认为应该相信《张仪列传》的说法，他在《案书篇》中说："案张仪与苏秦同时，苏秦之死，仪固知之，仪知秦审，宜从仪言以定其实，而说不明，两传其文。东海张商亦作列传，岂《苏秦》商之所为邪？何文相违甚也？"他甚至怀疑《苏秦列传》的记载是冯商补写《史记》时补入的。《史记》中这类前后记载不一的地方，即班氏父子所说的疏略抵牾之处。那些认为《史记》"颇谬于经"的学者大多都是从这方面评论《史记》的。这说明当时学者已经开始关注《史记》中史料运用与处理方法的问题，也开启了后来学者对《史记》这方面的评论。

在《史记》中，司马迁对一些虚妄不实的传说都加以考察，然后采取较为可信的说法。王充对这类记载大多是赞赏的。如司马迁为荆轲立传，没有采纳"天雨粟，马生角"这类传言，表明了其谨慎的著史态度。王充因此在《感虚篇》中说："太史公书汉世实事之人，而云虚言，近非实也。"这符合王充"疾虚妄"的批评标准，因此得到认可。此外，司马迁在《伯夷列传》中对有关许由的传闻进行了实地考察，这种严谨求实的态度也得到了王充的赞赏。他在《对作篇》中云："若太史公之书，据许由不隐，燕太子丹不使日再中。读见之者，莫不称善。"对司马迁的求实态度表示认可。王充有时候也以《史记》的记载驳斥有关传闻的虚妄不实。如他在《道虚篇》中引述了当时人的两则传闻。一说汉武帝时，李少君学道成仙，尸解而去。王充认为不可信，因为太史公与李少君同时，如果确有其事，司马迁应有所记载，而司马迁在《封禅书》中记载李少君是病死的，并非成仙化去。王充此处是以《史记》驳斥当时流行的神仙方术之说。另外一个传闻是说东方朔原是得道之人，后来改换姓名，游宦汉廷，以仕宦为名，实是度世之人。王充也以《史记·封禅书》所记武帝时道人的所作所为来驳斥其不可信。还有《谈天篇》对于邹衍所说的天下有九州，则引用了司马迁在《史记·大宛列传》中的"太史公曰"："故言九州山川，《尚书》近之矣。至《禹本纪》《山经》所有怪物，余不敢言也。"王充还进一步进行解说："夫弗敢言者，谓之虚也。昆仑之高，玉泉、华池，世所共闻，张骞亲行无其实。案《禹贡》九州山川怪奇之物、金玉之珍，莫不悉载，不言昆仑山上有玉泉、华池。案太史公之言，《山经》《禹纪》，虚妄之言。"他以张骞西行中亲见的事实和《禹贡》对九州的记载为依据，认为司马迁讲的《山经》《禹本纪》为虚妄之言是对的，这是认同司马迁的记载及其求实谨慎的态度。这种态度至少使王充能够辨别当时流行的很多妄说。他在《自然篇》中记载，关于张良见老父予书的传说，有一种解释是："张良游泗水之上，遇黄石公授太公书，盖天佐汉诛秦，故命令神石为鬼书授人，复为有为之效也。"就是说，是上天要帮助汉来诛灭秦，所以就命令神石作书授予张良，因此黄石授书成为汉将兴起的预示。王充认为这种"上天有为"的解说不可信，应把这看作自然之道。他还认为《赵世家》中司马迁记叙的赵简子梦上天之事，论者都认为是赵国将要昌盛的预兆，其实这也是自然之道。王充对自然之道的解释，是针对当时流行的天意有为、天人感应之说提出来的。他认为天不是有意识地参与外物和人事，而是外物在天所施之气中自然生发，物的自然之道有时借助人为来运作。他以《史记》所记的两件事为例说明史家记载有时看似无法解释，实际上是如实记载。

王充还对《史记》中的历史人物和历史事件以及《史记》的立传宗旨进行了直接或间接的评价。

王充在《定贤篇》中评论了《史记》中众多历史人物及相关事实，如战国四公子之门客数千与卫青、霍去病之门无一客，齐田成子与越王勾践以虚恩拊循其民，高祖以功狗功人论萧何，荆轲刺秦，豫让刺赵襄子，伍子胥鞭平王尸，张良椎始皇误中副车，张释之推周勃而贬虎圈啬夫，等等。但王充是在论述如何判断贤与不贤的问题时以《史记》人物为例来说明自己的观点的，他不是在作专门的史学评论，而是类似于诸子的引史为证。有时他也直接表述自己对《史记》历史人物的评价，如评论韩信是否称贤时，他说韩信是"有攻强之权，无守平之智；晓将兵之计，不见已定之义；居平安之时，为反逆之谋。此其所以功灭国绝，不得名为贤也"。由此可见，王充认为韩信虽有将才，但缺乏权变之智，在天下安定之际还想谋逆反叛，就是不明时变，因此落得身死国绝。看来，他视韩信为权诈之徒、不忠之臣的看法与扬雄、班固无异。

此外，王充也论及《史记》为历史人物立传的宗旨。如他论张汤曰："盖世优者，莫过张汤，张汤文深，在汉之朝，不称为贤。太史公序累以汤为酷，酷非贤者之行。鲁林中哭妇，虎食其夫，又食其子，不能去者，善政不苛，吏不暴也。夫酷，苛暴之党也，难以为贤。"① 意思是说，司马迁为张汤作传，是表现张汤的苛酷，张汤可被视为汉武帝时苛政暴吏的代表。《答佞篇》认为司马迁为苏秦、张仪立传，不是依据苏秦、张仪的贤德与否，而是因为二者在当世建立了功业。这也与司马迁自己说的"扶义俶傥，不令己失时，立功名于天下"的立传标准是一致的。《幸偶篇》解说《史记·佞幸列传》的宗旨曰："佞幸之徒，闳孺、籍孺之辈，无德薄才，以色称媚，不宜爱而受

---

① ［汉］王充：《论衡·定贤篇》，上海：上海人民出版社，1974 年，第 420 页。

宠，不当亲而得附，非道理之宜。故太史公为之作传，邪人反道而受恩宠，与此同科，故合其名谓之《佞幸》。"籍孺是高祖佞幸，闳孺是惠帝佞幸，二人都被记在《史记·佞幸列传》中。王充认为司马迁为佞幸立传，主要是表达"不宜爱而受宠，不当亲而得附，非道理之宜"的认识，这个分析是较为准确的。

总体来看，王充在《论衡》各篇中对《史记》的史料运用多有评论，主要是从"疾虚妄"的角度出发批评《史记》所记不合理或怪诞之处，从求实的角度肯定司马迁对史料的严谨考察之功。其中王充有很多观点表述得并不明确，好像只是表达某种倾向，有时甚至前后矛盾。他对《史记》中历史人物和作史宗旨的评论，大多是在论证自己的观点以之为论据时而发的，并不是有意针对《史记》，因此显得散碎而无系统。

除扬雄和王充的评论外，魏晋南北朝时期尚有一些评价《史记》人物及事件的零星篇章。如评论汉高祖，有孔融的《周武王汉高祖论》、曹植的《汉二祖优劣论》、钟会的《太极东堂夏少康、汉高祖论》、皇甫谧的《帝王世纪·汉高祖论》；论白起、韩信，有何晏的《白起论》《韩白论》；还有关于其他人的一些评论，如夏侯玄的《乐毅论》、嵇康的《管蔡论》、石崇的《许巢论》、桓玄的《四皓论》、殷仲堪的《答桓玄四皓论》，等等。

魏晋文士中，直接评价司马迁文章风格并表示赞赏的，除班氏父子、张辅外，还有刘劭。他在《人物志·流业》中说"能属文著述，是谓文章，司马迁、班固是也"，"文章之材，国史之任也"。[1] 这些评价总体上肯定了司马迁的文章之才，但并未

---

[1]　[三国魏] 刘劭：《人物志》，梁满仓译注，北京：中华书局，2014年，第49、57页。

进一步详论。陶渊明自述读《史记》有所感发，而作《读史述九章》，以诗歌的形式评述了《史记》中的夷齐、箕子、管鲍、程杵、孔门七十二弟子、屈贾、韩非、鲁二儒、张长公等人事。不仅如此，陶渊明还读了司马迁的《感士不遇赋》，说"余尝以三余之日，讲习之暇，读其文，慨然惆怅"[①]，不仅称太史公的史才，还赏其辞赋文章。他"慨然惆怅"，大概是同情史公的遭遇吧。

总体来看，从东汉至魏晋南北朝，学者文人对《史记》的评论主要集中在史料运用、史书体例和人物史事的评论方面，而较少涉及《史记》叙事写人的技巧和文字表述的风格。至南朝梁萧统编《文选》，将史书中的论赞选入，认为："至于记事之史，系年之书，所以褒贬是非，纪别异同，方之篇翰，亦已不同。若其赞论之综缉辞采，序述之错比文华，事出于沉思，义归乎翰藻，故与夫篇什，杂而集之。"[②] 即史书中的记事以褒贬是非、辨别异同为目的，属于史学；而赞论序述却以表现个人思想和辞藻为目的，与文学相近。虽然萧统并未选录《史记》的"太史公曰"，但其言论表明史书撰述的文采已被世人重视，这为后来史家写史和评史开辟了新的拓展方向。值得注意的是，《文选》把文士的单篇史论文，如贾谊《过秦论》、班彪《王命论》、曹冏《六代论》等，另分一类，与东方朔《非有先生论》、曹丕《典论论文》同归"论"体。这就说明，萧统没有把这类文章看作史论体，但这种史论在宋代以后却逐渐兴盛，成为一种不可忽视的史论体。

---

① ［晋］陶潜：《感士不遇赋并序》，王瑶编注《陶渊明集》，北京：人民文学出版社，1956年，第156页。
② ［梁］萧统：《文选序》，北京：中华书局，1977年，第1页。

刘勰《文心雕龙·史传》
对《史记》的评价

　　《文心雕龙》是南朝刘勰所作，刘勰大约生活于宋明帝泰始初年到梁武帝大通四年，一生经历了宋、齐、梁三朝，《梁书》和《南史》都为他立了传。《文心雕龙》一般被认为是文论著作，但其《史传》篇历来被视为中国古代史学理论的第一个专篇，是中国史学批评初步发展阶段的标志性成果。

　　刘勰在《史传》篇中总结了汉代以来班氏父子、张辅、范晔等对史家修养的讨论，提出了"析理居正"的"素心"说，对中国古代史家修养理论作了初步总结，并对史传文的原始要终、叙事传人的特点及如何达到信史直笔的要求都有所探讨。这些观点对后来史家及史学理论的发展具有启发意义，特别是唐代刘知幾著《史通》时，对《史传》篇的内容和观点多有吸收。可以说，《史传》在史学批评史上有着承上启下的重要作用。刘勰在《史传》篇中首先梳理了黄帝以来至晋代的史学发展概况，探讨了史官制度的起源和发展，对《尚书》《春秋》以来至干宝《晋纪》、邓粲《晋纪》等20多位代表性史家和史著进行了评价。可以说，刘勰对中国史学发展史第一次做出了系统评论。

——史传的特点：原始要终，创为传体

刘勰把史学的源头上推至黄帝史官仓颉之时，而认为"六经"中的《尚书》与《春秋》分别属于"言经"和"事经"，接下来他重点探讨了传体的特点和发展历史。刘勰把史传的源头定在《左传》，他说："丘明同时，实得微言。乃原始要终，创为传体。传者，转也；转受经旨，以授于后，实圣文之羽翮，记籍之冠冕也。"创为传体，这里的传体既包含编年体，也包含后来的纪传体，所以刘勰在此篇中是二体共论的。他认为传体相比于经，具有"原始要终"，即叙事详悉和完整的特点，并认为《左传》是叙事的典范和最高标准。这实际上是把叙事看作史传的根本特征和价值，可以说从理论上总结了古代历史叙事的宝贵经验。刘勰还认为，从《左传》到《史记》，传体的发展轨迹是："观夫左氏缀事，附经间出，于文为约，而氏族难明。及史迁各传，人始区详而易览，述者宗焉。"也就是说，从春秋至汉代，传体经历了附经叙事、氏族不明到详细有序、人各为传的发展过程，这表明刘勰是在一种推本溯源的思考方式的指导下，对传体的来源和发展历史进行了整体性考察，从而得到了较为准确的认识。他既看到了传体的来源是转受经旨，也看到了传体自身的特征，这使他首先认识到《史记》所创传体的根本特点是以人为中心。《左传》写人，往往对同一人的称呼前后不一，或姓、氏、名、号杂用，有关人物的事件也分裂在不同年份，这就造成了"氏族难明"的情况。在这种情况下，

要对人物事件有一个完整的了解，就需要运用《史记》这种以人物传记为主体的纪传体来叙事。因此，刘勰充分肯定了司马迁创立纪传体的功劳。他认为《史记》"本纪"的名称虽取自《吕氏春秋》，但相比于经、典的称呼，"纪纲之号，亦宏称也"，而且就体例来看，"《本纪》以述皇王，《列传》以总侯伯，《八书》以铺政体，《十表》以谱年爵，虽殊古式，而得事序焉"，认为《史记》这种五体配合的体例虽与前代史书不同，但能将史事叙述得更加清楚有序。刘勰对史传的溯源性考察可以说受了班彪的影响，但他提出了班彪未曾注意的几点，即用传体发展史的眼光统观编年体和纪传体，总结二者共同的叙事特征，并指出纪传体以人为中心的重要特征。至于班氏父子详论的"实录无隐之旨，博雅弘辩之才，爱奇反经之尤，条例踳落之失"，刘勰则一笔带过。可见，刘勰是在详细考察了前人关于《史记》的评论后，提出了自己对史传的独特认识。

在辨明史传特征的前提下，刘勰表达了自己对史书的评价标准。刘勰评价汉魏晋时期的史书时，表现出他对史书体例、取材、繁简、实录、文风等方面的认识。他批评"袁、张所制，偏驳不伦；薛、谢之作，疏谬少信"，以及《江表》《吴录》等史书的激抗难征、疏阔寡要，而肯定司马彪之翔实、华峤之准当，以及陈寿《三国志》的"文质辨洽"、干宝《晋纪》的"审正得序"、孙盛《晋阳秋》的"约举为能"。可见，他要求史著首先要史事可信，结构有序，评断得当，文字简练，文质相称；相反，材料疏漏不实，观点偏颇，或行文有太强烈的主观倾向，则是史著叙事的弊病。这主要是针对魏晋时期史书编纂中出现的这类问题提出的批评。那么，如何避免这种弊病呢？

刘勰首先提出要宗经征圣，即"立义选言，宜依经以树则；劝戒与夺，必附圣以居宗。然后诠评昭整，苛滥不作矣"。所谓"立义选言""劝戒与夺"，主要是指史家在选取史料及评论历史人物和历史事件时，要依据经典、征信圣人，这样评论历史人物和事件就会明确准当，而不会过于严苛或过于诋滥。他还以司马迁著《史记》阅读石室金匮之书，博练于稽古为例。可见，刘勰此处宗经征圣的提法，大概与司马迁所说的"考信于六艺，折中于夫子"差不多，都是要求史家要以审慎的态度记录和评价历史。"宗经征圣"本来也是《文心雕龙》这部著作的基本理论，刘勰认为"经"是"恒久之至道，不刊之鸿教"①，即经体现了道，作文写史都应宗经体道。以此为标准，他评价《尚书》是"言经"，《春秋》是"事经"，《汉书》是"宗经矩圣"，但认为《史记》《汉书》为吕后立本纪是违经的。由此可见，刘勰既认识到史传有其独特的文体特征，又常常以经为标准要求史传。

——史家修养"素心"说：析理居正与任情失正

　　刘勰把班彪对司马迁和《史记》的评价概括为"实录无隐之旨，博雅弘辩之才，爱奇反经之尤，条例踳落之失"，大体总结了汉晋时期人们评价《史记》的主要方面。在此基础上，刘勰进一步探讨了影响实录直书的主要因素。他主要从史家作史的主观心态入手，认为"文疑则阙"本来是史家保证信史的基

---

① ［南朝梁］刘勰著，王运熙、周锋译注：《文心雕龙译注》卷一《宗经第三》，上海：上海古籍出版社，2010 年，第 9 页。

本原则，但因为"俗皆爱奇，莫顾实理。传闻而欲伟其事，录远而欲详其迹"，结果造成史书记录时代久远的历史时，多"弃同即异，穿凿傍说，旧史所无，我书则传"；在记录同时代的史事时，史家又多有世情利害的考虑，造成"勋荣之家，虽庸夫而尽饰；迍败之士，虽令德而嗤埋"。因此，他提出史家要做到析理居正，秉持"素心"，即不为个人名利荣辱和世情利害所牵绊。对于"素心"，范文澜解释为："素心，犹言公心耳。"① 周振甫解释为："犹公心，言心无偏私。"② 他们都把"素心"理解为"公心"，意义较为笼统。从《史传》篇的上下文来看，这里的"素心"具体讲就是史家作史时，一不要为爱奇之心所左右，采纳各种不实的传闻；二不能以势利之心看待历史人物，根据人的身份地位进行夸饰或贬损。这些当然都属于"私心"。能够克服这些私心，本着客观、公正的态度据实而书，就是"素心"。这与清代章学诚所谓"尽其天而不益以人"的"史德"说已经比较接近。"素心"说对唐代史家刘知幾提出史家三长说也有启发意义。回过头来看，"析理居正"的"正"又如何理解呢？刘勰在《文心雕龙·谐隐》篇中评价谐隐之文时说："谐之言皆也，辞浅会俗，皆悦笑也。昔齐威酣乐，而淳于说甘酒；楚襄宴集，而宋玉赋好色：意在微讽，有足观者。及优旃之讽漆城，优孟之谏葬马，并谲辞饰说，抑止昏暴。是以子长编史，列传滑稽，以其辞虽倾回，意归义正也。"这里的"义正"就是指谐隐也能起到讽谏及制止昏暴的作用，这也是司马

---

① 范文澜：《文心雕龙注》，北京：人民文学出版社，1958 年，第 306 页。
② 周振甫：《文心雕龙注释》，北京：人民文学出版社，1981 年，第 181 页。

迁为滑稽立传的主要原因。而就史书而言，其作用正如《史传》篇所说："表征盛衰，殷鉴兴废，使一代之制，共日月而长存，王霸之迹，并天地而久大。"因此，史家的"析理居正"就是指能在"贯乎百氏，被之千载"的基础上表征盛衰，存一代之制，载王霸之迹。这就是史家作史的正途，即史家担负着纵观一代、总结盛衰的重任，自然不能凭私心作史。因此，刘勰在《史传》篇末尾再次强调说："史之为任，乃弥纶一代，负海内之责，而赢是非之尤。秉笔荷担，莫此之劳。迁、固通矣，而历诋后世。若任情失正，文其殆哉！"这里的"任情失正"就是"析理居正"的反面，是指任凭自己的私心好恶记载和评价史事，有如后来刘知幾所批评的"爱憎由己"，这是违背史书的根本性质和史家职责的。这样，刘勰从正反两方面反复申明史家保持"素心"的重要性，实际上是希望史家能坚守实录直书的职责，不被当时贵士族贱庶族的政治风气所左右，以保持史书信史的本质。这一点，上继班氏父子对《史记》"文直事核""不虚美，不隐恶"的评价，下开唐宋以后的史家修养理论，可以说为中国古代史家修养论做出了初步总结。

——良史与信史：奸慝惩戒与按实而书

刘勰论史家修养是与史书的性质和作用结合在一起的。刘勰认为，从《尚书》《春秋》开始，史书的重要职能之一就是"彰善瘅恶，树之风声"。孔子修《春秋》，"举得失以表黜陟，征存亡以标劝戒；褒见一字，贵逾轩冕；贬在片言，诛深斧钺"。孔子"尊贤隐讳"，目的是彰善惩恶，是史家直笔，因此应该为后世史家所遵守。"良史"之评本出自孔子，孔子评晋国史官董狐是"古之良史也，书法不隐"①，此处的"不隐"是指董狐不为当时晋国权臣赵盾隐讳弑君的行为，表现了董狐不畏权势、惩戒奸人的直笔精神。而刘勰认为，孔子作《春秋》也继承了董狐这种直笔精神，其重点在于彰善贬恶，而不在于隐与不隐。他评价《史记》"实录无隐"，也是这个意思。唐代刘知幾也认同这个观点，他把史家分为三等，而"彰善贬恶，不避强御，若晋之董狐，齐之南史，此其上也"②，司马迁只在其次。刘勰与刘知幾论到"良史"，都特指史家的道德修养。信史则主要针对史书的基本性质而言，即史书首先是"居今识古"的途径，因此表征盛衰、殷鉴兴废是其首要功能。要使人们从历史兴衰中得到鉴戒，首先需要作史者能够按实而书，因此，他要求史家写史"文疑则阙，贵信史也"。直书其事既是历史记述的基本要求，也是史家应有的作史态度和必备素质。当然，处理好为尊者讳与实录直书的关系是很难的，如刘勰所说："迁、固通矣，而历诋后世。"即如司马迁、班固这样的通人，也难免在这方面受人诟病。总体看，刘勰讲信史主要是指史家叙事和处理史料要遵循真实性原则，而良史主要是强调史家对人物史事的评价要彰善贬恶，二者都是史家必不可少的素养。

中国古代史学重视史家修养，并在长期的史学实践过程中形成了丰富的史家修养理论。纵观中国古代史家修养理论的发展过程，先秦、秦汉为滥觞时期，从孔子评价董狐为"良史"、班氏父子评司马迁为"实录"到刘勰提出"素心"说，初步总

---

① 杨伯峻编著：《春秋左传注》，北京：中华书局，1981年，第663页。
② ［唐］刘知幾著，［清］浦起龙通释，王煦华整理：《史通通释》卷十《辨职》，上海：上海古籍出版社，2009年，第261页。

结了中国古代史家修养论，这为此后史家修养理论奠定了基础。

——叙事之难：总会与铨配

刘勰在《史传》中探讨了史传叙事中遇到的两个难题："岁远则同异难密，事积则起讫易疏，斯固总会之为难也。或有同归一事，而数人分功，两记则失于复重，偏举则病于不周，此又铨配之未易也。故张衡摘史班之舛滥，傅玄讥《后汉》之尤烦，皆此类也。"关于总会与铨配怎么理解，学者们意见不一。有的认为总会之难是指编年体史书分年纪事，难以在一年内详载事件的始末；铨配之不易是指纪传体史书会有在不同人物传记中重复记载同一件史事的情况。也有学者认为，总会是指在叙事中，对于具有或近或远关系的大小事件、间隔久远和间隔短暂的事件、密集发生和单个流传的事件，先叙还是后叙，详叙还是略叙，要有总体安排；而铨配是指在叙事中，当一个事件涉及若干人或与若干事件相关联时，对于把它放在哪里叙述、怎样避免重复而能彼此照应，要有细密的布置。① 大体而言，总会之难主要是指史家搜集史料，由于时代久远，所记各不相同，就会出现对同一事件记载不一的情况；或者历史事件发展过程复杂多变，史家记载时就容易出现时间或地点的误差。比如《史记》中记载苏秦、张仪，事件多前后不一，王充曾经讨论过这个问题；《史记》记载楚汉相争的历史，五年之间，号令三嬗，千头万绪，难免有疏漏的地方。关于铨配之难，司马迁在

① 王先霈：《〈文心雕龙·史传〉篇"传体"说发微》，《文艺理论研究》2012年第2期。

《史记》中运用了"互见法"，试图解决这个问题。可以说，总会与铨配都涉及史书叙事方法和技巧，是编年体和纪传体编写共同面临的问题。从刘勰所举的实例来看，一个是张衡对《史记》《汉书》的指摘，一个是傅玄对《后汉书》的讥评，都是关于纪传体的。因此，刘勰似乎也不是以总会之难与铨配之难分指编年体和纪传体存在的问题。关于如何解决总会与铨配的难题，刘勰在《史传》篇末指出："寻繁领杂之术，务信弃奇之要，明白头讫之序，品酌事例之条，晓其大纲，则众理可贯。"意思是需要史家具备这样一些能力：在繁杂史料中，选择信实可靠的，抛弃奇文异说；叙事中首尾条贯有序，事例安排井然。这些具体的处理方法，刘勰并未展开论述，直到唐代刘知幾作《史通》，才得到系统详细的讨论。

从《史记》成书以来，人们对司马迁与《史记》的评价从未中断，基本上是围绕史书实录、取材、体例、马班比较等方面展开的。由此发展至魏晋南北朝，随着史书编纂的渐趋繁荣，人们对《史记》的评价渐趋公正客观，并逐渐把司马迁和《史记》看作史家撰述的典范。可以说，两汉以来对《史记》的评论和研究逐步促成了中国古代史学基本观念和理论的形成，如从实录谤书的争论中发展出实录良史观念，从马班异同的讨论中发展出史家修养论，从爱奇反经的讨论中发展出经史关系之认识，从编年纪传优劣论中发展出史学编纂理论，等等。这些为后世史学理论和史学编纂的发展奠定了基础，指引了方向。但总体上看，这一时期的《史记》研究只是提出问题，而且问题的讨论多为简短零散的片段，还未发展为深入而成体系的探讨。

第四章

褒贬与实录并重：唐代《史记》学术史

　　唐代初期，社会相对稳定，经济繁荣，为文化的发展提供了良好的环境。纪传体"正史"地位的确立，使《史记》在史学史上备受尊崇。刘知幾在《史通》中肯定了司马迁开创纪传体的功绩，对司马迁直笔实录的精神和纪传体史书的优点给予赞誉，这是《史记》第一次在专门的史学著作中得到系统研究与肯定。文学方面，以韩愈、柳宗元为代表的古文家对《史记》思想和艺术方面的探讨，使《史记》成为文学家效法的典范。唐代《史记》研究的主要成就是：刘知幾《史通》对《史记》的全面评价、《史记》三家注的形成、古文家对《史记》的评价。这一时期的学者接续前代学者研讨《史记》的论题，主要对《史记》的纪传体通史体例、史家修养、史书的直笔实录、《史记》的整体文风等问题展开了探讨，提出了很多开创性的见解。

刘知幾《史通》对《史记》的评论

刘知幾（661—721）主要活动在武则天、唐中宗及唐玄宗前期，是唐代的大史学家。他从四十二岁以后，以著作佐郎兼修国史，长期担任史职。《史通》完成于中宗景龙四年（710），是刘知幾的代表作，也是他唯一流传至今的著作。刘知幾在此书中评论了大量历史著作，很多评论是针对纪传体史书的。这里我们主要总结他对《史记》的评论。

刘知幾对《史记》的评论是在综合前人评论的基础上，提出自己的看法。金毓黻《〈文心雕龙·史传〉篇疏证》指出：《史通》的谋篇布局完全按照刘勰《史传》篇"寻繁领杂之术，务信弃奇之要，明白头讫之序，品酌事例之条"思想而来。其中《采撰》《探赜》《补注》诸篇是论"寻繁领杂之术"；《浮词》《直书》《曲笔》《摸拟》诸篇是论"务信弃奇之要"；《断限》《编次》《叙事》《序传》《烦省》诸篇是论"明白头讫之序"；《六家》《二体》《本纪》《世家》《列传》《表历》《书志》《论赞》《序例》诸篇，"皆以论品酌事例之条"。① 可见二

---

① 载《中国学报》1934 年第 1 卷第 3 期。

书在内容上的关联。刘知幾在《史通·自叙》中说本来打算对司马迁《史记》以下的史书加以删定厘革，但限于身份、官职及与史局官僚们的矛盾，只好以刘安《淮南子》、扬雄《法言》、王充《论衡》、刘勰《文心雕龙》为榜样，写一本史学评论著作。他自称此作："虽以史为主，而余波所及，上穷王道，下掞人伦，总括万殊，包吞千有。自《法言》已降，迄于《文心》而往，固以纳诸胸中，曾不蒂芥者矣。"因此，《史通》可以说是刘知幾贯穿网罗前代史学史著而成的一部总结性著作。

一、对纪传体通史的总体认识

《史通》开篇把自古以来的史书分为六家，即《尚书》家、《春秋》家、《左传》家、《国语》家、《史记》家、《汉书》家，并说："《史记》家者，其先出于司马迁。自《五经》间行，百家竞列，事迹错糅，前后乖舛。至迁乃鸠集国史，采访家人，上起黄帝，下穷汉武，纪传以统君臣，书表以谱年爵，合百三十卷。"这是从汉初历史背景出发肯定司马迁创立纪传体通史的功劳。当时经秦末战乱，在经籍散乱、诸子众说纷纭、历史记载杂乱错讹的情况下，司马迁广泛搜集史料，最终编成《史记》这部体例完备的通史，确实不易。刘知幾还从史学发展源流的角度进一步肯定了《史记》的地位，他认为，《史记》创立纪传体与《左传》创立编年体，为后来的史书确立了榜样，并且后来的史书很难超越其范围。他还肯定纪传体的优长是"于天文、地理、国典、朝章，显隐必该，洪纤靡失"。刘知幾在《史通》开篇对《史记》的肯定和推许，对《史记》历史地位的确立起到了决定性的作用。

——编年纪传二体论

刘知幾在《二体》篇中总结了编年体与纪传体的渊源、特点，认为二者各有优长。他对编年体的认识基本与刘勰相同，但更赞赏编年体的简要之美，认为两种文体相比之下，纪传体就显得繁杂，很难在一篇之内了解历史事件的始末。如他在《二体》篇中举《史记》为例说："同为一事，分在数篇，断续相离，前后屡出，于《高纪》则云语在《项传》，于《项传》则云事具《高纪》。"这里说的就是《史记》叙事常用的"互见法"，是司马迁为了解决同一件事情在不同篇章前后屡出的问题而使用的方法。《史记》记叙楚汉相争的历史，很多事件中刘邦、项羽都是主角，怎样把同一件事情详略得当地安排在两人的传记中，既能避免重复之感，又能突出事件的联系和人物性格，这对史家来讲，的确是一种挑战，连精于文章的刘勰在《文心雕龙·史传》中也感叹其铨配之不易。但在刘知幾看来，司马迁的互见法也未能解决这个问题。他还认为《史记》中有些列传把不同时代的人物编在一个列传中是不妥当的，"又编次同类，不求年月，后生而擢居首帙，先辈而抑归末章，遂使汉之贾谊将楚屈原同列，鲁之曹沫与燕荆轲并编"，这实际是以编年体前后时序井然的特点要求纪传体。《史记》列传是以人物为中心，同在一传中的人物不一定是同一个时代的人：有些是因为遭遇相同而合传，如《屈原贾生列传》；有的是因为行迹相同而合传，如《刺客列传》；有的是由于学术渊源而合传，如《老子韩非列传》，等等。这类合传往往表现了司马迁对历史人物和社会特点的认识，因此处理方法灵活多变，似乎无章法可寻，实则各有意旨。对此，想要寻得某种史法史例的刘知幾还不能理解。但由此可知，刘知幾对纪传体史书的特点探讨得比刘勰更细致全面，并从各个角度系统论述了二体优长与缺点。实际上，他把作为纪传体通史的创始者《史记》列为六家之一，已经从根本上肯定了《史记》的地位。

——通史与断代史

刘知幾对纪传体通史和断代史也有自己的认识。他在《六家》篇中说《史记》这样的纪传体通史记事跨越时间范围较大，而且内容庞杂，很容易形成前后衔接不紧密或重复记事的局面。而后人学司马迁作通史，如《通史》《科录》之类，由于缺乏司马迁那样鉴别和驾驭史料的能力，只知博录广取，不加剪裁，结果招致杂芜错乱的弊端，"可谓劳而无功，述者所宜深诫也"。刘知幾此说是希望作通史者以此为戒，尽量避免犯此类错误，并不是让大家抛弃纪传体通史。后面他提倡"欲令作史者于纪传家以断代为正"，也是因为以断代纪传体作史书更容易把握，即他在《六家》篇中说《汉书》这样的断代为史，既能适应王朝史的要求，又让后世史家便于学习，因此获得广泛的认可，一直被官修史书使用。刘知幾之所以主张以断代纪传体为正，除了一代兴废易于把握的原因外，从根本上看，是由于他把历史运动看作改朝换代的过程，认为正统的史书应该描写王朝史。他批评《汉书》的表、志不限于汉朝，《宋书》的志上溯至魏晋，《隋书》的志囊括了五代，都表现出他截然划分时代的态度，说明他对历史发展的连续性与复杂性是缺乏认识的，而这正是纪传体通史的优长。

二、循名责实与随时之义并存的《史记》各体论

之后，刘知幾在《本纪》《世家》《列传》《表历》《书志》《论赞》《题目》《断限》《编次》《序传》《载文》《补注》等篇中，着重谈了纪传史的体例来源和特点。在这些篇章里，他对《史记》各种体例的优劣都进行了具体详细的评价。

刘知幾在《本纪》篇中首先考察了本纪名称的来源，认为"纪"名源自《竹书纪年》和《吕氏春秋》，是"纲纪庶品，网罗万物"的意思。自《史记》以本纪"列天子行事"，以后的史书就专以本纪记帝王，由此相沿不改，好像遵守夏时历法和孔门教义一样。他还在《六家》中说"以天子为本纪"是从《史记》开始的。以此为标准，刘知幾反观《史记》，发现《史记》本纪有两种情况不合标准：一种是"爵乃诸侯，而名隶本纪"，如司马迁把周、秦尚未成为天子的先祖分别写入《周本纪》和《秦本纪》；另一种是把终身未成为天子的项羽写入本纪。他说：

> 项羽僭盗而死，未得成君，求之于古，则齐无知、卫州吁之类也。安得讳其名字，呼之曰王者乎？春秋吴、楚僭拟，书如列国。假使羽窃帝名，正可抑同群盗，况其名曰西楚，号止霸王者乎？霸王者，即当时诸侯。诸侯而称本纪，求名责实，再三乖谬。

刘知幾认为，项羽好比春秋时在齐国作乱的公孙无知和弑君自立的卫国州吁，是企图篡夺君位的僭越之臣，最多属于诸侯，

不能位列本纪。此外，刘知幾还进一步总结了本纪的特点是以编年为主，如《春秋》经"系日月以成岁时，书君上以显国统"，"纪"就是编年的意思。纪只叙天子一人，所以应以记大事为主，其他琐屑小事可以写在列传里，也就是他在《二体》篇中说的"纪以包举大端，传以委曲细事"这个意思。刘知幾在《列传》篇也再次重申"纪者，编年也"，"编年者，历帝王之岁月"，即本纪是用编年体记录帝王大事的。

　　从刘知幾对本纪体的论述来看，他采用的方法类似刘勰的追源溯流法，也是先考察某种体例的源头，并结合发展史提出问题，总结体例的特征。但刘知幾尊经的倾向似乎更甚于刘勰。他追溯本纪的来源，批评《史记》本纪的名实不符，阐释本纪的特点，都是以《春秋》经为标准，并且认为，一旦体例已定，则不可更改，即使"地迁陵谷，时变质文，而此道常行，终莫之能易也"，正如像他在《序例》中所说"夫史之有例，犹国之有法。国无法，则上下靡定"。可以说，刘知幾把史书体例看作史法，是不可触犯的。因此，他在《史通》中多次对司马迁列项羽于本纪、列陈涉入世家表示批评。但司马迁本人并未有以"列天子行事"为本纪的认识，刘知幾是根据后人对本纪的处理赋予了本纪另外的意思；即使《史记》本纪记天子之事，也是可以针对历史情况的变化进行灵活处理的。这一点，司马迁实际也有具体说明。他在《项羽本纪》"太史公曰"中说："然羽非有尺寸，乘势起陇亩之中，三年，遂将五诸侯灭秦，分裂天下，而封王侯，政由羽出，号为'霸王'，位虽不终，近古以来未尝有也。"这是肯定项羽的灭秦之功，并且当时的真实情况也是"政由羽出"。只不过项羽最终失败，天下人就以"诛婴

"背怀"之名而否定项羽的灭秦之功，因此，司马迁才不顾时人的非议，把项羽列于本纪，这正是他坚持实录的体现。而对于陈涉，《太史公自序》说："秦失其政，而陈涉发迹，诸侯作难，风起云蒸，卒亡秦族。天下之端，自涉发难。"意即灭秦是由陈涉发端，项梁、项羽、刘邦继之而起，才最终成就了灭秦立汉的功绩；在《秦楚之际月表》中他表达了同样的认识："初作难，发于陈涉；虐戾灭秦，自项氏。"这都表明司马迁主要是根据历史人物在历史中的实际功绩安排体例，而不是按照他们的出身、地位等加以区分。这种认识比刘知幾以僭盗、群盗称项羽和陈涉，显然更为客观。

　　对于世家，刘知幾在《世家》篇中首先追溯了其名称来源及意义："案世家之为义也，岂不以开国承家，世代相续？"刘知幾认为世家是记录能"开国承家"的诸侯，而"陈胜起自群盗，称王六月而死，子孙不嗣，社稷靡闻，无世可传，无家可宅，而以世家为称，岂当然乎？夫史之篇目，皆迁所创，岂以自我作故，而名实无准"。在刘知幾看来，陈涉属于"群盗"一类，不是诸侯，后世子孙也未传家，名分不对，不可入世家。虽然世家创自司马迁，但不能因此错乱名实之分。此外，他认为司马迁把分晋而成的韩、赵、魏及废姜齐而立的田齐列于世家，也有不当之处。韩、赵、魏三家及田氏代齐之前都只是陪臣，而司马迁把他们成君之前的历史一并写入世家，这样就使"君臣相杂，升降失序"；况且他们都是通过犯上作乱而成君，如果给了他们"世家"的名分，那不是认可了他们的篡逆吗？季孙氏八佾舞于庭和管仲三归反坫，都有违背君臣之义、僭越礼制的行为，孔子对他们都严加批评，更何况是弑君篡国的行为！这样一来，司马迁把韩、赵、魏和田齐写入世家是大大的名实无准了。至于司马迁列汉初功臣诸侯为世家，如《留侯世家》《陈丞相世家》《萧相国世家》《绛侯周勃世家》等，刘知幾认为也不符合历史实情。"当汉氏之有天下也，其诸侯与古不同"，"其宗子称王者，皆受制京邑，自同州郡；异姓封侯者，必从宦天朝，不临方域。或传国唯止一身，或袭爵才经数世，虽名班胙土，而礼异人君，必编世家，实同列传"。刘知幾的意思是汉初分封的诸侯已经不同于周代，虽有侯王之名，实际上土地和权力都受限制，有名无实，而司马迁还按照西周分封诸侯的制度把他们列入世家，是不懂随时变化之义。他说："马迁强加别录，以类相从，虽得画一之宜，讵识随时之义？"因此，刘知幾认为班固《汉书》取消世家一体，把这些人一概归入列传，表现了班固随时势而变化的见识："盖班《汉》知其若是，厘革前非。至如萧、曹茅土之封，荆、楚葭莩之属，并一概称传，无复世家，事势当然，非矫枉也。"刘知幾这里主要强调史书要掌握随时之义，根据时势变化如实反映历史。在这个意义上，他认为班固对司马迁世家体的弃用不仅是改正前人的错误，而且是由"非"而"是"的质的转变。

从刘知幾对《史记》本纪和世家的评论来看，比较突出的是其"求名责实"论，即循名责实，也就是儒家讲的"正名论"。一朝天子的事情记在本纪，他一统天下之前的历史就要另立篇目；一个侯国的历史记在世家，它未成侯国时的历史也要另立篇目。这看起来似乎名实相符了，但历史发展的脉络就被截断了，还要增加那么多烦碎的名目，这在实际史书编纂中是难以实行的。以固定的名分来责难千变万化的历史实际，又要求史书编纂要随时变化，这是多么矛盾的观点。同样，刘知幾批评《史记》纪传的题目在称谓上真伪不分，也是求名责实的体现。他在《题目》篇中说："若乃史传杂篇，区分类聚，随事立号，谅无恒规。如马迁撰皇后传，而以外戚命章。案外戚凭皇后以得名，犹宗室因天子而显称，若编皇后而曰外戚传，则书天子而曰宗室纪，可乎？"实际上，司马迁作《外戚世家》，并不是给皇后们作传，而是把外戚作为一种重要的政治力量进行整体观察，正如他在篇首序论中说的："自古受命帝王及继体守文之君，非独内德茂也，盖亦有外戚之助焉。"刘知幾不考虑史家的作史宗旨及历史实际情况，而用固定的名分来裁断史书，这常常使他的观点表现出以今论古、前后矛盾的情况。有学者认为刘知幾评论史书体例多流于笼统和抽象的议论，往往离开史书的内容谈形式，离开历史的背景论是非，离开实际的效用谈好恶，其失误就在于用一种正统的、固定的模式来对待丰富多彩、变化发展的历史。[1]

对于纪传体史书中的表，刘知幾认为其起于周代谱牒，但"载诸史传，未见其宜"，即史传不适宜作表。他在《表历》篇中批评《史记》："天子有本纪，诸侯有世家，公卿以下有列传，至于祖孙昭穆，年月职官，各在其篇，具有其说，用相考核，居然可知。而重列之以表，成其烦费，岂非谬乎？"在他看来，本纪、世家、列传已清楚记载了年月职官，不必再列表重复记录这些内容，而且读者在阅读纪传体史书时，一般都是看完本纪，越过表不观，直接读世家。因此，对于纪传体史书来说，

---

① 许凌云：《刘知几关于史汉体例的评论》，《史学史研究》1985 年第 4 期。

表可有可无，"得之不为益，失之不为损"。对于后世纪传体史书，如《汉书》《东观汉记》诸书效法《史记》作表，刘知幾说它们是"迷而不悟，无异逐狂"。他还提出，一定要在史书中列表的话，列国年表可保存，如春秋、战国等天下无主、群雄并峙的时代，一个表可以使各国状况一览无余，而两汉统一的时代，就不必作表了。这也表现出刘知幾"知史书需随时变化"的认识。他也在《杂说上》中对司马迁创立表体作了客观公正的评价，说："观太史公之创表也，于帝王则叙其子孙，于公侯则纪其年月，列行萦纡以相属，编字戢眷而相排。虽燕、越万里，而于径寸之内犬牙可接；虽昭穆九代，而于方尺之中雁行有叙。使读者阅文便睹，举目可详，此其所以为快也。"就是说司马迁创立的表能够把不同时间和不同空间的人物事件记录在一个表格中，不仅节省了文字，还便于读者观览。

对史书中的书志，刘知幾说它源自三礼，肯定了它于"纪传之外，有所不尽，只字片文，于斯备录。语其通博，信作者之渊海也"，也就是说书、志体的基本特征是通博，可以为后代著史者提供详尽的资料。但他历观众史，发现各史记载有的略古详今，有的通记古今，有的古无今有，都难以做到完备。因此，他提出"国史所书，宜述当时之事"，就是要详尽记载当代的制度事务。而史书中《天文志》所记载的天象，如黄道、紫宫之分野，与人事无关，古来也没什么变化，没必要所有史书都记载。因此，他批评《史记》的《天官书》记载时代太过绵长。但对那些能反映当时世事制度的，又大都予以肯定。如班固《汉书》中的《五行志》和《艺文志》，他认为补了司马迁《史记》之阙，谢承作《百官志》《舆服志》、王隐作《瑞异志》、魏收作《释老志》等，都是"出乎胸臆，求诸历代，不过一二者焉"。由此可见，刘知幾对书志的要求也表现了随时变化、切于当时人事的观念。他还提出史书中可以增作都邑志、氏族志和方物志，认为"作者记事，亦在相时"，将此三志看作相时之作。后来，宋代史家郑樵作《通志》，就创立了《氏族略》《都邑略》和《昆虫草木略》，可以说是受了刘知幾的影响，实践了他的倡议，为史学发展做出了新贡献。

对于列传一体，刘知幾探讨了本纪与列传的关系及《史记》中的合传、寄传和传主选择等问题。刘知幾在《列传》篇中提出纪传体中本纪与列传的关系是"传以释纪"。他说："夫纪传之兴，肇于《史》《汉》。盖纪者，编年也；传者，列事也。编年者，历帝王之岁月，犹《春秋》之经；列事者，录人臣之行状，犹《春秋》之传。《春秋》则传以解经，《史》《汉》则传以释纪。"也就是说，纪传史本纪与列传的关系好比是《左传》为《春秋》经作传。他还认为纪的特点是编年，记帝王大事；传的特点是记事，记录人臣行状。有这样的认识后，再来看《史记》，刘知幾认为列传体虽创自《史记》，但还有纪传区分不明的问题，如项羽应入列传，不应该入本纪。刘知幾也谈到《史记》中的合传："又传之为体，大抵相同，而述者多方，有时而异。如二人行事，首尾相随，则有一传兼书，包括令尽。若陈余、张耳合体成篇，陈胜、吴广相参并录是也。"即两人事迹如果首尾相随、不可割裂，就可用合传的形式在一传之中叙述两人事迹，这样可使史书叙事简洁完备。还有附传，如《史记》记载召平、纪信等，这些人物"或运一异谋，树一奇节，并能传之不朽"，虽记事简略，但不可轻视，换句话说，只要人物能"运一异谋，树一奇节"，就可以入传。但刘知幾对《史记》中的类传有很多批评意见，他认为《史记》中的列传都是记载人物，"所编者唯人而已矣"，而《龟策列传》记的都是"龟策异物"，不应归在列传，应该归在书、志一类。刘知幾还在《杂说上》中说，《儒林列传》"不取游、夏之文学"，《循吏列传》"不言冉、季之政事"，《货殖列传》"独以子贡居先"，这违背了史书扬善贬恶、成人之美的宗旨。也就是说，司马迁在《儒林列传》《循吏列传》中都没有记载孔子弟子中以文学、政事著称的弟子，那么在《货殖列传》中就更不应该有孔子弟子的踪迹了，但司马迁居然把子贡写在《货殖列传》，并突出其"结驷连骑，束帛之币以聘享诸侯"的形象，而忽视了子贡在继承发扬孔子学说方面的作用。这又体现了刘知幾以名分评价历史人物的特点。

对于《史记》"太史公曰"等论赞体，刘知幾在《论赞》篇中首述其来源，认为其起自《左传》"君子曰"，其义在"辨疑惑，释凝滞"，若无甚疑惑，则不论。从司马迁《史记》开始，史论成例："司马迁始限以篇终，各书一论。必理有非要，则强生其文，史论之烦，实萌于此。"刘知幾在《论赞》中进一步提出史论的作用是"欲事无重出，文省可知"，即补充传中不记的史实，而不是像后世史书那样在赞中再重复叙及传中之事，这在客观上能达到省文的效果。如《史记》"太史公曰"中记载"观张良貌如美妇人；项羽重瞳，岂舜苗裔"，这些都能补充传中未写的史料，并且有助于人们从不同侧面了解历史人物，增加了史书的趣味性。应该说，刘知幾对史书论赞功用的认识还是较准确的。他对《史记》具体篇目的"太史公曰"也有讨论。如司马迁《魏世家》"太史公曰"："说者皆曰魏以不用信陵君故，国削弱至于亡，余以为不然。天方令秦平海内，其业未成，魏虽得阿衡之佐，曷益乎？"刘知幾在《杂说上》中认为司马迁此处用天命解说魏亡的命运，有悖人事之理。他说："夫论成败者，固当以人事为主，必推命而言，则其理悖矣。盖晋之获也，由夷吾之愎谏；秦之灭也，由胡亥之无道；周之季也，由幽王之惑褒姒；鲁之逐也，由稠父之违子家。"他认为史书在记载国之将亡和国之将兴的史事时，都有类似征兆气运的叙述，司马迁也是如此，这是"推命而论兴灭，委运而忘褒贬"，徒增人们的困惑。他还提出司马迁这种做法影响了后来史家作史，如鱼豢作《魏略》"议"、虞世南作《帝王略论》等。司马迁有时在"太史公曰"中借他人之口补叙史事，并借此表现自己的见解，如《史记·卫青传》的"太史公曰"中记载"苏建尝责大将军不荐贤待士"一事。刘知幾认为太史公此处论赞属于叙事之"假赞论而自见者"，这个认识，类似于清代顾炎武所说的"于叙事中寓论断法"，但没有顾炎武说得详细系统。顾炎武在《日知录》卷二十六说："古人作史，有不待论断而于序事之中即见其指者，惟太史公能之。《平准书》末载卜式语，《王翦传》末载客语，《荆轲传》末载鲁勾践语，《晁错传》末载邓公与景帝语，《武安侯田蚡传》末载武帝语，皆史家于序事中寓论断法也。"顾炎武这里举的五个例子与刘知幾所举的《卫青传》末载苏建与卫青的对话属于同一种情况。虽说这并不是《史记》"寓论断于序事"最好的例子，但由此可知刘知幾已经注意到了《史记》这一叙事特点，这对后来史家是有启发意义的。

刘知幾在《序例》中还讨论了《史记》中的序，如《史记》表序，以及散在《封禅书》《河渠书》《平准书》《伯夷列传》《循吏列传》《酷吏列传》《游侠列传》《货殖列传》等书、传篇首的议论，他总结这类序论的特点是"文兼史体，状若子书，然可与诰誓相参，风雅齐列矣"，认为其作用类似于《尚书》中的典谟、《诗经》中的比兴，都是作者"先叙其意"，以使人"曲得其情"，因而有微婉之风。确实如此，司马迁在这些篇首的议论中，主要表达了自己对相关历史问题的看法，相当于向读者揭示此篇的作旨，表现了他的史识。但刘知幾也指出，后来史家作史，大多是在序论中炫耀自己的文采，而遗弃了自己的史识，他认为此风始自范晔《后汉书》。

对于《史记》的《太史公自序》，刘知幾在《序传》中说其体来源于屈原《离骚》。《离骚》开篇说"帝高阳之苗裔兮，朕皇考曰伯庸"，是用赋体先陈述氏族先祖，然后再自叙。到司马相如作自传，只叙写个人立身行事，而不记先祖。而司马迁作《太史公自序》则吸收了前两人的特点，以叙事体记述先祖并阐发自己的写作宗旨，由此被后来史家所奉行，而且司马迁自序的年限上起黄帝下至汉武帝，没有超出《史记》记事的范围，这与《史记》的通史体例相合。因此，刘知幾肯定《史记》的序传是合理的。同时，他批评《汉书》本身只记载汉二百年间的事情，自序传所叙年限却远远超出有汉一代，这不符合断代为史的断限原则；而后来的史家都学习班固《汉书》这种写法，实际是没有理解史书体例。刘知幾认为，史家自序如果不过分炫耀自己而贬低他人，就具有实录的价值，这是在肯定史家自序的史料价值。

三、以彰善瘅恶论直笔实录

刘知幾对前代史家评价《史记》的发愤说和实录说进行了考察，提出了自己的看法。

对于《史记》发愤而作的说法，刘知幾在《探赜》篇中首先引用葛洪对司马迁发愤著书的评论，然后发表自己的见解。葛洪认为司马迁把《伯夷列传》列为列传首篇，"以为善而无报也"，把项羽列在本纪，"以为居高位者非关有德也"，这都是司马迁因遭受腐刑，发愤著史而有所寄托。刘知幾则认为司马迁把伯夷、叔齐放在列传之首，是因为司马迁收集的春秋以前的人物资料中，伯夷、叔齐的年代最早，所以按时间先后本就应该将其放在列传首篇，不是为了表达个人愤激之情。如果说司马迁为了抒发自己"善而无报""居高位者非关有德"的感慨，那《史记》中伍子胥、文种、孟轲、贾谊、屈原等传都应属此类，是不是该另编一卷？这样看来，刘知幾实际上否定了司马迁因遭受腐刑而怨刺孝武的说法。但在《人物》篇中他又说，经史中记载的皋陶、伊尹、傅说、仲山甫之流，功烈特别突出，应该放在《史记》列传之首，而司马迁却摒弃不录，"而断以夷、齐居首，何龌龊之甚乎？"他认为把"恶可以诫世，善可以示后"的历史人物记载下来是史官的职责，而司马迁在《史记》中却没有记载伯夷、叔齐之前那些才能功业特出的人，是失职了。浦起龙说刘知幾此篇作旨是"以书善书恶植史体，以劝善惩恶宏史才"，也就是说，刘知幾认为史书本该表达史家的褒贬，因此他关注的不再是史家是否该在史书中表现自己感慨的问题，而是史家应该表达什么样的倾向及怎么表达的问题。刘知幾提出褒善贬恶是史书的基本功能，史家要特别注意褒扬善人，他还引司马迁所说的话为证："故太史公有云：'自获麟以来，四百余年，明主贤君、忠臣死义之士，废而不载，余甚惧焉。'即其义也。"《杂说下》又说："史者固当以好善为主，嫉恶为次。"司马迁、班彪是"史之好善者"，晋董狐、齐南史是"史之嫉恶者"，只有左丘明"兼此二者"，因此，是否在史书中褒善贬恶也成为判断史家是否称职的标准之一。他在《六家》中批评《史记》缺少褒贬，说"其所书之事也，皆言罕褒讳，事无黜陟，故马迁所谓整齐故事耳，安得比于《春秋》哉"，大概是认为《史记》在贬恶方面做得还不够。可见，刘知幾对史书功能的认识还是以《春秋》褒善贬恶为标准，殊不知司马迁早已申明《史记》是"究天人之际，通古今之变，成一家之言"的，其宗旨本不是褒善贬恶，而是从古今历史变迁中考察历史真相，以观未来之走向。

刘知幾对《史记》的上述认识，与他的直笔观念有关。他对史书直笔的认识基本与刘勰《史传》篇相同，但更凸显了史书褒善贬恶的功能。他在《杂说下》中说："夫所谓直笔者，不掩恶，不虚美，书之有益于褒贬，不书无损于劝诫。但举其宏纲，存其大体而已。非谓丝毫必录，琐细无遗者也。"就是说，直笔最重要的是褒善贬恶，只要记载了有益于褒贬的事情就是得大体，其他琐细无益于褒贬的事情可以不记录。他在《惑经》篇中也说："苟爱而知其丑，憎而知其善，善恶必书，斯为实录。"他在《曲笔》篇中还说："盖史之为用也，记功司过，彰善瘅恶，得失一朝，荣辱千载。苟违斯法，岂曰能官。"在这里，能否彰善瘅恶已经成为判断史家是否合格、是否实录的唯一标准了。他为什么会如此强调史书和史家的褒善贬恶呢？他在《直书》中说："况史之为务，申以劝诫，树之风声。其有贼臣逆子，淫君乱主，苟直书其事，不掩其瑕，则秽迹彰于一朝，恶名被于千载。言之若是，吁可畏乎！"在刘知幾看来，史家如果做到褒善贬恶，会对现实社会中的贼臣逆子和淫君乱主起到约束作用，也就是达到《春秋》的"贬天子，退诸侯，讨大夫"的作用。这是史家可以影响现实社会的重要途径，同时也可以对"多趋邪而弃正"的世风起到矫正作用。这可以说是刘知幾有感于现实状况而生发的理想，当然其真正实现是有难度的。他自己也感叹世途险隘，实录难遇，但仍然认为历代都有能坚持直书的史家，这种"宁为兰摧玉折，不作瓦砾长存"的精神应该继续发扬，使之成为中国古代史家的优良传统。

刘知幾已经认识到时代变化对史家直笔的影响。他说："为于可为之时则从，为于不可为之时则凶。"什么样的时代才可谓直笔的时代？他进一步举例说："如董狐之书法不隐，赵盾之为法受屈，彼我无忤，行之不疑，然后能成其良直，擅名今古。至若齐史之书崔弑，马迁之述汉非，韦昭仗正于吴朝，崔浩犯讳于魏国，或身膏斧钺，取笑当时；或书填坑窖，无闻后代。夫世事如此，而责史臣不能申其强项之风，励其匡躬之节，盖亦难矣。"这实际上揭示了政治对史学的干预是史家直笔难以实现的根本原因。这是他在唐代官方对史学干预日益严重的情况下对史学发展的反思。在这种认识下，他在《辨职》中将史著分为三等："史之为务，厥途有三焉。何则？彰善贬恶，不避强御，若晋之董狐，齐之南史，此其上也。编次勒成，郁为不朽，若鲁之丘明，汉之子长，此其次也。高才博学，名重一时，若周之史佚，楚之倚相，此其下也。"由于彰善贬恶、不避强御是难能可贵的品质，刘知幾就把具有这类品质的史家放在第一位。同时，他认为司马迁能"述汉非"也是直笔的体现。《直书》说："正直者，人之所贵，而君子之德也。"因此，他在《杂说下》称"左丘明、司马迁，君子之史也"，再次肯定了司马迁的直笔精神。

刘知幾对曲笔的批评也是从两方面论说，一是任情褒贬，以个人好恶褒贬他人；一是受恩报仇而曲笔为史。这与刘勰所批评的情况大致相同，但刘知幾反对《春秋》对史事的讳饰，他在《疑古》《惑经》篇中对《尚书》《春秋》为尊者、贤者讳的情况进行了批评。这说明刘知幾已经把《尚书》《春秋》这些历来被视为经书的著作当作史书来看待，并以史书求真的标准加以评论。这一点，可以说是章学诚的六经皆史说的来源。

四、对一家独断之学与史家修养论的初步总结

鉴于政治干预对史家直笔的限制，刘知幾提出应该以《史记》能成一家为榜样。他说孔子作《春秋》，司马迁著《史记》，都没有借助当时的当权者，还有班固著《汉书》，也成于家学，所以有识之士应"退居清静，杜门不出，成其一家，独断而已"。他在《忤时》中说："古之国史，皆出自一家，如鲁、汉之丘明、子长，晋、齐之董狐、南史，咸能立言不朽，藏诸名山。未闻藉以众功，方云绝笔。"可见，刘知幾所说的一家独断是指成于个人或家学的史书，这是相对于成于众手的官修史书而言的，但这也隐含了作者的内心思想与寄托。如他在

《辨职》篇中说："昔丘明之修传也，以避时难；子长之立记也，藏于名山。"他还把《史记》与《左传》相提并论，看作"编次勒成，郁为不朽"的典范。《杂说下》说："马迁《史记》，能成一家。"故能名流今古。可见，这里的"成一家"即暗指史家在史书中表达了"俟后世圣人君子"来探索的思想。刘知幾作《史通》，本来就有追踪司马迁之意，他在《史通·自叙》中说："嗟乎！虽任当其职，而吾道不行；见用于时，而美志不遂。郁怏孤愤，无以寄怀。必寝而不言，嘿而无述，又恐没世之后，谁知予者。故退而私撰《史通》，以见其志。"所谓"美志不遂""以见其志"，大概是他对司马迁能成一家的理解。可见，刘知幾是把一家独断之学看作史家的优良传统，并自觉追求这种传统。当然，他这些看法都是针对当时史馆修史缺乏创造性、凡庸之辈充任史职的情况而发，希望通过提倡司马迁的"成一家之言"，来革除史学发展中宁守平庸、无意创新的习气。因此，"成一家"的独断精神就成为刘知幾纠正时弊、开辟史学新风气的旗帜。

刘知幾认为，这些能"成一家"的史著之所以能传之不朽，在于其能直书、有史才和识故事。他在《辨职》中说："若使直若南史，才若马迁，精勤不懈若扬子云，谙识故事若应仲远，兼斯具美。"由他们为史家在载言记事方面树立榜样，才可保证史书的质量。由此进一步发展，刘知幾提出了"史才三长说"："史才须有三长，世无其人，故史少才也。三长：谓才也，学也，识也。夫有学而无才，亦犹有良田百顷，黄金满籯，而使愚者营生，终不能致于货殖者矣。如有才而无学，亦犹思兼匠石，巧若公输，而家无梗柟斧斤，终不果成其宫室者矣。犹须好是正直，善恶必书，使骄主贼臣，所以知惧，此则为虎傅翼，善无可加，所向无敌者矣。脱苟非其才，不可叨居史任。自复古以来，能应斯目者，罕见其人。"① 史才主要是指史家的叙事才能，史学则是指史家广览博采，史识主要是指史家要坚持直笔、善恶必书。三长中最重要的就是史识。史家只有善恶必书，才可以达到"孔子作《春秋》，使乱臣贼子惧"的作用，就好像为老虎加上了翅膀，不仅影响当世，还能激励将来，这样史著就具有了不朽的价值。可以说，刘知幾还是把善恶必书看作史家核心素养，以统领史才与史学，因此，我们也可以把他的史才三长论看作他直书实录论的组成部分。

刘知幾史家修养论的提出，不仅由总结前代史学得来，也是隋唐之际人们对史家修养普遍关注的必然结果。《隋书·经籍志》中曾描述了魏晋至唐史官修史的情况："魏、晋已来，其道逾替。南、董之位，以禄贵游，政、骏之司，罕因才授。"就是说，自魏晋以来，史馆中正直有才的史官越来越少了。经唐初开馆修史，这种情况更加普遍。魏徵在这里也表达了他对史官的要求："夫史官者，必求博闻强识，疏通知远之士，使居其位，百官众职，咸所贰焉。是故前言往行，无不识也；天文地理，无不察也；人事之纪，无不达也。内掌八柄，以诏王治，外执六典，以逆官政。书美以彰善，记恶以垂戒，范围神化，昭明令德，穷圣人之至赜，详一代之亹亹。"② 他强调了史官宣

---

① ［后晋］刘昫等：《旧唐书》卷一百二《刘子玄》，北京：中华书局，1975 年，第 3173 页。《唐会要》卷六十三《史馆上》与两《唐书》本传所记略同，而《旧唐书》最详。
② ［唐］魏徵等：《隋书》卷三十三《经籍二》，北京：中华书局，1973 年，第 992 页。

扬官政和彰善记恶的职责。咸亨元年（670），唐高宗有感于史官滥竽充数者居多，特颁布《简择史官诏》。诏书的内容主要反映了唐高宗对国史修撰人员选拔的高度重视，提出："修撰国史，义在典实，自非操履贞白，业量该通，谠正有闻，方堪此任。"① 刘知幾在《史官建置》篇原注中引用了《简择史官诏》，把"操履贞白"改为"操履忠正"，把"业量该通"改为"识量该通"，把"谠正有闻"改为"才学有闻"，说明了刘知幾在此诏书基础上，进一步明确了史官德、识、才、学方面的标准。唐太宗时所修《晋书》卷八十二对陈寿之后代表性史家都有评论，如评陈寿善叙事，评孙盛《晋阳秋》"词直而理正"，评干宝《晋纪》简略、直而能婉，评习凿齿和徐广"彰善瘅恶，以为惩劝"，这都表现了当时人们对史家素养的认识。其实，对史家修养的认识是贯穿在《史通》这部著作中的，《题目》《断限》《编次》《称谓》《采撰》《载文》《言语》《浮词》《叙事》《品藻》《直书》《曲笔》，这些篇目看似在讨论史书编纂的具体方法，实际都侧面表述了如何通过它们表现史家史学、史才及史识。

五、对《史记》叙事的系统阐发

在刘知幾之前，历代史家对《史记》叙事之美的评价，主要以班氏父子所说的"善序事理，辨而不华，质而不俚，文质相称""其文直，其事核"为准，并未作具体系统的阐发。直到

---

① 《简择史官诏》见于《唐大诏令集》卷八十一政事、《唐会要》卷六十三修史官、《全唐文》卷十三等，文字各有异同。

刘知幾《史通》标立《叙事》《言语》《浮词》《模拟》《核才》《点烦》《烦省》等篇，才对史书的叙事方法、取材、繁简、风格及载文等具体要求进行了系统评述。

（一）叙事之美

这源于刘知幾对史文表述的重视，他说："昔夫子有云：'文胜质则史。'故知史之为务，必藉于文。"因此，他在《叙事》篇提出，史书之美最主要体现在叙事方面："夫史之称美者，以叙事为先。至若书功过，记善恶，文而不丽，质而非野，使人味其滋旨，怀其德音，三复忘疲，百遍无斁，自非作者曰圣，其孰能与于此乎？"他对史书叙事的基本要求，一是简要，二是用晦。能达到这两个要求的，刘知幾认为只有《尚书》《春秋》《左传》，《史记》《汉书》则只能排在次一等的位置："马迁《史记》、班固《汉书》，继圣而作，抑其次也。"他认为《史记》《汉书》的叙事相比《尚书》《春秋》显得浅俗。当然，他也肯定了《史记》《汉书》写得好的篇章："若《史记》之《苏》《张》《蔡泽》等传，是其美者。至于《三》《五本纪》，《日者》《太仓公》《龟策传》，固无所取焉。又《汉书》之帝纪，《陈》《项》诸篇，是其最也。至于《淮南王》《司马相如》《东方朔传》，又安足道哉！"这大概是因为《史记》这些篇章载录了苏秦、张仪、范雎、蔡泽等战国纵横家的说辞，他认为这些说辞真实反映了纵横家的语言特点和时代风貌："战国虎争，驰说云涌，人持弄丸之辩，家挟飞钳之术，剧谈者以谲诳为宗，利口者以寓言为主，若《史记》载苏秦合从，张仪连横，

范雎反间以相秦，鲁连解纷而全赵是也。"① 而《汉书》在司马
相如和东方朔的传中采录了他们的大赋，这种夸张虚饰之文是
刘知幾所反对的。他提出史书叙事之尤美者是"文约而事丰"，
要达到这个效果，需掌握四种叙事之法，即有直纪其才行者，
有唯书其事迹者，有因言语而可知者，有假赞论而自见者。叙
事要省约，要学会省字和省句，这就要求史家叙事须用晦，"晦
也者，省字约文，事溢于句外"，比如《史记》中写高祖亡萧
何，如失左右手；汉兵败绩，睢水为之不流；董生乘马，三年
不知牝牡；翟公之门，可张雀罗。这都是《史记》中言近旨远、
辞浅义深、发语已尽而含意未尽的用晦之例。以此为追求目标，
刘知幾认为《史记》有的叙事重复芜累，如他在《杂说上》中
说《史记·邓通传》曰"文帝崩，景帝立"，两句只需保留一
句即可。他还在《点烦》篇中用大量篇幅改写《史记》中烦冗
的地方，把《五帝本纪》《夏本纪》《项羽本纪》《吕后本纪》
《宋世家》《三王世家》《魏公子列传》《鲁仲连列传》《屈原贾
生列传》《扁鹊仓公列传》中的有关段落抄录出来，再用彩色笔
标注语言重复的地方并加以增减改写；又说《吴世家》载阖闾、
《越世家》载勾践，都在他们的名字前加上"吴王""越王"，
而且句句如此，显得繁复。刘知幾所说的《史记》烦文大抵如
此。自班彪开始，历代史家对此已有评论，班彪说司马迁以一
人之身作贯穿上下三千年的通史，难免"文重思烦，故其书刊
落不尽，尚有盈辞也"，说的就是这个问题；刘知幾则对这个问

---

① ［唐］刘知幾著，［清］浦起龙通释，王煦华整理：《史通通释》卷六《言语》，
上海：上海古籍出版社，2009 年，第 138—139 页。

题进行了总结和理论探讨；但浦起龙认为刘知幾所说《史记》烦冗的地方，正是《史记》融汇古史、质朴古趣自然流露之处，不必苛求。此为笃论。清代浦起龙同时也认为，刘知幾此篇不是专门批评《史记》，而是通过点刊史部之首的《史记》，为后世史家发凡起例。

（二）史文繁简

刘知幾在《烦省》篇还讨论了有关史书繁简的史评，其中涉及《史记》与《汉书》的繁简优劣问题："然则自古论史之烦省者，咸以左氏为得，史公为次，孟坚为甚。自魏晋已还，年祚转促，而为其国史亦不减班《书》。此则后来逾烦，其失弥甚者矣。"针对这个普遍看法，刘知幾认为，判断史书繁简要考虑到时势发展对史书记载的要求，如随着汉代一统，史家撰史需要远近夷夏并书，史书记载的内容自然增多，这是时势使然。他提出，除非史书妄载至于芜累，此为烦；或缺略至于失载，此为简。因此，他在《烦省》及《杂说上》中，对张辅《班马优劣论》中的观点，即"《史记》叙三千年事，仅用五十万言，而《汉书》叙二百年事，却用八十万言，因此班固不及司马迁"进行了辩驳。他说："案《太史公书》上起黄帝，下尽宗周，年代虽存，事迹殊略。至于战国已下，始有可观。然迁虽叙三千年事，其间详备者，唯汉兴七十余载而已。其省也则如彼，其烦也则如此，求诸折中，未见其宜。班氏《汉书》全取《史记》，仍去其《日者》《仓公》等传，以为其事烦芜，不足编次故也。若使马迁易地而处，撰成《汉书》，将恐多言费辞，有逾班氏，安得以此而定其优劣邪？"也就是说，论史书"烦"或

"简"不应以年代长短来匹配，而要结合具体时势及史家宗旨来评价。司马迁《史记》的叙事采用了详近略远的原则，所以对汉兴七十余年的记载最详细。这种认识就比魏晋以来史家的繁简论更通达。

（三）史书取材

刘知幾对史书取材问题也展开了讨论，认为采择史料最重要的是保证真实性。他在《采撰》中说："马迁《史记》，采《世本》《国语》《战国策》《楚汉春秋》。至班固《汉书》，则全同太史。自太初已后，又杂引刘氏《新序》《说苑》《七略》之辞。此并当代雅言，事无邪僻，故能取信一时，擅名千载。"即《史记》《汉书》之所以能擅名千载，传之不朽，是遵从了司马迁取当代雅驯之言的原则，从而保证了史书真实的根本性质。这是从总体上肯定了《史记》的史料价值。但他又对《史记》采撰的史料提出了种种批评。一是取材不广。他在《杂说上》中说《史记》写春秋战国的历史没有从《左传》取材，写楚汉之际的历史只参考了陆贾的《楚汉春秋》。实际上，班氏父子早已提出《史记》采录了《左传》，刘知幾这是失于考察了。至于司马迁写楚汉之际的历史并非专据《楚汉春秋》，现代学者赵生群在《〈史记〉编纂学导论》中也有定论。二是好采鄙说。他说司马迁写殷、周以往的历史，甚至采录访自民间家人的史料，而这些史料粗鄙，不能与五经正典记载的史料相比。《史记》中还有些史料采自诸子著作或文人文章，刘知幾认为是不可信的，如屈原《楚辞》中称遇渔父于江渚，宋玉《高唐赋》称梦神女于高台，《孟子》载有若状貌似孔子，等等，这些要么是词人凭虚之辞，要么是街谈巷议，司马迁却把它们写入史书，会损害史书的真实性。而对于史书中记载鬼神梦卜、幽明感应的事情，刘知幾也提出记写原则，即"国家丧乱则书之""祸福萌兆则书之"。他在《书事》中以《史记》为例，说："若吞燕卵而商生，启龙漦而周灭，厉坏门以祸晋，鬼谋社而亡曹，江使返璧于秦皇，圯桥授书于汉相，此则事关军国，理涉兴亡，有而书之，以彰灵验，可也。"此外，列传中人物事迹的选择也需谨慎，如："其有开国承家，世禄不坠，积仁累德，良弓无改，项籍之先世为楚将，石建之后廉谨相承，此则其事尤异，略书于传可也。"这样，才能保证史书叙事"简而且详，疏而不漏"。可见，对于史书取材，刘知幾认为除了要保证真实性，还要选择有关国家兴亡、家族盛衰和风俗变化的史料，而这也是保证史书叙事繁简得当的重要手段。这样，史书取材与叙事繁简实际上是密不可分的。相比王充以来的汉魏史家只从真实或烦冗的角度评价《史记》，刘知幾这种认识就更全面系统。

（四）史书载文

刘知幾还对史书中载文的情况进行了探讨。《史记》有些人物列传中收录了传主的文章，如《屈原传》中收录《怀沙》，《贾谊传》中收录《吊屈原赋》《鹏鸟赋》，《李斯列传》中收录《谏逐客书》《论督责书》，《司马相如列传》中收录《子虚赋》《上林赋》等，这些对表现人物思想感情和人格志趣都有很大作用。后来史书也多有传中收录文章的情况。刘知幾在《载言》《载文》两篇中专门讨论了这个问题。他提出应把史书中的帝王诰令、臣子奏疏及文人诗文分离出去，另立书部来收录，这样才能使"《春秋》《尚书》之道备矣"。他认为史传中载文，割裂了叙事的连续性，不便读者掌握事件发展的线索："至于《史》《汉》则不然，凡所包举，务存恢博，文辞入记，繁富为多。是以《贾谊》《晁错》《董仲舒》《东方朔》等传，唯上录言，罕逢载事。夫方述一事，得其纪纲，而隔以大篇，分其次序。遂令披阅之者，有所懵然。"他还在《载文》篇提出史书载录文章的标准，应该是"其理说而切，其文简而要，足以惩恶劝善，观风察俗者矣"。他说："若马卿之《子虚》《上林》，扬雄之《甘泉》《羽猎》，班固《两都》，马融《广成》，喻过其体，词没其义，繁华而失实，流宕而忘返，无裨劝奖，有长奸诈，而前后《史》《汉》皆书诸列传，不其谬乎！"他批评《史记》《汉书》所载入的这些辞赋，都不能达到这个标准。可是他也承认汉代辞赋虽虚矫夸饰，但总体内容还是信实的，而魏晋以后的史书中收录的诏令文章多伪饰之词，不可信。因此，他认为史书载录的文章一定要"拨浮华，采贞实"："昔夫子修《春秋》，别是非，申黜陟，而贼臣逆子惧。凡今之为史而载文也，苟能拨浮华，采贞（一作"真"）实，亦可使夫雕虫小技者，闻义而知徙矣。此乃禁淫之堤防，持雅之管辖，凡为载削者，可不务乎？"那刘知幾认可的能载入史的文章是什么样的呢？他在《载文》篇末说："至如诗有韦孟《讽谏》，赋有赵壹《嫉邪》，篇则贾谊《过秦》，论则班彪《王命》，张华述箴于女史，张载题铭于剑阁，诸葛表主以出师，王昶书字以诫子，刘向、谷永之上疏，晁错、李固之对策，荀伯子之弹文，山巨源之启事，此皆言成轨则，为世龟镜。求诸历代，往往而有。苟书之竹帛，持以不刊，则其文可与三代同风，其事可与《五经》

齐列。"此外，屈原、宋玉的楚赋揭露了楚怀王和楚顷襄王的不道，也属于"不虚美，不隐恶"的文章。总之，刘知幾探讨的不是史书该不该载文的问题，而是该载入什么样的文章，即史书收录文章的标准问题，其根本目的是区分史笔和文笔，提倡质直信实、惩恶劝善的文风。只要符合这个标准的文章，无论出自史家或文章家，都是可以入史的，即他说的"文之将史，其流一焉"。他在《鉴识》篇中说史家叙事之文的标准应是司马迁的《史记》，"当辩而不华，质而不俚，其文直，其事核，若斯而已可也"，不要学孔融、刘桢、司马相如、扬雄那样的雕章缛彩，也是这个意思。所以，刘知幾讨论史书载文的问题，实际上是探讨史书的史文表述风格。

从刘勰到刘知幾，史学评论有个发展过程。经过魏晋南北朝史家对编年纪传优劣的争论，学者们对史书体例和编纂技巧等逐渐重视。到了唐代官方组织修史时期，一方面，多部史书的修纂使史家更加重视史书体例、文字表述等问题，发展至刘知幾才有了系统的评论著作——《史通》产生，《史通》以论体例的大量篇幅冠于全书之首，就是这种风气下的产物。① 另一方面，政治对史家的干预加强，也使史家在写史时更难以做到司马迁那样的实录。于是，史家何去何从就成为学者们关注的焦点。因此，刘知幾一方面大倡善恶必书、褒善贬恶，一方面提出史才三长。再加上自身在史馆修史的经历，郁郁不得的情绪，使得他在论述相关问题时，基本上是以求真实、追实录、褒善贬恶为基本原则，但往往有偏激之嫌。总体上看，他对前

---

① 白寿彝：《刘知几》，《中国史学史论集》，北京：中华书局，1999 年，第 197 页。

代史家有关《史记》的各种评说进行了系统细致的总结，并根据现实需要提出了自己的看法，这对后来的史学理论和文学理论的发展都有影响。如宋代黄庭坚《与王立之》说："刘勰《文心雕龙》、刘子玄《史通》，此两书曾读否？所论虽未极高，然讥弹古人，大中文病，不可不知也。"宋代郑樵编写《通志》，也继承并发展了刘知幾的思想方法。还有明代朱荃宰撰《文通》，罗万爵为之作序说："朱子之为《文通》，其义况诸彦和之论文，而名取诸子玄之读史。"可以说，中国的史学评论就是从评论司马迁和《史记》开始的，经过魏晋时期各家学者的进一步扩大议题，到唐代，刘知幾初步总结了这些议题。

纪传体正史的确立与对
《史记》体例的讨论

　　《隋书·经籍志》对前代史学发展加以总结，认为《史记》《汉书》使纪传体史书成为写史的标准，"世有著述，皆拟班、马，以为正史，作者尤广。一代之史，至数十家。唯《史记》《汉书》，师法相传，并有解释"。就是说，由于《史记》《汉书》的影响，纪传体史书已被看作"正史"，这是肯定了它们在史学发展中所发挥的作用。唐贞观三年（629）太宗命大臣撰写梁、陈、齐、周、隋五代史，正式设馆修史，所修正史一律采用纪传体，基本确定了官修史书一个皇朝一部史的方向。同时，以史为鉴、以史经邦的导向也基本确立。如五代史修成后，唐太宗对史臣们说："朕睹前代史书，彰善瘅恶，足为将来之戒。秦始皇奢淫无度，志存隐恶，焚书坑儒，用缄谈者之口……朕意则不然，将欲览前王之得失，为在身之龟镜。公辈以数年之间勒成五代之史，深副朕怀，极可嘉尚！"① 这是

---

① ［北宋］王钦若等：《册府元龟》卷五五四《国史部·恩奖》，北京：中华书局，1960 年，第 6657 页。

唐太宗对史学社会政治功能的认识，也是唐初官修史书的指导原则。此外，魏徵等编修者在《隋书·经籍志》中，强调太史的职责是"以典法逆于邦国"，"天下计书，先上太史，善恶之事，靡不毕集"，"太史执书以协事"，即太史之职是执典法参与邦国治理，以彰善贬恶。这样，不仅太史参与邦国之治的作用被强化，史书记载的治世功能也被强化了。如《隋志》说司马迁、班固多记录"股肱辅弼之臣，扶义俶傥之士"，而对那些"操行高洁，不涉于世者"记载较少，是值得肯定的。这就为后世作史者树立了榜样，即写史就要涉于世，以史经邦的目标由此树立了起来。唐代官修史书中产生的这些史学理念对当时学者产生了普遍影响，使他们在评价司马迁和《史记》时，都有了不同于前代史家的认识。

唐长庆二年（822），谏议大夫殷侑上书请立三史科，《唐会要》卷七十六记其奏疏曰："历代史书，皆记当时善恶，系以褒贬，垂裕劝戒。其司马迁《史记》，班固、范晔两《汉书》，音义详明，惩恶劝善，亚于六经，堪为世教。伏惟国朝故事，国子学有文史直者，弘文馆弘文生，并试以《史记》、两《汉书》、《三国志》。"唐穆宗准奏实行，这标志着史学成为贡举中的常科。据学者考证，当时主要考的是《史记》《汉书》和《后汉书》，这种由官方通过考试督促士人学史的制度，其主观意图是改变士子官员们不了解历史、不通史学的状况，希望通过学习史书，官员们能知善恶、得劝诚。这在实际上强化了史书惩恶劝善的道德教化功能，形成了"以史为鉴"的风气，是官方从思想指导上引导史书编纂的体现。唐初史家对《史记》的思想评价基本都强调了其褒贬善恶的特点，可以说就是受这种导向的影响。

一、史注中的《史记》评论

唐初在组织学者大规模修史时，也开始了经学著作的整理，很多学者同时参与了这两项工作，如房玄龄、魏徵、颜师古、孔颖达等，这样就造成史家整理史书时基本采用注经的方式，史注由此兴盛。就《史记》注而言，以司马贞（679—732）《史记索隐》和张守节（唐开元年间）《史记正义》（此书序大约作于736年）为代表，对《史记》体例、内容展开了初步阐释。

——体例风格论。司马贞对《史记》体例有系统论述。他在《史记索隐序》中说，《史记》"始变《左氏》之体，而年载悠邈，简册阙遗，勒成一家，其勤至矣"。其《补史记序》又说"夫以首创者难为功，因循者易为力。自《左氏》之后，未有体制，而司马公补立纪传规模，别为书表题目"，这是在肯定司马迁开创纪传体之功。但司马贞认为《史记》体例有未尽善者。比如本纪中缺少三皇本纪；世家本是载列国事迹，却又有《外戚世家》，郕国、许国是春秋时的诸侯国，又不为之立世家；列传中既为春秋贤卿立传，那也应该为延陵季札、郑国子产、晋国叔向、卫国史鱼立传。（后来，宋代苏辙作《古史》就增设了三皇本纪和季札、子产、叔向等的传记，可以说是受了司马贞的启发。）同时，司马贞还指出《史记》是贯穿经传、驰骋古今的通史，又综合古来各种史书与诸子百家之书，内容驳杂，因此难免有不好理解的地方。这是司马贞对《史记》开创纪传体通史的总体认知。司马贞还对《史记》五体内涵分别进行了阐释。他在《五帝本纪索隐》中说："纪者，记也。本其事而记之，故曰本纪。又纪，理也，丝缕有纪。而帝王书称纪者，言为后代纲纪也。"在《三代世表索隐》中说："谓事微而不著，须表明也，故言表也。"在《礼书索隐》中说："书者，五经六籍总名也。此之八书，记国家大体。"在《吴太伯世家索隐》中说："系家者，记诸侯本系也，言其下及子孙常有国。故孟子曰'陈仲子，齐之系家'。又董仲舒曰'王者封诸侯，非官之也，得以代为家也'。"在《伯夷列传索隐》中说："列传者，谓叙列人臣事迹，令可传于后世，故曰列传。"基本上，他认为本纪记帝王，世家记诸侯传家者，列传叙人臣事迹。他还在《补史记序》中分析了司马迁创纪传体的意旨，说："本纪十二象岁星之一周，八书有八篇法天时之八节，十表放刚柔十日，三十系家比月有三旬，七十列传取悬车之暮齿，百三十篇象闰余而成岁。"他认为司马迁精通历法，故用天地四时的节序变化规律来结构《史记》，以表现"君举必书，福善祸淫，用垂炯戒"的宗旨。显然，司马贞更倾向于从鉴戒的角度解释《史记》作旨。他在评价《史记》取材、褒贬和文字表述时也表现出这种倾向。他说司马迁"渔猎则穷于百氏，笔削乃成于一家"，"其叙劝衰贬，颇称折衷，后之作者，咸取则焉"。这是说《史记》取材广博，褒贬得当，有垂戒之旨，可为后世楷模。他还从文风上称赞《史记》是"事广而文局，词质而理畅，斯亦尽美矣"，"异《左氏》之微婉，有南史之典实"①，因此称司马迁有良史之才。

---

① ［唐］司马贞：《补史记序》，《史记》附录二，北京：中华书局，2014 年，第4047—4048 页。

这可以说是接续班彪、班固的《史记》良史、实录之评，对司马迁和《史记》有了更细致的评价。相比前代学者纠结于《史记》属发愤还是实录，司马贞则确然肯定《史记》的褒贬之意，同时也指出司马迁之史文风格保持了南史的典实，而不同于《春秋》《左传》的微婉。这就从表述风格上区分了《史记》与《春秋》微言大义的不同，比前代史家分析得更准确了。

张守节对《史记》五体的解释基本与司马贞的观点一致，但对五体的功用阐释得更加细致。如他说十二本纪，"象岁十二月也"，"帝王兴废悉详"；十表，"象天之刚柔十日，以记封建世代终始也"，"定代系年封"；八书，"象一岁八节，以记天地日月山川礼乐也"，"赞阴阳礼乐"；世家三十，"记世禄之家辅弼股肱之臣忠孝得失也"，"君国存亡毕著"；列传，"记王侯将相英贤略立功名于天下，可序列也"，"忠臣孝子之诚备矣"。并且，他认为司马迁所创这五体"废一不可，以统理天地，劝奖箴诫，为后之楷模也"。最后，他也以良史之才誉司马迁，评价《史记》"笔削冠于史籍，题目足以经邦"，"比之《春秋》，言辞古质，方之《两汉》，文省理幽"。可以说，他是把《史记》放在《春秋》《左传》直至两汉史书这一发展序列中，进行多方面的比较，表现了从史学发展史的角度阐释《史记》特点的努力。

综观司马贞与张守节对司马迁及《史记》的评价，可以看到，唐初史家一方面大力发掘司马迁的褒贬笔削之旨，同时又赞扬其"不虚美，不隐恶"的实录精神，认为他记载了帝王兴废、君国存亡、忠臣孝子，这些都可作为经邦治国的借鉴。这是唐初史家以史经邦理念的体现，表明他们以史经世的意识大

大增强，并且他们开始从文字表述风格方面总结《史记》的写
作风格，逐步认识到史文有不同于经的表述风格。刘知幾的
《史通》对褒善贬恶的提倡和对史书叙事的全面探讨，可以说正
是这种思想认识的体现。

此外，司马贞也对《史记》中一些具体篇章的体例加以探
究，如《秦本纪》《项羽本纪》《吕太后本纪》《陈涉世家》等
这些历来有争议的篇章。他提出《秦本纪》应该放在世家里，
"秦虽嬴政之祖，本西戎附庸之君，岂以诸侯之邦，而与五帝、
三王同称本纪？斯必不可，可降为《秦世家》"。他这个认识与
后来刘知幾的看法相似，刘知幾在《史通》中把这个问题归为
"正名"。同样，对于吕后入本纪，司马贞说："吕太后本以女主
临朝，自孝惠崩后立少帝而始称制，正合附《惠纪》而论之；
不然，或别为《吕后本纪》，岂得全没孝惠而独称《吕后本
纪》？合依班氏，分为二纪焉。"他虽然没有直接否定女主临朝，
但依孝惠称帝在前、吕后临朝在后，则应为惠帝立本纪，吕后
事迹附在其后即可，或者分别为二人作本纪。这个看法，比起
刘勰批评《史记》《汉书》不当为吕后立纪，显然有所变通。
而对于陈涉入世家，司马贞在《陈涉世家索隐》中说："胜立数
月而死，无后，亦称'系家'者，以其所遣王侯将相竟灭秦，
以其首事也。"这个看法与司马迁自己表达的意思接近。他赞同
司马迁为孔子立世家，认为："孔子非有诸侯之位，而亦称'系
家'者，以是圣人为教化之主，又代有贤哲，故称'系家'
焉。"张守节在《史记正义》中也有类似的看法："孔子无侯伯
之位，而称'世家'者，太史公以孔子布衣传十余世，学者宗
之，自天子王侯，中国言六艺者宗于夫子，可谓至圣，故为

《世家》。"可见，唐代经学的兴盛，使唐初学者对孔子在中国文化史上的地位有了共同的认识，进而肯定了《史记》把孔子列于世家的做法。

对于《史记》中某些合传传主的选取及篇章次序的安排，司马贞在《补史记序》及《老子韩非列传索隐》中认为老子、韩非不宜同传，因为二人学术主张完全不同，应该把老子、尹喜、庄周同传，韩非可附传在《商君列传》中。在《鲁仲连邹阳列传索隐》中，他提出屈原、贾谊不是同时代的人，不宜同传，屈原应与宋玉同传，贾谊应与邹阳、枚乘同传。同样，鲁仲连是战国时人，与邹阳不同时，应与田单同传。他还提出，张耳、吴芮都曾被封王，应该列为世家，不应入列传；而淮南衡山王不宜入列传，应与五宗、三王一样列在世家；吴王刘濞应从列传升为世家，与楚元王同传；淮南王应与齐悼惠王同为一篇世家。实际上，这是司马贞根据自己的理解，或按照学术流派，或按照人物生活的时代，或按照人物出身地位，对《史记》中的历史人物重新分类、重新安排体例，这不是对《史记》创作主旨的阐释，而是脱离《史记》谈自己的理解。

对于《史记》中的赞序，司马贞认为《史记》"太史公曰"不够周详，不能概括全篇意旨，因此他为《史记》各篇又一一作述赞，主要是用四言韵文的形式概括各篇主要内容。这些都可以看作司马贞脱离《史记》的自我发挥，说不上是史论。在司马贞之前，颜师古在《匡谬正俗》中就曾批评过曲解《史记》体例的做法，该书以训诂为主，其卷五则评论了《史记》自序。颜师古认为《史记》自序体例实承《尚书》序而来，主要作用是叙述作者作旨，但他也指出扬雄、班固之后的史家对

序传作法多有曲解，如别作赞述之类。颜师古对经史之学均精
通，因此在论及《史记》体例时，自然联想到《尚书》，从他
的立场来看，他还是提倡尊重《史记》体例，从源流上理解司
马迁作旨，这是史家意识的体现。

——马班优劣论。刘知幾、司马贞与张守节在关于上述问
题的讨论中，多多少少都涉及《史记》《汉书》的比较。如刘
知幾在《史通》中看似对《史记》多有批评，实际上他对司马
迁是很推崇的。他在《史通》序言中说"汉求司马迁后，封为
史通子"，是《史通》之名的来源之一，可见，他内心里是以接
续司马迁之业自居的。刘知幾在《鉴识》篇也表述了自己对马
班优劣的基本看法，他认为《史记》《汉书》二书"虽互有修
短，递闻得失，而大抵同风，可为连类"。就是说，二者各有得
失，同为纪传体史书的代表之作，不必强分高下，这可算是对
汉魏以来《史记》《汉书》优劣问题较为通达公允的看法。

司马贞在《史记索隐后序》中说："夫太史公纪事，上始轩
辕，下讫天汉，虽博采古文及传记诸子，其间残阙盖多，或旁
搜异闻以成其说，然其人好奇而词省，故事核而文微，是以后
之学者多所未究。其班氏之书，成于后汉。彪既后迁而述，所
以条流更明，是兼采众贤，群理毕备，故其旨富，其词文，是
以近代诸儒共行钻仰。"大体上，他认为《汉书》后出转精，结
构叙事更加明晰，词文旨富，在文风上比稍显古质的《史记》
更受魏晋以后人的赏识，而且魏晋以后注《汉书》者大大超过
《史记》，基本扫除了阅读《汉书》在音义上的障碍，造成《汉
书》盛于《史记》的情况。这不仅是评《史记》《汉书》本身
的特点，也考虑到了二者传播的状况，总体认识还是比较客观

的。张守节在为《史记集解序》所作注中则认为："固作《汉书》，与《史记》同者五十余卷，谨写《史记》，少加异者，不弱即劣，何更非剥《史记》，乃是后士妄非前贤。又《史记》五十二万六千五百言，叙二千四百一十三年事，《汉书》八十一万言，叙二百二十五年事；司马迁引父致意，班固父修而蔽之，优劣可知矣。"这继承了两晋以来史家的一些认识，而表现出扬马抑班的倾向。不同的是，张守节认为班固批评司马迁"叙游侠则退处士，述货殖则崇势利"恰恰表现了其思想不够通达，作史之体，就应该对"有国之轨，备陈臧否，天人地理，咸使该通"，也就是说凡有关国家治乱、天人地理的，史家都可以批评。这种认识与此前司马贞肯定司马迁褒贬折中是一致的，而且他表现出对《史记》通史体的赞赏，说司马迁述作贯通多时，无所滞碍，故与周、孔之道不同。

二、通史初兴与对《史记》纪传体通史的评价

魏晋以后，断代为史的皇朝史编纂盛极一时，通史撰述乏人问津，但已有史家表现出以通史追求通变的意识。唐初虞世南编撰的《帝王略论》既有记事又有评论，记事起自传说中的炎黄下讫隋亡，评论起自夏禹至于隋文帝，已有通史性质。李延寿撰《南史》《北史》共 180 卷，明确说是在"拟司马迁《史记》"①。另外，与刘知幾同时期的陈子昂，在文学史上历来被视为复古文风的先驱，曾有志于修史，他的挚友卢藏用在《陈子昂别传》中说他："尝恨国史芜杂，乃自汉孝武之后，以

---

① ［唐］李延寿：《北史·序传》，北京：中华书局，1974 年，第 3345 页。

迄于唐，为《后史记》。"①即陈子昂欲效仿司马迁写一部通史，可惜此书纲纪粗立，因家中变故，其书中废。刘知幾的《史通》，对《尚书》以来、唐初以前的史学进行了总结，其评论的内容无所不包，这是他追求广博贯通思想的体现。唐中期，杜佑（735—812）编《通典》200卷，记事上起黄帝，下至唐玄宗天宝末年，内容分食货、选举、职官、礼、乐、兵、刑、州郡、边防九门，主要以历代典章制度的历史演变、得失兴替为中心。从体例上看，《通典》创造了典制体通史的形式，这是在编年体、纪传体之后出现的新的史书体裁，拓展了历史研究的领域。《通典》还有个特点，就是把历代士人对相关制度的评论，即"群士议论得失"，搜集起来，或附在正文之下，或与正文杂而有之，或附载一门之后，再加上杜佑自己所作的议论，成为对记事内容的有益补充。清代章学诚评《通典》"可谓穷天地之际，而通古今之变者矣"②。杜佑自己说编纂《通典》是为了"征诸人事，将施有政"③，就是要求历史著作发挥实际的社会作用，这既是他通古今之变思想的体现，也是唐代史家以史经世理念的普遍反映。据《新唐书·艺文志二》"正史类"所载，唐睿宗、唐玄宗时韩琬曾撰《续史记》130卷，其书已佚。《新唐书·萧颖士传》记载萧颖士也曾依《春秋》编年体作传百篇，起自汉元年，至隋义宁年间。这两部都是当时学者所撰通史。除此之外，还有许嵩《建康实录》20卷、韩潭《统载》

---

① ［清］董诰等编：《全唐文》卷二三八，北京：中华书局，1983年影印本，第2413页。

② ［清］章学诚著，叶瑛校注：《文史通义校注》卷一《书教中》，北京：中华书局，1994年，第40页。

③ ［唐］杜佑《通典》卷一序，北京：中华书局，1988年，第1页。

30 卷、高峻《高氏小史》60 卷、马总《通历》10 卷、陈鸿《大统纪》30 卷、姚康《统史》300 卷。① 这些通史体史书基本作于中晚唐时期，但大多未流传下来，其中高峻的《高氏小史》就是"一以《太史公书》为准"② 的。可见，在中晚唐时期，通史编纂取得了不少新成果。这反映了史学发展的一种新趋势，说明经过唐前期纪传体官修史书全盛时期的实践，史家对这种一代一史的修史方式进行了反思，开始尝试通史编撰，这为宋代通史的繁盛奠定了基础。

　　——叙远古，示将来。在通史撰述渐渐兴盛的情况下，有些学者也对司马迁的纪传体通史进行了评论。如中唐柳冕，他的父亲是唐肃宗时的史官，他自己也曾任史馆修撰，可谓出身史官世家。他在《答孟判官论宇文生评史官书》中说："昔周公制礼五百年，而夫子修《春秋》，夫子没五百年，而子长修《史记》。迁虽不得圣人之道，而继圣人之志，不得圣人之才，而得圣人之旨，自以为命世而生，亦信然也。且迁之没已千载矣，迁之史未有继之者，谓之命世，不亦宜乎！噫！迁承灭学之后，修废起滞，以论天人之际，以通古今之变，而微迁叙事，广其所闻，是轩辕之道几灭矣。"③ 柳冕首先肯定司马迁能继圣人之志而修史，并且认为《史记》"论天人之际，通古今之变"，才使得上古以来的历史得以保存，在这个意义上，他又肯定了《史记》"叙远古，示将来"的史学价值。这实际是对通史体作

① 参见瞿林东：《中国史学史纲要》，北京：北京出版社，1999 年，第 356 页。
② ［宋］高似孙：《史略》卷四"通史"，沈阳：辽宁教育出版社，1998 年，第 64 页。
③ ［清］董诰等编：《全唐文》卷五二七，北京：中华书局，1983 年影印本，第 5355 页。

用和特点的总结和认可。同时，柳冕认为撰述通史需要史家具备"论天人之际，通古今之变"的修养。白居易也有这样的认识，他在《授沈传师左拾遗、史馆修撰制》中说："庶职之重者，其史氏欤？历代以来，甚难其选。非雄文博学，辅之以通识者，则无以称命。"① 白居易所说的"雄文""博学""通识"大概类似于刘知幾所说的才、学、识三长。在白居易看来，能符合这个标准的，韩愈应该算一个。他推许韩愈是"学术精博，文力雄健，立词措意，有班、马之风，求之一时，甚不易得"②，基本就是从这三个方面评价的，其中"立词措意，有班、马之风"当指史识而言。唐末的古文家孙樵在《与高锡望书》中说："文章如面，史才最难。到司马子长之地，千载独闻得扬子云。唐朝以文索士，二百年间，作者数十辈，独高韩吏部。吏部修《顺宗实录》，尚不能当班孟坚，其能与子长、子云相上下乎？"可见，唐中后期史家和文人普遍表现出追慕司马迁通识、通才的渴求，并希望能在实际撰史和创作中实现这个理想。从一定意义上，这反映了时代对史学的要求。唐代自贞观至开元，经历了由统一走向全盛的政治局面，以及中外各种学术文化的融会交流，使得当时学者具备了开阔的视野和宏大的气魄，又经中晚唐一批史学家的反思与探索，从而使这一时期史学家的目光投向更长久的古今历史进程中。

——遵纪传之体制，同《春秋》之是非。晚唐文学家皇甫

① ［唐］白居易著，谢思炜校注：《白居易文集校注》卷十七，北京：中华书局，2011年，第911页。
② ［唐］白居易著，谢思炜校注：《韩愈比部郎中史馆修撰制》，《白居易文集校注》卷十七，北京：中华书局，2011年，第995页。

湜曾有一篇《编年纪传论》，针对编年纪传孰优孰劣的争论，说："古史编年，至汉史司马迁，始更其制，而为纪传，相承至今，无以移之。历代论者，以迁为率私意，荡古法，纪传烦漫，不如编年。湜以为合圣人之经者，以心不以迹，得良史之体者，在适不在同。编年纪传，系于时之所宜，才之所长者耳，何常之有？夫是非与圣人同辨，善恶得天下之中，不虚美，不隐恶，则为纪为传，为编年，是皆良史矣。"皇甫湜认为史书编纂选择纪传体还是编年体，主要由史家所处的时代、所记的史事及其史才决定，没有固定不变的评价标准，重要的是，史家能做到善恶得中，不虚美，不隐恶，就可以称为"良史"。他进一步分析了司马迁创立纪传体的必然，"观其作传之意，将以包该事迹，参贯话言，纤悉百代之务，成就一家之说，必新制度而驰才力焉"①。司马迁的著史宗旨是"究天人之际，通古今之变，成一家之言"，这促使他创设新的史书体裁，以避免编年体史书限于年月、简于叙事、不尽本末的缺陷，况且《史记》并非完全抛弃编年体，本纪就采用了编年体写法，这都表现了司马迁是既善于继承、又勇于创新的史才。皇甫湜还从纪传体诞生以来对史学发展的影响方面充分肯定了司马迁的创造之功，说："子长病其然也，于是革旧典，开新程，为纪为传，为表为志，首尾具叙述，表里相发明，庶为得中，将以垂不朽。自汉及今，代已更八，年几历千，其间贤人摩肩，史臣继踵，推今古之得失，论述作之利病，各耀闻见，竞夸才能，改其规模，殊其体统，传以相授，奉而遵行，而编年之史遂废，盖有以也。"在此

---

① ［清］董诰等编：《全唐文》卷六八六，北京：中华书局，1983 年，第 7030 页。

基础上，皇甫湜认为："今之作者，苟能遵纪传之体制，同《春秋》之是非，文敌迁、固，直如南、董，亦无上矣。傥舍源而事流，弃意而征迹，虽服仲尼之服，手绝麟之笔，等古人之章句，署王正之月日，谓之好古则可矣，顾其书何如哉？"他提出遵体例、同是非、迁固之才、南董之直，都是史家需要追求坚守的源头，后来史家都是由此而下的支流，不能舍源而事流。

由此可见，当唐代学者纵观《史记》以来近千年的史学发展史时，他们把鉴戒思想、通变思想和史书编纂形式结合起来考察，认为史书采用什么编纂形式是时势变化的要求和结果，但由《春秋》《史记》等史书奠定的写史传统则需奉行不移，这表明他们开始自觉地总结史学发展的优良传统了。因此，唐代史家既强调史书鉴戒的社会功能，也愿意遵从史家实录的传统。

对直道与信史的追求

唐代官方垄断修史的局面确立以后，史家著史的褒贬权实际上无法发挥作用，也就背离了唐太宗设馆修史时褒善贬恶、以申劝诚的初衷。随着官方对史家修史的干预加强，史家坚持直笔越发显得艰难。此种境况反而激发了史家对史学的反思，中晚唐时的一些史家围绕直笔展开了一系列讨论，表现出了较强的史家主体意识。首先是韩愈与柳宗元之间的一场争论。韩愈在宪宗元和八年（813）任史馆修撰，接到刘秀才的书信，希望他在历史编纂方面有所贡献。韩愈于是复书一封，表达自己的看法，他在《答刘秀才论史书》中说："夫为史者，不有人祸，则有天刑，岂可不畏惧而轻为之哉？"[1] 并且举例为证，说孔子圣人，作《春秋》，辱于鲁、卫、陈、宋、齐、楚，卒不遇而死；齐太史氏兄弟几尽；左丘明纪春秋时事而失明；司马迁作《史记》刑诛；班固瘐死；崔浩、范蔚宗赤诛；魏收夭绝；等等。这表现了一种修史须谨慎、留待后来人的消极情绪。柳

---

[1] ［唐］韩愈：《答刘秀才论史书》，《韩昌黎文集校注》文外集上卷二，上海：上海古籍出版社，1987年，第667页。

宗元与韩愈是志同道合的朋友，早年还共同以修史相期许。当他得知韩愈当了史官后反而生出畏惧之心，就写信给韩愈，对韩愈所谓的因修史而得祸的例子一一辩驳，批评了他"为史者，不有人祸，则有天刑"的看法，提出"凡居其位，思直其道。道苟直，虽死不可回也；如回之，莫若亟去其位"，"退之宜守中道，不忘其直，无以他事自恐"。柳宗元所说的"中道"是什么呢？他说："司马迁触天子喜怒，班固不检下，崔浩沽其直以斗暴房，皆非中道。"① 从他所举的例子来看，他所说的中道应该是指史家应谨守本分，约束自己，不要过分喜怒，不要挑战天子权威。在这个前提下，坚持可行的直道。柳宗元曾作《佩韦赋》，他在赋序中云："柳子读古书，睹直道守节者即壮之，盖有激也。恒惧过而失中庸之义，慕西门氏佩韦以戒，故作是赋。"他以西门豹佩带熟牛皮的典故，警诫自己不要过于急躁刚烈。他认为"纯柔纯弱兮，必削必薄；纯刚纯强兮，必丧必亡"，两者都有失中庸之义。显然，柳宗元在这里把直道守节与中庸之义并提，但不是把二者对立起来，他所说的"中道"是要求史家处世时能刚柔相济，义蕴于中，这样才能保证守直道而不迁。他提倡中庸之义的根本目的，是保证史官最终能实现守直道、求信史的理想；为坚守直道，甚至可以牺牲生命。他自己在贬谪南荒、病困交加的艰难处境中，还写了《段太尉逸事状》，寄给身居史官的韩愈，以备采录。信中更以史道托付韩愈："太史迁死，退之复以史道在职，宜不苟过日时。昔与退之

---

① ［唐］柳宗元：《柳宗元集》卷三十一《与韩愈论史官书》，北京：中华书局，1979 年，第 808—809 页。

期为史，志甚壮，今孤囚废锢，连遭瘴疠羸顿，朝夕就死，无能为也。第不能竟其业。若太尉者，宜使勿坠。太史迁言荆轲征夏无且，言大将军征苏建，言留侯征画容貌。今孤囚贱辱，虽不及无且、建等；然比画工传容貌尚差胜。《春秋传》所谓传信传著，虽孔子亦犹是也。窃自以为信且著。"① 此言凄恻之中含有自信，因为自己无力著史，所以寄理想于韩愈，希望韩愈能坚守史道。他以司马迁著《史记》征信于友朋同僚及图画为楷模，认为自己所写的《段太尉逸事状》也继承了孔子、司马迁以来的传信传著的传统，称得上信且著。这对韩愈来说，无疑是一种精神上的激励与支持。韩愈所撰《顺宗实录》"说禁中事颇切直"②，可以说以坚守直道回应了友人的期许。柳宗元还撰写了《非国语》，对《国语》中记事"诬怪""阔诞"之处予以评析。这些都表明他始终以史家自励，并践行着史家征信的实录精神。

李翱曾从韩愈学古文，在元和初年任职史馆。他目睹当时史官记事不实的普遍风气，因此上疏说："夫劝善惩恶，正言直笔，纪圣朝功德，述忠臣贤士事业，载奸臣佞人丑行，以传无穷者，史官之任也。"但现状却是"今之作行状者，非其门生即其故吏，莫不虚加仁义礼智，妄言忠肃惠和。……此不惟其处心不实，苟欲虚美于所受恩之地而已"。③ 这样记事，不仅使文

---

① ［唐］柳宗元：《柳宗元集》卷三十一《与史官韩愈致段秀实太尉逸事书》，北京：中华书局，1979 年，第 812 页。

② ［后晋］刘昫：《旧唐书》卷一百五十九《路随传》，北京：中华书局，2012 年，第 4192 页。

③ ［唐］李翱：《百官行状奏》，郝润华、杜学林校注：《李翱文集校注》卷十，北京：中华书局，2021 年，第 143—144 页。

章徒务华美，而且使史家追求的司马迁实录之宗旨也由此断绝。他提出作行状者只须据事直书，直载事功，则善恶功绩会自然显露。他认为汉代事迹之所以能广为人知，主要是司马迁、班固叙事高简之工，故学者悦而习焉，读之详也。他自己也想效法马、班，笔削国史，还说："用仲尼褒贬之心，取天下公是公非以为本。群党之所谓为是者，仆未必以为是；群党之所谓非者，仆未必以为非。使仆书成而传，则富贵而功德不著者，未必声名于后，贫贱而道德全者，未必不煊赫于无穷。"① 李翱所说的"公是公非"就是自孔子以来史家所恪守的褒贬直书之道，而不是结党营私者的是非观，就是说，史家要在褒贬判断上坚守是非标准，这表现了他保持史家独立性的强烈要求。他对自己史著的期许是"富贵而功德不著者，未必声名于后，贫贱而道德全者，未必不煊赫于无穷"，这不正是司马迁在《伯夷列传》中所说的"道不同不相为谋"，"伯夷、叔齐虽贤，得夫子而名益彰"，"闾巷之人，欲砥行立名者，非附青云之士，恶能施于后世哉"？可见，他在自觉地追摹司马迁树立的优良传统，并试图付诸实践。虽然在现实中，这种理想得到实现的机会是有限的，但他这种要求直书的自觉意识因闪耀着理想的光辉，而使后来者汲取了无穷的力量。

晚唐孙樵自述得文章真诀于皇甫湜、韩愈，熟读司马迁之文，并且有志于史。他在《与高锡望书》中说："史家条序人物宜存警训，不当徒以官大宠浓，讲文张字。故大恶大善，虽贱

---

① ［唐］李翱：《答皇甫湜书》，郝润华、杜学林校注：《李翱文集校注》卷六，北京：中华书局，2021年，第79—80页。

必纪；尸位浪职，虽贵必黜。"又说："为史官者，明不顾刑辟，幽不愧神怪。"这种表述与李翱所讲大致相同，都表达了对褒善贬恶、坚持实录直书传统的认同和坚守，但其显得更加激切。他甚至把史官与宰相相比，说："宰相升沉人于数十年间，史官出没人于千百岁后。"为史官者，当"抟忠骨于枯坟，裔谄魄于下泉"，意思是史官能超越短暂的人生数十年之限，以是非褒贬之笔辨人于千百年后，其责任和重要性实超过宰相。这无疑是对史家直笔传统极透彻的概括。

中晚唐时期，国势衰弱，社会动荡，一批有识之士奋力前行，如杜佑、裴度、韩愈、柳宗元、刘禹锡、杜甫、白居易等，他们表现出中流击楫的豪情与意气，成为历史潮流中的先驱。

通过上面几方面的介绍，我们可以看到，《史记》研究在唐代的状况可谓峰回路转。自唐起，《史记》长期以来不受重视的局面结束了。唐代士人在积极入世、建功立业热情的促动下，在科举制度的驱使下，开始从《史记》中总结历史兴衰，揣摩为文之道，为《史记》文学经典地位的形成奠定了基础。在这个历程中，刘知幾对《史记》的全面研读与总结，三家注对《史记》内容的详细注释，以及古文家对《史记》文风的阐释，都功不可没。同时也要看到，唐代学者文人对《史记》的研究具有较强的实用目的。官方编写历史，提倡读史，多是为了汲取政治经验和道德教训，致使史家过分强调了史书道德褒贬的作用，而对《史记》本身的宗旨缺乏深入理解；文人研读《史记》，多是为了吸取文章技巧，改变骈俪文风。因此，他们对《史记》的阐释多是感悟性的片言只语，而缺乏对《史记》内

容结构、章法笔法的系统性探讨。总体上看,《史记》在唐代的
影响是空前的,且唐代《史记》研读的成果大多是开创性的新
观点,这也给后代很大启发。中唐以后表现出来的不守旧说、
独立思考、认真考订辨伪的倾向,也揭开了宋代以疑古精神研
究《史记》的序幕。

第五章

上下求索，会归于理：宋元《史记》学术史

中国古代史学发展到两宋时期可谓盛极一时，中国古代史书各种体裁发展至此，几乎各体兼备。郑樵《通志》、马端临《文献通考》等通史著作不仅极大地拓展了史书的撰述内容，也引起了史家对"通史"观念的探讨，丰富了司马迁"通古今之变"的史学观念。同时，在欧阳修、"三苏"等古文家的提倡下，《史记》逐渐成为他们追摹的对象，在各种目录书、类书、笔记、文集中留下了大量评价司马迁和《史记》的篇章。这些篇章对《史记》的体例、叙事方法和风格，司马迁的思想和实录直笔，以及《史记》中的疑误等各方面进行了细致的考评。而宋代理学的兴盛，也使司马迁与《史记》研究呈现出论题体系化、评价义理化的倾向，从而使《史记》研究发展到更高阶段。

通史撰述的兴盛与《史记》体例的评价

从唐末至宋，通史撰述逐渐兴盛，一大批通史著作在此时涌现，章学诚赞为"史部之通，于斯为极盛也"①。这种局面的形成，一方面与宋代理学发展有密切关系。② 宋代理学认为理是万事万物的本源，宇宙、社会、人事、古今变化都由理支配，并在不同层面体现理，因此，研究史学也是他们格物穷理的方式之一。这种贯通天人古今的思想促使史家不约而同地选择了通史体例。另一方面，也是历史发展和史学发展趋于总结阶段的必然结果。应不同的时代需求，唐宋史家的通史撰述对《史记》开创的通史体都有不同程度的创新，如章学诚所说，郑樵《通志》是"总古今之学术，而纪传一规乎史迁"，杜佑《通典》是"统前史之书志，而撰述取法乎官《礼》"，司马光《资治通鉴》是"合纪传之互文，而编次总括乎荀、袁"。史家的"通史家风"因此得以承继，并有进一步的发扬。

---

① ［清］章学诚著，叶瑛校注:《文史通义校注》卷四《释通》，北京:中华书局，1994 年，第 373 页。
② 参见汪高鑫:《中国史学思想会通·经史关系论卷》，福州:福建人民出版社，2018 年，第 191—195 页。

一、通史撰述与《史记》会通之义的阐发

宋代的通史编撰兴盛一时，其中最有成就者当属司马光（1019—1086）的《资治通鉴》。《资治通鉴》记事上起战国周威烈王二十三年（前403），即韩、赵、魏三家分晋，下迄五代周世宗显德六年（959），共1362年的史事，是一部编年体通史。另有《目录》30卷，相当于大事编年；《考异》30卷，说明文献取舍之故。全书以历代统治的盛衰得失为叙述中心，因此政治、军事、民族关系是其记载的重点，典章制度、学术文化和历史人物则非其重点，如司马光在《进〈资治通鉴〉表》中说："取关国家盛衰，系生民休戚，善可为法、恶可为戒者，为编年一书。"本书在体例和内容上把通史撰述推进到了一个新阶段，在宗旨上则是唐代以史为鉴史学思想发展成熟的果实，可视为编年体史书的总结性成果。司马光编撰成《资治通鉴》后，在当时产生了极大影响，围绕《资治通鉴》出现了一系列改编、续补、注释、仿制、评论之作，这些成果进一步推动了学者们探究与编撰通史的兴趣。如刘恕协助司马光完成《资治通鉴》后，仍然尽余生之力撰述《通鉴外纪》，其旨趣就是补足《资治通鉴》记事不及周威烈王二十三年之前的缺憾，以备古今一家之言。他所说的"备古今一家之言"，既是指时间上的贯通古今，也是对通史体例的追求，可谓对司马迁"通古今之变，成一家之言"强有力的实践者。

在《资治通鉴》成书（1084）七十多年后，郑樵（1104—1162）的《通志》也完成了（1161）。《通志》是一部纪传体通史，共200卷，记事起于三皇，迄于隋末，诸略下及唐，有帝

纪、年谱、略、世家、载记、列传六种体例，其中年谱即年表，略与书、志相当，世家继承《史记》，载记采自《晋书》。可以说，《通志》的纪传体通史是《史记》纪传体通史的新发展。郑樵自己也有明确的继承《史记》会通之旨的意识，他很推崇司马迁，认为："司马氏世司典籍，工于制作，故能上稽仲尼之意，会《诗》《书》《左传》《国语》《世本》《战国策》《楚汉春秋》之言，通黄帝、尧、舜至于秦汉之世，勒成一书，分为五体：本纪纪年，世家传代，表以正历，书以类事，传以著人。使百代而下，史官不能易其法，学者不能舍其书。六经之后，惟有此作。"① 他还把《史记》与《春秋》相联系，进一步肯定了《史记》开创的通史是《春秋》之后重要的治史准则，"自《春秋》之后，惟《史记》擅制作之规模"。他还认为但凡开基之作，多有草创的痕迹，因此需要后人不断去完善，《史记》也是如此。司马迁生活的时代文献不足，因此《史记》有博雅不足的缺憾，而班固断代为史，又失去了司马迁的会通之旨。鉴于此，郑樵以"深于博雅，而尽见天下之书"自励，希望自己能继承司马迁的会通之旨，完成一部大著述。紧接着，郑樵把班固与司马迁进行比较，也以是否"会通"作为评判尺度。他批评班固"断汉为书，是致周、秦不相因，古今成间隔"，"自班固以断代为史，无复相因之义；虽有仲尼之圣，亦莫知其损益，会通之道，自此失矣"。由此可见，郑樵说的"相因之义""会通之道"，一是指重视历史发展的连续性，使古今历史能够

---

① ［宋］郑樵：《通志·总序》，中华再造善本金元编史部，北京：北京图书馆出版社，2006 年。

贯通；二是指在连续的历史进程中揭示历代损益，即通古今之变。正如他在《总序》开篇所说："会通之义大矣哉！自书契以来，立言者虽多，惟仲尼以天纵之圣，故总《诗》《书》《礼》《乐》而会于一手，然后能同天下之文，贯二帝、三王而通为一家，然后能极古今之变；是以其道光明百世之上，百世之下不能及。"意思是史家在史料与史义、空间与时间上极尽融会贯通之义，才能有传之后世之作。这实际是对司马迁著史"通古今之变"的进一步阐发，郑樵在具体编纂实践中也是这样要求自己的。历代史家都认为修史最难在于志，于是郑樵在"略"的部分用力最深，称二十略是"自得之学，非寻常著述之比"。这可视为《通志》对纪传体通史的新突破。

之后，吕祖谦（1137—1181）撰成编年体通史《大事记》，共 12 卷，还有《通释》3 卷，《解题》12 卷。他本打算从春秋写起，直到五代，可惜天不假年，他只写到汉武帝征和三年（前 90）便去世了。《四库提要》"史部三"编年类提要云："是书取司马迁年表所书，编年系月以纪春秋后事，复采辑诸书以广之。始周敬王三十九年，迄汉武帝征和三年。书法皆祖太史公。"本书体例自成体系：《大事记》正文只有大事条目，每条标明出自哪部著作，类似《春秋经》；《通释》类似于经典纲要，主要录经典及孔孟格言，以及历代名儒大议论；《解题》有注有论，注字句、名物、象数、制度，解说事情原委，并表达自己的见解，凡《史记》《汉书》同异及《资治通鉴》得失，都详加辨析。《大事记》虽仿《春秋》用编年体记事，但其纪年的依据基本是以《史记》年表为主，并且在《大事记》的行文中也可以看出吕祖谦对司马迁《史记》体例、笔法和褒贬的推崇。[1] 可以说，这部通史也是对《史记》通史体例的追摹与发展。

元代马端临（1254—1340）继承了自郑樵以来追求的"会通之旨"。他在《文献通考·自序》中说："《诗》《书》《春秋》之后，惟太史公号称良史，作为纪传书表。纪传以述理乱兴衰，八书以述典章经制。后之执笔操简牍者，卒不易其体。然自班孟坚而后，断代为史，无'会通''因仍'之道，读者病之。"这是对郑樵会通说的概括，表明自己对会通之旨的认同。在体例上，马端临的《文献通考》从远古叙至南宋中叶，也是通史。马端临把历代典章制度总共分为二十四考，并有前人论说及个人评论。不同于前代史家的一点是，他提出史有相因有不相因，认为："窃尝以为理乱兴衰，不相因者也，晋之得国异乎汉，隋之丧邦殊乎唐，代各有史，自足以该一代之始终，无以参稽互察为也。典章经制，实相因者也，殷因夏，周因殷，继周者之损益，百世可知，圣人盖已预言之矣。"即单从国家兴衰的事迹中探寻兴衰之理是不够的，因为每个朝代所处的实际历史形势都不一样，是不相因的，只有典章制度，前朝后代因循损益，能循着相因的轨迹找到历史变化之理。他主张从典章制度的古今变化中，原始要终，寻找理乱兴衰之故。这个观点反映出马端临更注重考察历史客观形势的各个构成面，他的二十四考，实际就是从二十四个方面细致全面地考察每个朝代的理乱兴衰。他考察的问题比杜佑《通典》新增五考，讲到新增封建和帝系考时，他说："马、班二史，各有诸侯王列侯表，范

---

① 李洪波：《吕祖谦〈大事记〉的学术渊源》，《文史知识》2013 年 5 期。

晔《东汉书》以后无之，然历代封建王侯，未尝废也。"他认为马、班创始的诸侯王表是考察封建制度发展变化的重要依据，应该继承这个方面的内容。在具体考察过程中，他确实发现了典章制度历史变革的阶段性及其特征。[①] 可以说，他接续了司马迁对历史阶段性的探索，在典章制度方面做出了新的拓展。这也说明通变的思想方法在司马迁、刘知幾、杜佑、郑樵、马端临的探索下，到宋元之际已经发展得更加细致和系统了，而推动其发展的往往是时代变革的需求。如白寿彝所说"在中国历史遇到一定显著变化以后，总有带总结性的历史名著出现"[②]。唐中叶是中国封建社会有较多变动的时期，在新旧交替之际，杜佑《通典》总结了唐中叶以前的典章制度；北宋结束了五代纷争的历史，纪传体正史断代为史已成陈规，总结历史及史学的《资治通鉴》与《通志》就应运而生。

二、义理实录之争与《史记》纪传深旨的探讨

除对通史的总体探讨之外，宋代很多学者对《史记》五体的意旨较为关注。首先对本纪的认识有了新进展。宋以前学者多认为《史记》"本纪"是记天子的，如刘勰、刘知幾等。南宋学者林駉就《史记》"本纪"则提出："子长以事之系于天下则谓之纪。秦始皇已并六国，事异于前，则始皇可纪也。项羽政由己出，且封汉王，则项羽可纪也。孝惠、高后之时，政出

---

① 参见白寿彝：《元代马端临进步的史学思想》，收入《中国史学史论集》，北京：中华书局，1999 年，第 257—258 页。
② 白寿彝：《谈史学遗产》，《白寿彝史学论集》上，北京：北京师范大学出版社，1994 年，第 464 页。

房闼，君道不立，虽纪吕后亦可也。"他以《史记》的《秦始皇本纪》《项羽本纪》《吕太后本纪》为例，说明当时历史事实显示谁左右天下大势，谁就可以入纪。这种以历史事实为依据的评史方法，比那些仅以名分定统系的方法显得更符合史实，也更符合司马迁本人的意旨。其次就"世家"一体，林駉提出"子长以事之有大于列传则系之世家"，"社稷之臣，则亦列于世家也"。他主要针对历代争议比较大的《孔子世家》《陈涉世家》和萧何、曹参、张良、陈平入世家的问题，阐述了自己的看法。他用"社稷之臣"解说司马迁所说的"辅弼股肱之臣"，可谓抓住了问题的重点，即事关社稷安危存亡之人皆可入世家，与其身份、出身、是否开国传家无关；其"事之大于列传"的标准也打破了前人对诸侯入世家的认识，而更多地从历史实际出发看待问题。黄震在《黄氏日抄》中也说："《史记》世家为有社稷人民者作也，孔子布衣，史迁以附诸侯王之后……此孔子之所以为大欤！"① 相比以封建等级秩序为标准衡量《史记》的认识，这算是一种进步的表现。当然，宋元时以褒贬大义来解释《史记》体例的评论依然存在，如欧阳修说："昔者孔子作《春秋》而乱臣贼子惧，其于弑君篡国之主，皆不黜绝之，岂以其盗而有之者，莫大之罪也，不没其实，所以著其大恶而不隐欤？自司马迁、班固皆作《高后纪》，吕氏虽非篡汉，而盗执其国政，遂不敢没其实，岂其得圣人之意欤？抑亦偶合于《春秋》之法也。"② 他认为，

① ［宋］黄震：《黄震全集》第五册《黄氏日抄》卷四六，杭州：浙江大学出版社，2013年，第1551页。
② ［宋］欧阳修：《新唐书》本纪卷四《中宗本纪》，北京：中华书局，2012年，第113页。

《史记》为吕后立本纪是本着《春秋》"著其大恶而不隐"的原则，表现了司马迁对吕后的贬斥。这显然是为了迁就自己对《春秋》褒贬之法的偏爱而曲解《史记》。后来范祖禹（1041—1098）在《唐鉴》卷四的"臣祖禹曰"中论及《史记》列吕后入本纪的问题，他说："自司马迁作《吕后本纪》，后世为史者因之，故唐史亦列武后于'本纪'，其于记事之体则实矣，《春秋》之法，则未用也。"① 他认为《史记》列吕后于本纪虽是纪实，但不符合《春秋》褒贬之法，因此他批评了《旧唐书》和《新唐书》仍然效仿《史记》为武后作本纪的做法，进而申明自己要"窃取《春秋》之义"，黜武氏之号。范祖禹对《春秋》义法的坚持，说明宋代理学对史家思想的影响是很大的。

对于《史记》列传，林駉主要强调了司马迁蕴含其中的褒贬意旨，"列传褒贬尤有深意，以伯夷居于列传之首，重清节也。以孟荀冠于淳于之徒，尊吾道也。以庄周附于老子，以申不害附于韩非，别异端也。他如佞幸、酷吏、日者、龟策、滑稽、货殖、游侠，皆为当世而发"②。《史记》列传七十篇，占《史记》一半以上的篇目，确实蕴含着司马迁的深旨。司马迁根据"扶义倜傥，不令己失时，立功名于天下"的原则选择的列传人物，在传主选择、篇目安排和材料组织上都有自己的考虑。因此，列传也是历代学者评论的重点。林駉主要是以人们关注较多的几个列传为例，提示读者要从司马迁自己的意旨去理解

① ［宋］范祖禹：《唐鉴》卷四《中宗神龙元年》，上海：上海古籍出版社，1984年，第104—105页。
② ［宋］林駉：《新笺决科古今源流至论后集》卷九《史学》，中华再造善本金元编子部，北京：北京图书馆出版社，2005年。

列传，并指出《史记》类传有"为当世而发"的特点，即类传多反映一个时代特有的政治、经济、文化等社会风貌，可谓切中肯綮。南宋高宗时的状元王十朋曾以《史记》合传作为策论题目，讨论《老庄申韩列传》与《孟子荀卿列传》："凡传而同之者，必其类之相近焉。然亦有不宜同而同者，使学者不能无惑。其为老子传也，与庄周同宜矣，而乃列申不害、韩非于其中。申、韩之术至残忍惨酷也，其可与深于道德者同耶？其为孟子传也，与荀卿同宜矣，而乃列邹衍、淳于髡于其间。以衍之迂诞、髡之滑稽，正儒者之罪人也，其可与主盟仁义者同耶？谓迁不精于选择，则彼之同者何是？谓迁不妄于条例，则此之同者何乖？岂偶得于彼而有失于此耶？抑识见不明，曾斌玞美玉之不辩耶？不然，其不同而同之，必有深意乎？其间不可不熟究而详辩也。"[①] 他认为《史记》合传各有深意，应详加辨析。金末元初的学者王若虚则批评了《史记》世家和列传，认为其中有很多难以理解的地方。他说："迁史之例，惟世家最无谓。"如果以诸侯为世家，那么孔子、陈涉以及那些将相、宗室、外戚都不是诸侯，《史记》却把他们都写在世家里；且"世家"是门第之称，与纪、传、表书以篇籍命名不属于同一类型。因此，他认为《史记》中那些列国传记可以称为"国志"或"国语"，不应该称为"世家"。[②] 还有，《史记》中的类传，或者以善恶示劝诫，或以技能备见闻，至于滑稽、游侠、刺客、

① ［宋］王十朋：《王十朋全集》文集卷十《策问》，上海：上海古籍出版社，2012 年，第735—736 页。
② ［金］王若虚：《滹南遗老集》卷十一《史记辨惑三》取舍不当辨，重印《四部丛刊》正编六五，台北：台湾商务印书馆，2013 年，第69 页。

货殖列传中的人物，要么无可称述，要么是市井鄙人，根本不应该立传。由宋入元的方回，对陈涉入世家，项羽、吕后入本纪也表示不理解。他说："起闾左庶屯长，王六月而为其御庄贾所杀，《汉书》为传，世家虽子长自我作古，以其有诛秦之功，血食至子长之世，然不足言也，非公侯之比，何必以世家尊之？"又评项羽入本纪说："羽割天下分王，违怀王之约，众心不服，又弑义帝，卒以此亡，《汉书》同陈胜为传是，何以纪为？"评本纪立吕后不立惠帝说："无惠帝纪，何也？……《吕后纪》中书孝惠元年十二月至七年秋八月崩，九月辛丑葬，乃后书太后称制，为六年，至八年秋九月崩，分为两纪，何不可？无孝惠是无君也。"①像这样的评论，都是拿着一把关于出身和地位的标尺来衡量历史人物，而不顾基本的历史事实，也不体察司马迁的著述宗旨，自然难以令人信服。但我们由此也看到，《史记》各体含义之争，一种情况是以后人成熟之例去衡量《史记》开创之例；一种情况是以传主身份、地位反过来规定体例，即循名责实，这本来就是不合逻辑的，也不符合司马迁本人的著述宗旨。

值得注意的是，宋元开始学人关注《史记》的表体。表在《史记》中有重要的开创性价值，但由于表读起来不如以叙事为主的本纪、世家、列传那么有趣，历来不为人重视，如刘知幾所说大多是越表不观的。另外，作表需要花费很大的精力，对作史者的能力有较高要求，所以《史记》《汉书》后，很多正

---

① ［元］方回：《续古今考》卷二六"附考《史记》不得为无失三段"，《景印文渊阁四库全书》第八五三册，台北：台湾商务印书馆，1986 年，第 458 页。

史中没有史表。到了宋代，这种情况有了改观。首先是《新唐书》创写了《宰相表》《方镇表》《宗室世系表》《宰相世系表》，引起了学者对史表一体的关注。其次，郑樵在《通志》"总序"中解释了本书各体的来源，其中讲到年谱即以《史记》的表为师法对象。他说："今之所谱，自春秋之前称世，谓之世谱。春秋之后称年，谓之年谱。……今之所谱，即太史公法，既简且明，循环无滞。"郑樵认为表须记大事，"表者，一书之要也，不可记繁文；表者，一书之本也，不可记末节"①。因此他称赞《史记》的表记事不过十余言，乃本纪纲目，可谓纲举而目张。郑樵通过考证，认为史书纪年者自东周以后可信，东周以前不可信，所以他对春秋以前的时代均作《世谱》，也是仿司马迁对三代历史只作《三代世表》之意。可以说，郑樵在编撰史书的过程中，结合自己的经验，进一步挖掘和证实了《史记》十表的价值。之后有的学者开始对《史记》中具体的表展开讨论，如南宋项安世认为《十二诸侯年表》虽称"十二诸侯"，实列有十三个诸侯国，是因为秦后来统一天下称帝，所以司马迁没有把秦放在诸侯之列，而是在本纪中设《秦本纪》，这样表中的诸侯刚好可以与世家所记的诸侯对应。同时他还驳斥了苏洵在《史论中》的看法——苏洵认为吴、越都是东夷，不算在这十二诸侯之内。项氏认为《史记》中有《吴太伯世家》和《越王勾践世家》，说明司马迁是把吴、越看作诸侯国才为之作世家的。他从《史记》全书的结构安排解释这个问题，其看

---

① ［宋］郑樵：《通志》卷二十一《年谱序》，中华再造善本金元编史部，北京：北京图书馆出版社，2006年。

法显然更符合《史记》的实际情况。吕祖谦在《大事记解题》中首次对《史记》十表作了总体分析，说："《史记》十表，意义弘深，始学者多不能达，今附见于此。《三代世表》以世系为主，所以观百世之本支也；《十二诸侯年表》以下以地为主，故年经而国纬，所以观天下之大势也；《高祖功臣侯年表》以下以时为主，故国经而年纬，所以观一时之得失也；《汉兴以来将相名臣年表》以大事为主，所以观君臣之职分也。"① 吕祖谦主要揭示的是《史记》十表的编排特点及其作旨。林駧进一步发挥了吕氏的看法，补充说："《三代世表》所以观百世之本支，故黄帝之初，先列谱系，以祖宗为经，以子孙为纬，则五帝三王皆出于黄帝，此帝王授受之正统可见也。《六国年表》所以示天下之名分，故齐康公之十九年为田和迁居海上，而书田齐太公卒，且系之康公二十年，康公既卒，始书田齐，此尊卑逆顺之正理可见也。""《秦楚月表》上尊义帝，而汉居其中，明大义也。"② 林駧对其他几个表的评价则与吕祖谦相同。在此基础上，黄履翁把《史记》的表与《汉书》的表进行了比较，认为《汉书》的表不及《史记》的③，并且举例详细分析各表作旨："夫表者，兴亡理乱之大略，而固之表则犹谱牒也。书者，制度沿革之大端，而固之志则犹案牍也。且迁之《诸侯年表》以下，以地为主，故年经而国纬，所以观天下之大势。如高帝五年，

---

① ［宋］吕祖谦：《大事记解题》卷十"修代来功封卫将军宋昌为壮武侯"，北京：中华书局，1991 年，第 500 页。

② ［宋］林駧：《新笺决科古今源流至论后集》卷九《史学》，中华再造善本金元编子部，北京：北京图书馆出版社，2005 年。

③ ［宋］林駧：《新笺决科古今源流至论别集》卷五《表志上》，中华再造善本金元编子部，北京：北京图书馆出版社，2005 年。

韩信王楚，英布王淮南，卢绾王燕，张耳王赵，彭越王梁，韩王信王太原，吴芮王长沙，则天下之势异姓强而同姓未有封者也。如高帝六年，高祖弟交王楚，高祖子淝王齐，英布王淮南，卢绾王燕，张敖王赵，彭越王梁，高祖兄喜王代，吴芮王长沙，则天下之势异姓与同姓强弱亦略相当也。《高祖功臣年表》以下，以时为主，故国经而年纬，所以观一时之得失。如《高祖功臣年表》，高祖功臣侯者一百四十三，至文帝之世存者一百二十五，至武帝时存者七十一，则时之守先典，待旧勋，孰得孰失，皆可知矣。如《惠景间侯者表》，建元之后存者二国，太初已后又皆国除，则时之政事，孰缓孰急，皆可知矣。"这样的分析比前人的理解更加细致，使人能对司马迁作表的深旨有更清晰的认识。南宋魏了翁对《史记》的表则这样评价："司马子长网罗放失，创为纪传世家，自成一家之言，念无所总一以寓其经世之意也，则年表作焉。……予尝妄谓子长之表，厥义弘远，而世鲜知之。以刘知幾之博通，犹曰'表以谱列年爵'，则余人可知。近世唯吕成公独识此意。……子长之表也，岂徒以记谱牒书官名而已哉。身幽道否，有郁弗袪，托诸空言，不若见诸行事以明理乱得失之实，此子长忠爱之心而人不及知也。"[1] 魏了翁不仅提出司马迁作表寓有经世之意，意旨弘远，并且从史学理论发展的角度比较了吕祖谦和刘知幾的观点，认为宋人对史表作用的认识已经超过刘知幾"表以谱列年爵"的看法。可以说，这是对宋代史表研究的客观评价，也表明宋代学者对

---

[1] ［宋］魏了翁：《重校鹤山先生大全集》卷五六《蔡文懿公〈百官公卿年表〉序》，台北：台湾商务印书馆，2013年，第472—473页。

《史记》表体的讨论有其自觉性。此后元代方回说："史法变古自马迁始，惟十表最佳，八书次之，列传中有大好者，班固迥不及也。"① 他的看法基本与宋代学者一致。

对于《史记》的书体，叶适在《习学记言序目》中作了评论："八书体既立，后有国者礼乐政刑皆聚此书，虽载事各从其时，而论治不可不一。"意思是八书有论治的现实意义。林駧对《史记》八书主要是阐释其宗旨："尝考迁史之书矣。《封禅》一书固述帝舜以下也，正以著当时求仙之诈。《平准》一书固述历代也，正以讥当时征利之非。于《礼书》则载孙卿礼论，而不载叔孙通绵蕞者，以见野仪之失而古礼之得也。于《历书》则载古历九百四十分之法，而不载太初八十一分之法者，以见太初之疏而古历之密也。"他认为《史记》书体并不只是存典章制度，还是各有作旨的。在此基础上，黄履翁作了更详细的阐释："且《封禅》之书何为而作也？自武帝有求仙之惑，今日用方士，明日遣祠官，溺心于虚无之境而不自知。子长欲救其失，其首虽曰自古帝王何尝不封禅，而其赞乃云究观方士祠官之意，子长之意婉矣。《平准》之书何为而作也？自武帝有征利之欲，今日禁盐铁，明日置平准，留意于锥刀之利而不自知。子长欲箴其非，往往指言宏羊致利之由，子长之言深矣。"② 其他如《天官书》"正以警时君修德修政之心"，《河渠书》"正以知历代水利之由"，都注意结合当时的政治阐发司马迁的作旨。

① ［元］方回：《续古今考》卷二一"以鲁公葬羽于穀城史法不古附"，《景印文渊阁四库全书》第八五三册，台北：台湾商务印书馆，1986年，第409页。
② ［宋］林駧：《新笺决科古今源流至论别集》卷五《表志下》，中华再造善本金元编子部，北京：北京图书馆出版社，2005年。

对于《史记》"太史公曰"的评价，郑樵的意见最引人注目。他认为司马迁"太史公曰"并不是专门的议论文字，而是记"史之外事"，也就是补足传中没有的史事或史料。他在《通志·总序》中说："凡《左氏》之有君子曰者，皆经之新意；《史记》之有太史公曰者，皆史之外事，不为褒贬也。间有及褒贬者，褚先生之徒杂之耳。且纪传之中，既载善恶，足为鉴戒，何必于纪传之后，更加褒贬？此乃诸生决科之文，安可施于著述？殆非迁、彪之意，况谓为赞，岂有贬辞？后之史家，或谓之论，或谓之序，或谓之铨，或谓之评，皆效班固。"他认为司马迁之后只有班彪继承了司马迁这一写法，其所写《元帝纪》《成帝纪》"赞""皆于本纪之外，别记所闻，可谓深入太史公之阃奥矣"。在当时尊崇《春秋》褒贬史学的情况下，郑樵却批评了好褒贬议论的倾向："凡秉史笔者，皆准《春秋》，专事褒贬。夫《春秋》以约文见义，若无传释，则善恶难明。史册以详文该事，善恶已彰，无待美刺。读萧、曹之行事，岂不知其忠良？见莽、卓之所为，岂不知其凶逆？夫史者，国之大典也。而当职之人，不知留意于宪章，徒相尚于言语。正犹当家之妇，不事饔飧，专鼓唇舌。纵然得胜，岂能肥家？此臣之所深耻也。"他认为史书最重要的是详细记载史事，则善恶自然显现，不必专门发议论来褒善贬恶，如果专事议论，那就失去了史的本质。郑樵由人们对《史记》"太史公曰"的热衷看到了问题的根源，那就是受自唐宋以来兴起的褒贬史学影响。郑樵对此提出自己的批评意见，表现出理性客观的态度和批评精神，这大概就是他说的"独断之学"吧。

宋代纪传体史书编纂不如编年体兴盛，主要是出于这样一种认识，即编年体比纪传体更能体现治乱之本与劝诫之道。北宋孙甫在其《唐史论断序》中说："《春秋》记乱世之事，以褒贬代王者赏罚，时之为恶者众，率辨其心迹而贬之，使恶名不朽。""至司马迁修《史记》，破编年体创为纪传，盖务便于记事也……于治乱之本、劝戒之道则杂乱而不明矣。"① 他认为纪传体更便于记事，而治乱之本、劝诫之道则容易被叙事所淹没。虽然欧阳修在编纂《新五代史》《新唐书》时积极尝试了《春秋》褒贬的手法，并获得时人肯定，但也因注重褒贬，而使史书记事有过简之嫌。之后，也有学者继续尝试运用纪传体著史，如陆游以纪传体写成《南唐书》，有本纪三卷，列传十五卷，外加音释一卷。陆游在本书《烈祖本纪》"论"中曾说自己仿照《史记》将秦庄襄王、项羽入本纪之法，把烈祖以下君主皆入本纪。这说明陆游著史也是以《史记》纪传体为学习对象的，但此书只有本纪和列传，无法完全体现《史记》纪传体五体配合的优长。

总体上看，宋代史家对《史记》体例的争论根源在于是否维护褒贬史学。是史学服务于褒贬原则，还是尊重历史事实，这就造成了宋代对《史记》体例赞誉与批判俱存的局面。

---

① ［宋］孙甫：《唐史论断序》，贺复征《文章辨体汇选》卷二百八十六，《景印文渊阁四库全书》第一四○五册，第478—479页。

马班比较论的全面展开

宋代学者对马班的比较在体例、思想、史识及文字表述方面均有所涉及，并有专门著作出现。

首先，在体例上，郑樵在《通志·总序》中批评班固断汉为史，认为其丧失了司马迁的通史传统："由其断汉为书，是致周秦不相因，古今成间隔。自高祖至武帝凡六世之前，尽窃迁书，不以为惭；自昭帝至平帝凡六世，资于贾逵、刘歆，复不以为耻；况又有曹大家终篇，则固之自为书也几希，往往出固之胸中者，《古今人表》耳。他人无此谬也，后世众手修书，道傍筑室，掠人之文，窃钟掩耳，皆固之作俑也。固之事业如此，后来史家，奔走班固之不暇，何能测其浅深？迁之于固，如龙之于猪，奈何诸史弃迁而用固？"他的意思是班固作《汉书》都是因袭前人，缺乏创新，但批评得有些过头，几乎把班固看作剽窃之祖。同时，他也完全否定了班固的人品："司马谈有其书，而司马迁能成其父志；班彪有其业，而班固不能读父之书。固为彪之子，既不能保其身，又不能传其业，又不能教其子，为人如此，安在乎言为天下法？"这样的批评几乎使班固在人间无立足之地。郑樵此评本是针对班固断汉为史致使司马迁的通史之旨从此断绝而发，因此他把班固看作司马迁的对立面，出于激愤，故言辞过当，表现出一个学术斗士的本色。南宋魏了翁在《鹤山先生大全文集》卷192《师友雅言》中，曾对《史记》《汉书》中陈涉传、项羽传的处理进行比较，认为"班固名陈胜而降为列传第一，名项籍而降为列传第二，是以成败论，而失史迁功过不相掩之笔多矣"。这是在体例处理上比较司马迁和班固的历史思想，认为司马迁不以成败论人，肯定了其"功过不相掩"的实录精神。

　　林駧、黄履翁、章如愚等又比较了马班在表体上体现的差异。林駧在《古今源流至论后集》卷九中说："且以言其表，则《王子侯表》，迁则断自建元，以武帝始有分封之制也。而固则自高文以来叙之，何昧耶！《公卿百官表》迁则系以大事，以验大臣贤否之职也。而固则削去不录，止书拜罢年月而已，何略耶！《古今人物表》以区区一夫之见，而欲定生民以来贤圣愚智之差等，又何其不知量耶！"他认为司马迁作表都含有深意，而班固的表没有继承司马迁的优长。黄履翁进一步阐发了林駧的看法："且《诸侯年表》曰异姓王者，曰同姓王者，迁则合而为一，正以明汉初亲疏相错之防。固废年经国纬之制，徒以一己之见，乃以异姓、同姓分而为二，则天下大势何观焉？《功臣年表》曰高祖功臣侯者，曰景惠间侯者，曰建元以来侯者，迁则析而为三，正以明一时行封异同之意。固废国纬年经之制，徒以卷帙重大之故，乃以高惠高后文帝、景武昭宣元成析而为二，则当世得失何验焉？"黄履翁认为《史记》中的《汉兴以来诸侯王年表》体现了"明汉初分封亲疏相错"的特点，而班固在《汉书》中分为《异姓诸侯王表》和《诸侯王表》，以异姓、同姓割裂了历史发展的轨迹，丧失了司马迁在年表中观天下大势的意旨。班固又把《史记》中的《高祖功臣侯者年表》《惠景间侯者年表》《建元以来侯者年表》合并为《高惠高后文功臣表》和《景武昭宣元成功臣表》，这样就不能把汉高祖、惠景间和汉武帝以来分封制的异同清楚地体现出来，因此也无从了解每一个时段政治上的得失。这种比较分析可谓具体而深刻，说明宋代学者对《史记》表体的作用已经有了充分的认识，即表不仅能划分历史阶段，还能体现这个历史阶段的特点及发展趋势。后来元代方回也比较了《史记》的《汉兴以来诸侯王年表》与《汉书》的《异姓诸侯王表》《诸侯王表》，认为："孟坚之言虽叙事本末如子长，意却不然。子长之意欲众建诸侯而少其力，天子之地大，诸侯之地小，则上足以制下。孟坚顾谓汉祖封诸侯，虽矫枉过正，折诸吕之难，成太宗之业，亦赖诸侯。"① 就是说司马迁与班固对汉代诸侯作用的不同认识导致了两人对表的处理不一致。他还梳理了从汉文帝至汉武帝逐渐削弱诸侯的史事，来证明司马迁的史识是高于班固的。这个认识和论证方法可视作对黄履翁之说的补充。黄履翁还比较了《汉书》的"志"与《史记》的"书"，认为《汉书》的表、志都比不上《史记》的，但他并没有完全否定《汉书》的特点和价值，比如《汉书》的《食货志》"本言财利，而历载张汤峻文穷治之法，盖武帝欲兴利源，先施严刑，而汤之惨刻不志于《刑法》，志于《食货》，正原其用刑之由"。他认为这是《汉

---

① ［元］方回：《续古今考》卷二五"论《史记》诸侯年表《汉书》诸侯王表之异"，《景印文渊阁四库全书》第八五三册，台北：台湾商务印书馆，1986年，第444页。

书》的可取之处。他最后的结论是："迁史固优于《汉》也，然功十而过一，迁史亦不能无失。孟坚诚不及子长也，然过十而功一，孟坚亦不为无得。"① 这种观点基本上能公正客观地评价马、班。南宋章如愚在《山堂考索》中总结了林、黄二人的见解，同意二人就《史记》十表与《汉书》八表比较得出的认识，但他也提出《汉书》载汉高祖事迹详于《史记》，使秦汉之逸事托信于后世，有功于史。他认为这是因为《汉书》注重"圣君明臣贤人哲士之令德雅行、嘉言善论可以载之为世训者"，而《史记》更多关注"究王迹之终始，察人事之损益，折中千有余年之事变，以俟后世圣人君子"②。这种认识比较准确地概括了马、班二人历史思想之不同，较之林、黄二人的见解更深入一层。

对于马、班的史识，叶适在《习学记言序目》"叙传"中评《史记》说："然包括上古，收拾遗散，操纵在心，犹时有高远之意，常人所不能测之者。及班固效之，而浅近复重，往往不过常人之识之所能及，至其后史官则又甚矣。是迁之法一传而坏，曾不足以行远，非复古史法不可也。"③ 他认为司马迁见识高远，非班固所及。吕祖谦也有同样的看法："然迁、固乌可以并言哉。迁之学虽未粹，感愤舛驳往往有之，然二帝三王之统纪，周秦楚汉之世变，孔子、孟子之所以异于诸子百家者，

① ［宋］林駧：《新笺决科古今源流至论别集》卷五《表志下》，中华再造善本金元编子部，北京：北京图书馆出版社，2005年。
② ［宋］章如愚：《山堂考索》（也称《群书考索》）前集卷十三正史门"迁固得失总论类"，《景印文渊阁四库全书》第九三六册，台北：台湾商务印书馆，1986年，第192页。
③ ［宋］叶适：《习学记言序目》卷二十三，北京：中华书局，1977年，第333页。

于其书犹有考焉。高气绝识，包举广而兴寄深。后之为史者殆
未易窥其涯涘也。固特因迁之规摹而足成之耳，其窜定迁史诸
篇，汉初豪杰之所存尚未深究，况前于此者乎？"① 吕祖谦比其
他学者论述得更细致，认为司马迁的史识主要表现在完整记叙
了上古历史的统系，揭示了周秦楚汉之际的历史大势，明辨了
秦汉学术源流，确立了儒家学术地位。这个看法确实已触及司
马迁历史思想的核心，使人们能更准确地理解《史记》的价值。

　　以上基本都是从历史思想和史识方面比较马、班的，总体
上都肯定了司马迁的思想和史识要高于班固。另一方面，宋代
有更多学者开始从文字审美表述方面比较《史记》与《汉书》。

　　如北宋程伊川评马、班："子长著作，微情妙旨，寄之文字
蹊径之外；孟坚之文，情旨尽露文字蹊径之中。读子长文，必
越浮言者始得其意，超文字者乃解其宗；班氏文章亦称博雅，
但一览之余，情词俱尽，此班、马之分也。"② 这个看法可以说
是对刘知幾提出的史书"用晦"之妙的进一步阐释，但比刘知
幾说得更通俗准确。南北宋之交的张邦基在《墨庄漫录》卷六
记载李格非曾论左、马、班、范、韩之才，云："班固之视马迁，
如韩、魏之壮马，短鬣大腹，服千钧之重，以策随之，日夜不
休，则亦无所不至矣。而曾不如骙骎之马，方且脱骧逸驾，骄
嘶顾影，俄而纵辔一骋，千里即至也。"③ 这是以马比喻班固与

① ［宋］吕祖谦：《大事记解题》卷十二《著书百二十篇》，《丛书集成初编》
　　2397，北京：中华书局，1991 年，第 717 页。
② ［明］焦竑著，李剑雄点校：《焦氏笔乘》卷二《伊川评班马》，上海：上海古
　　籍出版社，1986 年，第 50 页。
③ ［宋］张邦基撰，丁如明校点：《墨庄漫录》，上海：上海古籍出版社，2012 年，
　　第 118 页。

司马迁文风的不同：一个负重前行，无所不至；一个昂首奔逸，一骋千里。这个比喻也是非常形象的。黄履翁也曾以马喻马、班之文："夫子长负迈世之气，登龙门，探禹穴，采摭异闻，网罗往史，合三千年事而断之于五十万言之下，措辞深，寄兴远，抑扬去取，自成一家，如天马骏足，步骤不凡，不肯少就于笼络。彼孟坚摹规仿矩，甘寄篱下，安敢望子长之风耶？"① 这主要从《史记》《汉书》的文字表述风格方面比较二者优劣，显然，他认为司马迁在识见、文辞和创造性方面都胜过班固。

对于《史记》《汉书》的繁简问题，仍然有学者探讨。南宋朱熹说："太史公书疏爽，班固书密塞。""班固作《汉书》，不合要添改《史记》字，行文亦有不识当时意思处。如七国之反，《史记》所载甚疏略，却都是汉道理；班固所载虽详，便却不见此意思。吕东莱甚不取班固。"② 朱熹此处是在肯定《史记》，他认为史书好坏不能只看文字繁简，《史记》看似疏略，却能把汉代历史特点写出来，在这方面《汉书》比不上《史记》。洪迈《容斋随笔》也曾做过比较，《史记·卫将军骠骑列传》载："校尉李朔，校尉赵不虞，校尉公孙戎奴，各三从大将军获王，以千三百户封朔为涉轵侯，以千三百户封不虞为随成侯，以千三百户封戎奴为从平侯。"《汉书》将这段改为："校尉李朔、赵不虞、公孙戎奴各三从大将军获王，封朔为陟轵侯，不虞为随成侯，戎奴为从平侯。"虽然字数减少了，但洪迈认为

---

① ［宋］林駉：《新笺决科古今源流至论别集》卷五《表志下》，中华再造善本金元编子部，北京：北京图书馆出版社，2005 年。
② ［宋］黎靖德编：《朱子语类》卷一百三十四《历代一》，北京：中华书局，2020 年，第 3911—3912 页。

读起来不如《史记》那么"朴赡可喜"，就是说《史记》的文风更加朴实周全、明白晓畅。也有持不同意见的，如王若虚在《史记辨惑八》中说："晋张辅论迁、固史云：迁记二千年事而五十万言，固记二百年乃八十万言，繁简不同，优劣可知。此说大谬。刘子玄既辨其大节矣，抑予尝考之，迁记疏略而剩语甚多，固记事详备而删削精当，然则迁似简而实繁，固似繁而实简也，安得以是为优劣哉！"他否定了张辅以繁简定优劣的看法，但他自己却说班固详备而删削精当，似繁而实简，隐含了甲班乙马的倾向。此说并非公允之论。

宋代还出现了马班比较研究的专书，即南宋中叶倪思的《班马异同》35卷，后来刘辰翁又加以评点。倪思因为《汉书》多因《史记》之旧而篇章字句时有窜改，于是选取《史记》《汉书》中内容相对应的两篇本纪、五篇世家、二十七篇传进行比较，其中《司马相如列传》的比较分为两卷，通过证其异同，以探求史家优劣及述史之法。倪思将《史记》原文用大字书写，将《史记》无而《汉书》增加的文字用小字书写在下方，凡是被《汉书》删去的文字则在旁边画一条墨线，凡是《汉书》前后移动《史记》文字的地方即注"《汉书》上连某文，下连某文"，被《汉书》移入其他纪传的文字则注明"《汉书》见某传"。《四库全书总目》评曰："二书互勘，长短较然，于史学颇为有功。"此评肯定了倪思用比较法研读两部史书，是史学研究方法上的一大进步。宋末元初刘辰翁在倪思比较《史记》《汉书》的基础上，进一步对两书的文辞风格及人物描写、叙事技巧等方面详加点评，后人将其五万余字的评语与倪思的《班马异同》合刻，形成《班马异同评》。刘辰翁的评语，都被列于眉端，以便于观览。从他的评点内容看，涉及范围较广。有的是比较马、班的历史思想，如对《汉书·高帝纪》与《史记·高祖本纪》赞语的比较。他认为《史记》赞语从历史的发展角度，肯定"汉兴，承敝易变，使人不倦，得天统矣"，是说汉兴符合人心所向，天命论色彩较少；《汉书》赞语强调"汉承尧运""协于火德"而"得天统矣"，天命论的意味显然浓重。相比之下，司马迁的史识更高明。有的是从人物语言、人物性格，甚至人物心理方面比较《史记》《汉书》的优劣，如《班马异同评》卷十三齐王烹郦食其之事。《史记》记曰："淮阴侯闻郦生伏轼下齐七十余城，乃夜度兵平原袭齐。齐王田广闻汉兵至，以为郦生卖己，乃曰：'汝能止汉军，我活汝；不然，我将烹汝！'郦生曰：'举大事不细谨，盛德不辞让。而公不为若更言！'齐王遂烹郦生，引兵东走。"而《汉书》则删去齐王与郦生的对话，改为"齐王田广闻汉兵至，以为食其卖己，乃烹食其，引兵走"。对此，刘辰翁的评语是："想见《汉书》去此数语，大谬。遂觉郦生索然以终。"意思是说，删去这段对话，郦食其不拘小节、洒脱刚直的性格全被隐去，人物精神顿失，显得索然无味。这是从描写人物性格的表现力方面比较《史记》与《汉书》。

又如《高祖本纪》记刘邦与项羽在广武对峙，刘邦数项王十条罪状，《史记》是用"罪一""罪二"至"罪九"来写，最后用"罪十也"收尾，《汉书》则在"罪一""罪二"之下都加了"也"字，成为"罪一也""罪二也"。刘辰翁认为不加"也"才是"骂口"，才能表现出战场之上刘邦数落项羽罪状时粗豪侵侮的性格。这样的评论就不仅局限于遣词造句、谋篇布局、风格意境等方面，而且开始接触到了人物描写技巧方面的问题。①
这就比前人的评论更深一层。

刘辰翁的评点在后来尤其是明代盛行一时，带动了《史记》
《汉书》比较的兴起，如明人许相卿的《史汉方驾》，就是对
《班马异同评》的直接继承和改造。可以说，《史记》《汉书》
比较专书的出现把魏晋以来零散的马班优劣论发展成为系统的
马班异同比较，开创了马班异同比较学；运用比较方法研究史
书，也丰富了传统史学研究方法。这是宋明人研究《史记》的
一个重要成就。

---

① 参见可永雪：《〈班马异同评〉与人物形象问题》，《内蒙古教育学院学报》1992
年第 3 期。

对司马迁思想及史家修养的评论

班固提出"史公三失"主要是表明自己与司马迁具有不同的思想取向，因此，这个论题的本质是讨论司马迁的思想倾向，而有关司马迁的学术思想、政治思想、经济思想等方面的探讨，都是在这个论题之下展开的。前人对此的讨论多是把司马迁的"三失"笼统视为"异端思想"，未分而论之。宋代学者则试图从《史记》中的具体篇目入手，结合思想发展史，一一辨明，其阐释方法和思想认识都较前代更加切实、系统。作为思想家的司马迁，在他们的讨论中逐渐显现出较清晰的面影。

一、司马迁思想阐释的体系化

宋元学者开始从相关的具体篇目入手，探讨"史公三失"的问题。如要探讨司马迁是否"先黄老而后六经"，即崇儒还是尊道，则涉及《史记》中的《孔子世家》《老庄申韩列传》等篇。南宋"永嘉学派"的著名学者陈傅良把司马迁放在儒学发展史上考察，认为司马迁能继承孟、荀，推尊孔子："乃尽□百家之精，而断以六艺。《易》本田何，《春秋》本董仲舒，《书》本孔安国，《礼》本河间。独恨不见《毛氏诗》耳。盖其融液九流，萃为一篇，罢黜杂论，自《五帝纪》以下，盛有依据。荀卿之后，仅见此书尔。……惜自班固看渠不过，妄有瑕摘，后生讼习，遂成牢谈。"① 他还告诫学生不要惑于纷纷之论。陈傅良曾在茶陵寺、岳麓书院等处讲学，学生众多，他的看法还是有一定影响力的。后来黄震在《黄氏日抄》卷四十六中评《老子韩非列传》曰："老子、孔子皆布衣也，太史公列孔子世家，赞其为至圣，至老子则传之管晏之次，而穷其弊于申韩，岂不以申韩刑名之学，又在管晏功利之下，而老子则申韩之发源欤？班固谓迁论大道则先黄老而后六经，或者未之深察也。"陈仁子在《文选补遗》卷三十八《孔子世家赞》题后有评："以六家并论之，史迁似亦溺于流俗者，而能尊孔子于世家，置老子于列传，其见不卓乎？先黄老后六经，意者固之论特以时好观迁史耳。"在《申韩传赞》题下有评："愚曰论申韩之惨而归之老子，迁之论确矣，而世乃议之曰先黄老焉，何邪？"黄震与陈仁子的思路是一致的，他们是以《史记》的体例安排为据进行点评的。《史记》将孔子列在世家，将老子列在列传并与申不害、韩非子等法家人物合传，而司马迁对法家残酷少恩又持批评态度，由此可知，司马迁并没有把黄老放在儒家之前，反而表现了他对学术流变的卓识。

关于述货殖则崇势利而羞贫贱，即司马迁重义还是重利，则涉及《货殖列传》《平准书》，由此引发了对司马迁经济思想的阐释。如陈仁子《货殖列传序》评曰："世讥迁述货殖则崇势

---

① ［宋］陈傅良：《止斋先生文集》卷三五《答贾端老书五》，曾枣庄、刘琳主编：《全宋文》第二六七册，上海：上海辞书出版社，2006年，第348页。

利，过矣。迁之言曰：'千乘之王，万家之侯，百室之君，尚犹患贫，况匹夫编户之民乎？'此其说殆有为者，非专崇货利也。故其后也，谓乌氏倮、寡妇清足以动始皇之羡慕，其又后也。极天下之可鄙可贱者，以写斯民求富之情状，迁之意其亦重有感。"① 陈仁子认为司马迁《货殖列传》写商人及人们求富的情状，是对当时风俗的感慨。班固《汉书》也仿照《史记》写了《货殖传》，而且没有写汉武帝天汉之后的商人，说明班固也认同在汉武帝的经济改革下商人多破产的事实，以及司马迁在《货殖列传》中表达的对武帝经济政策的批评。对此，黄震则说："武帝五十年间，因兵革而财用耗，因财用而刑法酷，沸四海而为鼎，生民无所措手足。迨至末年，平准之置，则海内萧然，户口减半，阴夺于民之祸，于斯为极。迁备著始终相因之变，特以'平准'名书，而终之曰：'烹宏羊，天乃雨。'呜呼，旨哉！"② 黄震说得相当直接，《平准书》就是司马迁记录汉武帝五十年间一系列的政治、经济政策导致的"相因之变"，并借卜式之口表达了自己批评的态度。综合二者的意思，司马迁不是借《平准书》《货殖列传》来崇势利，而是借此来批评汉武帝时期的一系列经济政策的，有其讽世之旨。

　　关于叙游侠则退处士而进奸雄，多涉及《游侠列传》。陈仁子《游侠列传序》评曰："游侠之名，盖起于后之世无道德之士耳。夫游者，行也；侠者，持也。轻生高气，排难解纷，较诸

① ［宋］陈仁子：《文选补遗》卷二十六，《景印文渊阁四库全书》集部总集类第一三六〇册，台北：台湾商务印书馆，第430页。
② ［宋］黄震：《黄震全集》第五册《黄氏日抄》卷四十六《史记》，杭州：浙江大学出版社，2013年，第1542页。

古者道德之士不动声色消天下之大变者，相去固万万，而君子谅之，亦曰其所遭者然耳。律其所为，虽未必尽合于义，然使当时而无斯人，则袖手于焚溺之冲者滔滔皆是，亦何薄哉！斯固亦孔子所谓杀身成仁者也。迁之传此，其亦感于蚕室之祸乎？吾于此传可以观人材，可以观世变。"陈仁子这里用"道德之士"指"处士"，并认为游侠是孔子所说的"杀身成仁者"，实际是肯定了游侠的"仁义"在某些方面与处士相合，二者不是对立的群体，以此反驳"进奸雄退处士"之说。这可以说是从道德世风衰变的历史发展中审视司马迁的思想。

以上都是肯定的评论，大多能从学术思想或经济思想发展史的角度，对司马迁的思想提出新的认识。但实际上，宋代学者对司马迁思想的批评意见更多，尤其涉及儒家是否受到尊崇的问题时，更是如此。如南宋王应麟《困学纪闻》卷十一《史记正误》引用郑樵和王安石的话，来表达自己对《孔子世家》和《游侠列传》的批评："王文公曰：仲尼之才，帝王可也，何特公侯哉！仲尼之道，世天下可也，何特世其家哉！处之《世家》，仲尼之道不从而大，置之《列传》，仲尼之道不从而小，而迁也，自乱其例。""郑氏曰：游侠之徒，未足为煦煦孑孑之万一，况能当仁义之重名乎？"苏轼也说："吾常以为迁有大罪二，其先黄老，后六经，退处士进奸雄，盖其小小者耳。所谓大罪二，则论商鞅、桑弘羊之功也。"① 这些是在宋代很有影响的人，他们的观点应该是当时的主流。在他们看来，孔子代表

---

① ［宋］苏轼：《东坡志林》卷五《论古》"司马迁二大罪"，曾枣庄、舒大刚主编：《苏东坡全集》第八册，北京：中华书局，2021年，第3973页。

的儒家是至高无上的，儒家所倡导的仁义更是不容亵渎的。

　　还有的学者从司马迁的身世遭遇出发，认为司马迁这些"异端思想"是有激而发。如秦观认为司马迁"先黄老而后六经，求古今搢绅先生之论，尚或有之，至于退处士而进奸雄，崇势利而羞贫贱，则非闾里至愚极陋之人不至是也，孰谓迁之高才博洽而至于是乎？以臣观之不然，彼实有见而发，有激而云耳"①。秦观说的"激"就是"迁之遭李陵祸也，家贫无财赂自赎，交游莫救，左右亲近不为一言以蹈腐刑，其愤懑不平之气无所发泄，乃一切寓之于书"。这正是历代史家批评的"发愤著书"，秦观则认为这是人情的自然体现，可以理解，但他也认为司马迁对黄老、游侠、货殖有溢美之词。晁公武继承了秦观的看法，只是分析得更加详细。他说："当武帝之世，表章儒术而罢黜百家，宜乎大治，而穷奢极侈，海内凋敝，反不若文、景尚黄老时人主恭俭，天下饶给。此其所以先黄老而后六经也。武帝用法刻深，群臣一言忤旨，辄下吏诛，而当刑者得以货免。迁之遭李陵之祸，家贫无财赂自赎，交游莫救，卒陷腐刑。其进奸雄者，盖迁叹时无朱家之伦，不能脱己于祸，故曰：'士穷窘得委命。'此非人所谓贤豪者耶！其羞贫贱者，盖自伤特以贫故，不能自免于刑戮，故曰：'千金之子，不死于市。'非空言也。固不察其心而骤讥之，过矣。"②晁公武在此针对"史公三失"分别解说。对"先黄老而后六经"，他认为是文、景至武帝

---

① ［宋］秦观：《淮海集》卷二〇《司马迁论》，曾枣庄、刘琳主编：《全宋文》第一二〇册，上海：上海辞书出版社，2006年，第78页。
② ［宋］晁公武撰，孙猛校证：《郡斋读书志校证》卷五"正史类"，上海：上海古籍出版社，2011年，第176页。

学术变迁的实际情况，也是社会状况从人主恭俭、天下饶给到穷奢极侈、海内凋敝的实际反映，司马迁只是如实记载。这个认识是超越前人的。对所谓"进奸雄"和"羞贫贱"，他的认识则与秦观没什么不同，认为司马迁是出于无人救祸、无财赎罪的个人遭遇，而激发感慨之词。因此晁公武希望读史者能体察司马迁的内心感情，以同情之心评价他。可以说，秦观与晁公武只是出于同情心不忍给司马迁以直接批评，但思想上仍把写游侠、叙货殖看作是司马迁抒发个人感慨的产物。

这样一来，就有人拿住话柄，继续反驳他们。如王若虚说："班固讥迁论游侠述货殖之非，世称其当，而秦少游辨之，以为迁被腐刑，家贫不能自赎，而交游莫救，故发愤而云。此诚得其本意，然信史将为法于万世，非一己之书也，岂所以发其私愤者哉。"① 这就又牵涉"发愤著书"以及"谤书"的论题。宋人开始把《封禅书》看作是《史记》得名"谤书"的缘由。如黄淳耀说："太史公作《封禅书》，此后人所谓谤书者也。""太史公八书中，《封禅》《河渠》《平准》，乃端为讥武帝而作。"② 吕祖谦《大事记解题》卷十二"汉武帝遣方士入海求蓬莱"解题：汉武帝用儒生作明堂之礼，又用方士求仙，"论其实则皆出于帝之多欲而已，司马子长并载于《封禅书》而无所轻重，其有旨哉"。黄、吕二者的意思都是说《封禅书》表达了司马迁对汉武帝求仙的讽刺态度，是史家宗旨的体现，不能称为谤书。

① ［金］王若虚：《滹南遗老集》卷十九《史记辨惑十一》，《四部丛刊》正编六五，台北：台湾商务印书馆，2013 年，第 98 页。
② ［宋］黄淳耀：《陶庵全集》卷四《封禅书》，《明别集丛刊》第五辑第八十册，合肥：黄山书社，2016 年，第 332—333 页。

吕祖谦还在"太史令司马迁下蚕室"解题中说汉武帝因不能处理好朝臣间的矛盾，"则必疾视其下，怀怒蓄愤，有待而发，司马迁之言适触其机，宜其不免也"，意为司马迁遭李陵之祸是由汉武帝怀怒蓄愤导致的。但吕祖谦认为司马迁为李陵辩护是"为武帝忠计，不暇顾众怨耳。以忠获罪，既得为臣之义，余何求哉"，司马迁以忠君之心尽人臣之义，那就不该再出愤然之词，认为这是司马迁"学问不足之病"。这个"学问"当然不是一般的知识，而是理学家讲的修心的功夫。在宋人士大夫看来，司马迁在政治上和内心修养方面都显得幼稚。

　　总之，对"史公三失"的讨论在宋代逐渐形成一个有体系的问题，即司马迁的学术思想、经济思想、政治思想是相互关联的。学者们也尽量结合具体篇目与历史发展，有理有据地发表自己的意见。不过由于他们把儒家思想放在至高的位置，司马迁的这些思想大多是不被认同的。他们评论马班的思想异同，虽还未突破"史公三失"的圈子，但已经开始触及司马迁思想的核心了。

二、良史四足、持于公议与史家修养论的拓展

　　曾巩曾由欧阳修举荐到京师任馆阁校勘、集贤校理，对历代典籍进行整理，并作序录。他在《南齐书目录序》中评价司马迁说："两汉以来，为史者去之远矣。司马迁从五帝三王既没数千载之后，秦火之余，因散绝残脱之经，以及传记百家之说，区区掇拾，以集著其善恶之迹、兴废之端，又创己意，以为本纪、世家、八书、列传之文，斯亦可谓奇矣。然而蔽害天下之圣法，是非颠倒而采摭谬乱者，亦岂少哉？是岂可不谓明不足

以周万事之理，道不足以适天下之用，智不足以通难知之意，文不足以发难显之情者乎！夫自三代以后，为史者如迁之文，亦不可不谓隽伟拔出之才、非常之士也。然顾以谓明不足以周万事之理，道不足以适天下之用，智不足以通难知之意，文不足以发难显之情者，何哉？盖圣贤之高致，迁固有不能纯达其情，而见之于后者矣，故不得而与之也。迁之得失如此，况其他邪？"① 曾巩认为良史必须具备明、道、智、文这四个方面的要求，才能编著史籍。但在他看来，自唐尧虞舜之后，就没有这样的史才了，即使是唐宋人称道的司马迁也达不到"良史"的标准。在这里，"良史"的核心素养已经变成了"天下之圣法""圣贤之高致"，记事载文都在其次。"盖史者所以明夫治天下之道也，故为之者亦必天下之材，然后其任可得而称也"，就是说史最终要明道，若史家所表达的道不是天下圣法，或不符合圣贤高致，则终不可称为良史。这是用经义来衡量史家，在理论上为史家树立了一个理想的目标。

宋代学者基本还是认为司马迁的《史记》是实录的代表。如南宋前期王十朋在评价相关史书时说："洙泗大儒既没，褒贬之笔失传。龙门太史公不生，实录之笔遂绝。嗟乎！世衰道微，非独圣人不得而见，至良史之才，亦不世出也。"② 吕祖谦在《汉太史箴》中也说："史官者，万世是非之权衡也。禹不能褒鲧，管、蔡不能贬周公，赵盾不能改董狐之书，崔氏不能夺南

---

① [宋] 曾巩:《南齐书目录序》,《曾巩集》卷第十一, 北京: 中华书局, 1984年, 第188页。
② [宋] 王十朋:《王十朋全集》文集卷九《策问》, 上海: 上海古籍出版社, 2012年, 第722页。

史之简。公是公非，举天下莫之能移焉。是故人主极天下之尊，而公议复尊于人主；公议极天下之公，而史官复持于公议。自古有国家者，皆设史官，典司言动。凡出入起居，发号施令，必九思三省，奠而后发，兢兢慄慄，恐播于汗简，贻万世之讥。是岂以王者之利势而下制于一臣哉？亦以公议所在，不得不畏耳。汉绍尧运，置太史令以纪信书，而司马氏仍父子纂其职，轶材博识，为史臣首。迁述黄帝以来至于麟止，勒成一家，世号实录。武帝乃恶其直笔，刊落其书。呜呼，亦惑矣！公议之在天下，抑则扬，塞则决，穷则通。纵能削一史官之书，安能尽梏天下之笔乎。"① 这里吕祖谦沿用了唐代李翱《答皇甫湜书》中提出的"公是公非"一词，并以"公议"代之。所谓"公议"，就是万世公认之是非，历代帝王之所以谨于言行，不是害怕史官，而是害怕触犯公议，而史官就是权衡公议者。因此，史官直笔是保证公议得以实现的基本条件，像汉武帝那样恶司马迁之直笔，只能激起更多的直笔。吕祖谦把史官的直笔看得非常重要，他还在评论《左传》时盛赞了史官的直笔。他说春秋时周官职守渐坏，只有史官不失其守，"然一时之史官，世守其职，公议虽废于上，而犹明于下。以崔杼之弑齐君，史官直书其恶，杀三人而书者踵至，身可杀而笔不可夺。铁钺有敝，笔锋益强；威加一国，而莫能增损汗简之半辞。终使君臣之分、天高地下，再明于世，是果谁之功哉？呜呼！文、武、周公之泽既竭，仲尼之圣未生，是数百年间，中国所以不沦丧

---

① ［宋］吕祖谦：《东莱吕太史外集》卷三，曾枣庄、刘琳主编：《全宋文》第二六二册，上海：上海辞书出版社，2006年，第7—8页。

者，皆史官扶持之力也"。他又说："使其阿谀畏怯，君举不书，简编失实，无所考信，则仲尼虽欲作《春秋》以示万世，将何所据乎？无车则造父不能御，无弓则后羿不能射，无城则墨翟不能守。大矣哉！史官之功也。"① 春秋乱世之时，唯有史官能坚守公是公非，这全赖其直笔精神。吕祖谦此论比之李翱的观点更加强调了史官直笔的重要性，并且将公是公非独立于帝王与史官之外，这样就消解了史官与政权的对立性，其所说"公议"更有万世史法的意味。明胡应麟说："才、学、识三长足尽史乎？未也，有公心焉，直笔焉，五者兼之，仲尼是也。"他在三长之外补充了"公心""直笔"两项，大概是受了吕祖谦公议、直笔论的启发。

另外，宋人大多肯定司马迁的史识。朱熹说："司马迁才高，识亦高，但粗率。"魏了翁在《蔡文懿公〈百官公卿年表〉序》中曾以司马迁创史表为例，认为司马迁的史表蕴含了经世之意，明理乱得失之实，班固作表已经不具有司马迁这样的史识，接着他说："今蔡公首摘大事以附年历，即熙、丰、祐、圣、崇、观、政、宣之事以为经，而上意之好恶、人才之消长，皆可坐见，与仅书拜罢而不著理乱者盖有不侔。此非深得古策书之意畴能及此。惜其中兴以后大事未及记也。昔人谓作史者必有才、学、识三长，才、学固不易，而有识为尤难用。"② 他以刘知幾"史才三长"说为标准，认为在史表创作中能表现出

---

① ［宋］吕祖谦：《东莱博议》卷二《曹刿谏观社》，北京：中国书店，1986 年，第 115—116 页。

② ［宋］魏了翁：《重校鹤山先生大全文集》卷五六，《四部丛刊》正编六〇，台北：台湾商务印书馆，2013 年，第 473 页。

司马迁那样的史识是很难的。他所说的"史识"就是寓经世之意，明理乱得失，并且认为有史识在三长中最难做到。这一论述比刘知幾的"史才三长"说更具体一些，并且专门就刘知幾批评的史表来讲司马迁的史识，体现了补充刘知幾"史才三长"说的自觉意识。

　　总体上看，随着宋代史学的兴盛、各种史著体例的完备，及史学理论的探讨，学者们对良史、实录、史才三长等史家修养论的阐释都表现出理论化的趋势。

论史之风及《史记》评论的义理倾向

宋人在著史读史之余，写了大量论史和论政的文章，以至于当时的目录著作中专设"史评"一类。晁公武认为"今世钞节之学不行而论说者为多"，于是其《郡斋读书志》中出现了"史评"。这里说的"史评"既有史评专书，也有文集、策论中的大量史论。当时的史书编纂，无论是编年体史书还是纪传体史书，也都表现出述史与论史结合的特点，而且往往以道德评价为准绳，这就形成了宋代史学重议论、重说理的风尚，被后人称为义理史学。此时的《史记》评论也不可避免地显现出义理倾向。

一、《史记》评论的兴起与读史之法

宋元时期有关《史记》的评论主要出现在文集、笔记、文话及策论中，以评论历史人物的篇章最多。当时的文学家、政治家、史学家、理学家，像欧阳修、王安石、苏轼、朱熹、陈亮、吕祖谦等，都有直接评论《史记》《汉书》等史书的言论，并致力于从旧有典籍中寻找新的阐释。南宋高似孙的《史略》卷一有"诸儒史议"，列举了汉代扬雄、班彪、班固以后至唐共20人对《史记》的评论，类似一部《史记》批评小史了，这说明宋代目录学家已经注意到了《史记》评论的发展盛况。据统计，宋代有 70 多位学者评论过《史记》，文集中有 380 多篇。宋人笔记中，有关《史记》的篇目有 230 多条，有考辨，有议论，这些随笔记录表现了他们读史细致、善于思考的学术风气。

宋代学者对《史记》的探讨在史学、文章与义理方面同时展开，先是北宋古文家把《史记》看作文章楷模加以研读。如苏氏父子及曾巩、陈师道等都曾精研《史记》。但与《汉书》相比，《史记》似乎还未得到更大范围的认可。如北宋刘恕在《资治通鉴外纪序》中说："本朝去古益远，书益烦杂，学者牵于属文，专尚西汉书。博览者乃及《史记》、东汉书。"说明当时一般士子专读《汉书》，博通者才会涉及《史记》。此外，苏辙作《古史》议《史记》之谬误，引起时人"苏子由古史之作，而迁史无直笔"① 的议论，这也会影响人们对《史记》的认识。到了南宋，读《史记》、评《史记》的风气才真正兴盛起来。朱熹曾论及此："昔时读史者不过记其事实，摭其词采，以供文字之用而已。近世学者颇知其陋，则变其法，务以考其形势之利害，事情之得失，而尤喜称史迁之书。讲说推尊，几以为贤于夫子，宁舍《论》《孟》之属而读其书。"② 朱熹并不积极主张读史，甚至批评吕祖谦过于热心读史。他在这里总结了北宋、南宋人读《史记》的不同取向：北宋尚词采，而南宋考得失，并说南宋士人好读《史记》甚于经书，从中足见《史

---

① ［宋］林駉：《新笺决科古今源流至论后集》卷九《史学》，中华再造善本金元编子部，北京：北京图书馆出版社，2005 年。

② ［宋］朱熹：《晦庵先生朱文公文集》卷五十四《答赵幾道》，《四部丛刊》正编五三，台北：台湾商务印书馆，2013 年，第 970 页。

记》在南宋的兴盛。但朱熹对此深表忧虑，因为他主张"先读《语》《孟》，然后观史"，先读经，心里有个权衡，再读史，则不会惑于史的记事辞采之中。其实，朱熹本人对《史记》有很多细致的评论。当弟子问他读史之法时，朱熹提出应"先读《史记》及《左氏》，却看《西汉》《东汉》及《三国志》。次看《通鉴》"①。他还对弟子说："如司马迁亦是个英雄，文字中间自有好处。只是他说经世事业，只是第二三著，如何守他议论！……不直截以圣人为标准，却要理会第二三著，这事煞利害，千万细思之！"朱熹认为，与六经仁义道德之说相比，《史记》只能列在二三位，原因是司马迁之学本意在权谋功利，此所谓马迁疏略浅陋处。朱熹此论是有为而发，他批评时人读《史记》，主要是因为他们太看重《史记》的议论，而不注重从中学习经世的内容。他晚年曾作《学校贡举私议》，针对当时科举制度造成的多尚空言、无益时务的弊端，建议学校设德行、诸经、子、史、时务科，诸科中还要再分科，并分年考试。其中，史科的具体划分是，《左传》、《国语》、《史记》、两《汉书》为一科，《三国》《晋书》《南北史》为一科，新旧《唐书》、《五代史》为一科，《通鉴》为一科，主要学习史书中的古今兴亡、治乱得失之变。这说明朱熹不是否定读史，而是提倡读史需"观大伦理、大机会、大治乱得失"，通过读史知古今之变，"观其所处义理之得失"②，也就是说，读史是明义理得失

---

① ［宋］黎靖德编：《朱子语类》卷十一《学五》，北京：中华书局，2020 年，第 240 页。

② ［宋］朱熹：《晦庵先生朱文公文集》卷四十六《答潘叔昌》四，《四部丛刊》正编五二，台北：台湾商务印书馆，2013 年，第 797 页。

的途径。

　　不仅要读史，朱熹认为"天下之事，皆学者所当知"，包括
"时务之大者，如礼乐制度、天文地理、兵谋刑法之属，亦皆当
世所须而不可阙，皆不可以不之习也"。这与北宋仁宗时范仲淹
的主张是一致的："先之以六经，次之以正史，该之以方略，济
之以时务，使天下贤俊翕然修经济之业，以教化为心，趋圣人
之门，成王佐之器。"① 即经史、方略、时务都在他们的研习范
围内。范仲淹的"先天下之忧而忧，后天下之乐而乐"更是广
为传颂。在他们身上，宋代学者的"天下情怀"得到了突出的
体现。二人在宋代都有很大影响，都提出了相似的主张，影响
所及，宋代学者并不仅仅把自己看作读书人、臣子或武将，他
们还要知天下之事，通天下之理，治天下之民。这就造成了宋
代学者在讨论具体问题时，往往不局限于经史子集的固有界限，
而追求博通透彻的探究。这表现在《史记》的评论方面，则无
论是趋向事实考据的，还是趋向义理阐发的，大多表现出拓展
历史时间和社会空间的意识。比如，他们以《周易》《尚书》
《竹书纪年》等为依据，将历史从《史记》所记的五帝时代继续
上推；同时大量通史著作一直下接当代，并涉及社会生活的各个
方面，这是他们探索时间与空间极限的尝试，他们试图在更久远
的历史时段和更广阔的空间中探讨一种总趋势。在这个过程中，
史料的极度丰富和准确当然是探索问题的基础，但由此他们也意
识到，更重要的是在无限的时间与空间中发现一个理字。

---

① ［宋］范仲淹：《范仲淹全集》卷第十《上时相议制举书》，成都：四川大学出
　　版社，2002 年，第239 页。

这可说是义理史学发生的动因，其本质就是要从读史中挖掘其中的圣贤之道。他们不再满足于了解历史事实，也不再满足于以史为鉴，而是要在无穷的时间和空间中重新总结和反思人类历史，赋予历史事实以新的含义，重新解说和评价历史。这与宋代学者的学识及学术发展的要求有很大的关系。宋代文人在博通方面的追求是超越前代的，可以说经史子集无所不知，儒释道法诸家兼通，不仅如此，还要博古通今，学以致用，立身行事两不误。苏轼曾赞美他的好友章衡有"文章之美，经术之富，政事之敏"①，而《宋史》称苏轼"器识之闳伟，议论之卓荦，文章之雄隽，政事之精明，四者皆能以特立之志为之主，而以迈往之气辅之"②，这大概代表了宋代士人的理想标准，即集政治家、思想家和文学家于一身。他们为学的根本目的更有其理想色彩，张载所说的"为天地立心，为生民立命，为往圣继绝学，为万世开太平"，可说是两宋士人孜孜以求的高标。他们的知识之广博、心胸之开阔、境界之高远都是前所未有的，表现出一种强烈的责任感和自主意识。这种迥异前代的精神风貌，不仅促成了韩柳以来古文运动的再次兴起，还引发了怀疑传统学术、辩驳问难的精神，最终形成了思想解放运动，哲学史上通常称之为新儒学思潮，即对先秦以来的儒家学说的再思考。此时，举凡经、史、文等各科学术都染上了这种新思想的色彩。这反映了学术积累已臻旺盛时由博返约、因通求精的一

① ［宋］苏轼：《苏轼文集》卷三十四"叙二十五首"《送章子平诗叙》，北京：中华书局，1986 年，第 324 页。
② ［元］脱脱等：《宋史》列传卷九十七，北京：中华书局，1985 年，第 10818—10819 页。

种必然诉求。

二、《史记》人物评论的义理倾向

我们可以从以下这些史论及史评中，大概理解他们在论史中所追求的义理是什么。如程颐说："凡读史，不徒要记事迹，须要识治乱安危、兴废存亡之理。"① 朱熹有个很有名的读史见解，他说："凡观书史，只有个是与不是。观其是，求其不是；观其不是，求其是，然后便见得义理。""读史当观大伦理、大机会、大治乱得失。"② 这里的"大伦理"，可从朱熹对《春秋》的评价中看出："《春秋》大旨，其可见者：诛乱臣、讨贼子、内中国、外夷狄、贵王贱伯而已。"③ 即有关君臣、正统、华夷、王道、霸道等的伦理准则，宋人史论中有很多是围绕这些主题展开讨论的。如关于王道与霸道，朱熹论曰："凡日用常行、应事接物之际，才有一毫利心，便非王道，便是霸者之习。"④ 是否有利欲之心就是区分王道和霸道的标准。义利之辨原本是儒家理论的一个哲学命题，朱熹把它运用到读史中，成为判断王道与霸道的一个根本条件，这可视为史学义理化的一个基本途径。还有华夷之辨，如苏洵在《史论中》评价司马迁的《十二诸侯年表》有"简而明"的特点，他认为此年表题中为"十二

---

① ［宋］程颢、程颐：《河南程氏遗书》卷十八，上海：商务印书馆，1935 年，第255 页。
② ［宋］黎靖德编：《朱子语类》卷十一《学五》，北京：中华书局，2020 年，第241 页。
③ ［宋］黎靖德编：《朱子语类》卷八十三《春秋》，北京：中华书局，2020 年，第2611 页。
④ ［宋］黎靖德编：《朱子语类》卷二十五《论语七》，北京：中华书局，2020 年，第767 页。

诸侯"，实际则记载了十三个诸侯，司马迁故意没有把吴国算进来，表现了他严格区分夷夏的褒贬宗旨，这样，既能把吴国曾经作为"周裔霸盟上国"的史实保留，又能体现出对吴国用夷礼的贬斥，故称"简而明"，"简而明则人君知中国礼义之为贵"。这就是用华夷之辨的思想来阐释司马迁的作史宗旨，虽然司马迁的本意并非如此，但宋人用义理来解读《史记》的新特点由此可见一斑。朱熹曾以《史记》为例，来讲"大治乱得失"，他说："且如读《史记》，便见得秦之所以亡，汉之所以兴；及至后来刘、项事，又知刘之所以得，项之所以失，不难判断。"[①] 就是说，读了《史记》便能了解秦汉之际的兴亡得失，可见历代兴亡得失是他们探究的义理之一，但并不是最根本的。朱熹还说："近日又有一般学问，废经而治史，略王道而尊霸术，极论古今兴亡之变，而不察此心存亡之端。若只如此读书，则又不若不读之为愈也。"[②] 这是批评王先谦等人的学问过于重视论古今兴亡之变，而忽视了"此心存亡之端"。他还说："浙间朋友或自谓能通《左传》，或自谓能通《史记》，将孔子置在一壁，却将左氏、司马迁驳杂之文钻研推尊，谓这个是盛衰之由，这个是成败之端。反而思之，干你身己甚事？你身己有多多少少底事合当理会，有多多少少底病未曾去，却来说甚盛衰兴亡治乱，这个直是自欺！"[③] 由此可见，朱熹以为

① ［宋］黎靖德编：《朱子语类》卷八十三《春秋》，北京：中华书局，2020 年，第 2622 页。

② ［宋］朱熹：《晦庵先生朱文公文集》卷五十三《答沈叔晦》，《四部丛刊》正编五二，台北：台湾商务印书馆，2013 年，第 953 页。

③ ［宋］黎靖德编：《朱子语类》卷一百一十四《朱子十一》，北京：中华书局，2020 年，第 3364 页。

"此心存亡之端"是读史者应该探究的更深一层的义理，其中包含了他说的王道、伦理、义利、善恶等思想。可以说，他们要求史书既要讲治乱得失，又希望它肩负宣扬道法义理的责任。

具体怎样在史论中阐发这种义理呢？一种方法就是陈亮所说："于前史间窃窥英雄之所未及，与夫既已及之而前人未能别白者，乃从而论著之。使得失较然，可以观、可以法、可以戒，大则兴王，小则临敌，皆可以酌乎此也。"[1] 就是从历史人物做得不完善的地方，或史书记载未尽善的地方入手，论得失兴亡以为鉴戒。如苏辙《历代论·汉景帝》评汉景帝说："文帝宽仁大度，有高帝之风。景帝忌克少恩，无人君之量，其实非文帝比也。"接着连举数例："张释之，文帝之名臣也，以劾奏之恨，斥死淮南。邓通，文帝之倖臣也，以吮痈之怨，困迫至死。晁错始与帝谋削诸侯，违众用之。及七国反，袁盎一说，谲而斩之东市，曾不之恤。周亚夫为大将，折吴楚之锐锋，不数月而平大难。及其为相，守正不阿。恶其悻悻不屈，遂以无罪杀之。梁王武，母弟也，骄而从之，几致其死。临江王荣，太子也，以母失爱，至使酷吏杀之。其于君臣、父子、兄弟之际，背理而伤道者，一至于此。"[2] 这就从道德伦理上批评了汉景帝的不足之处，但也承认景帝不改文帝恭俭之风，史书仍称之为贤君，故今之为君者当学恭俭，这是从"英雄所未及"方面总结为君之道。张耒《汉景帝论》、陈亮《景帝》大致都是这个观点。

---

① ［宋］陈亮：《酌古论序》，《陈亮集》增订本，北京：中华书局，1987 年，第50 页。

② ［宋］苏辙：《栾城后集》卷七，曾枣庄、刘琳主编：《全宋文》第九五册，上海：上海辞书出版社，2006 年，第311 页。

苏轼《论商鞅》，批评司马迁不该记商鞅和桑弘羊之功，认为二人的谋利之术是"破国亡宗之术"。张耒的《商君论》也认为"商君之治秦，贵利尚功"①，这是对"前人未及别白者"的进一步阐释，以总结秦暴兴暴亡的原因。其实，司马迁在《史记》中对商鞅之功过都有记载，在"太史公曰"中说商鞅是"天资刻薄"，未实行"帝王术"，并且都隐含于传中的记事部分，只不过没有像宋人这样长篇大论。

史论中另一种阐释义理的方法就是以经断史，这在胡宏、胡寅兄弟的史论与史评中较突出。胡寅《致堂读史管见》是他读《资治通鉴》的笔记，是一部通史性的史评著作。胡寅的侄儿胡大壮为之作序，序中说："后圣明理以为经，纪事以为史。史为案，经为断，史论者用经义以断往事者也。"也就是说史论用经义来评判历史人物与事件的是非曲直，"用《春秋》经旨尚论详评，是是非非，治乱善恶如白黑之可辨"②。胡宏在《管仲相齐》篇中分别论述了管仲的功与过，以为管仲辅佐齐桓公乃是霸道，孔子讥之器小是为了"明王霸异道，义利异途，示后人以天理之所在"。因实施霸道，齐国后来不能匡正诸侯内乱，甚至以各种借口讨伐他国，这些过失，"其原皆由不知天理之本，而驰心于功利，功烈如彼其卑也，其去王也远矣"，这相当于否定了管仲的历史功绩。这就是以心之好利与否作为王道、霸道的标准，来评定历史人物的功过是非。胡宏还在《夷齐让国》③篇中提出夷、

---

① ［宋］张耒：《柯山集》卷三十六，曾枣庄、刘琳主编：《全宋文》第一二七册，上海：上海辞书出版社，2006年，第381页。
② ［宋］胡寅：《致堂读史管见》序，南京：江苏古籍出版社，1987年影印本。
③ 以上二篇见［宋］胡宏：《五峰集》卷四《皇王大纪论》，《景印文渊阁四库全书》第一一三七册，台北：台湾商务印书馆，1986年，第217—218、201—202页。

齐让国是为了弥缝于父子天性、兄弟天伦之间，行天下正大之理，并非像司马迁所说的以让国为高、以不食周粟为义。他的意思是说立节义之名是出于个人私欲，不能与行天下正大之理相比。这是用伦理法则评价历史人物，是把历史人物和事件放在伦理盛衰上去考察，并且把这个作为唯一标准去评价历史人物。这种史论和史评方法被清人批评得很厉害，其史学价值几乎完全被否定。

从文体上看，与《史记》相关的论史篇目大多保存在文集、书信、笔记、序跋、史论、策论中，数量也比前代有大幅度增加。有些学者的《史记》评论逐渐自成一个系列，这种评论方式在前代还未出现过，而在宋人史论中较为常见。如论《史记》人物的篇章，苏轼有三十多篇，苏辙有十多篇，张耒有二十多篇；杨时的《史论》从蔺相如开始论述，到三国的荀彧为止，其中涉及的《史记》人物有三十多人；周紫芝、林之奇等宋人的文集中也有系列的《史记》评论篇目。元代学者中戴表元的《剡源集》有二十篇史论逐篇评论《史记》列传。有论者认为这种系列性史论的产生与宋代科举制中的制科考试相关。[①] 宋代制科考试又称贤良科，考试流程为：首先应试者要投进策论五十篇；审查合格后，具名上报，即派官员考论六首；通过者可参加御试，御试策一道。这几个步骤中，前两次的策论中就有很多与《史记》相关的史论。苏氏父子的策论在北宋可谓开一时风气，如刘咸炘所说："两宋人策论，皆宗苏氏，虽多夸谈，

① 参见朱刚：《唐宋"古文运动"与士大夫文学》第四章《北宋士大夫文学的展开：贤良进卷》，上海：复旦大学出版社，2013年。程海伦：《论科举制度与宋代的〈史记〉研究》，《云南社会科学》2017年第6期。

而于其本朝治体则甚明了，为元、明以来所不及。策论虽有短哉，亦有裨于史学也。"① "三苏"的史论不仅在当时很流行，还对明清史论有很大影响，如苏洵的《六国论》《管仲论》，苏轼的《留侯论》《贾谊论》《晁错论》，在后来的文章选本中基本都会被收录，几乎可称为史论名篇。此外，南宋学者中胡寅、朱熹、黄震的史论对后来的也有很大影响；还有洪迈的《容斋随笔》也有很多篇目论及《史记》人物事件，虽然都是短小的读书笔记，但洪迈能独出己见。

通过宋人的《史记》评论，我们可以看到宋代史学的义理化趋势，他们实际上是在试图对支配历史发展的因素做出新的解释，虽然仍是围绕天人、古今、盛衰、善恶展开讨论，但其读史的态度更认真、思考更深入、方法更具体，说明他们对此前的历史和史书开始展现出一种研究者的姿态。从宋代学者大量论读书方法的言论中，可以看出他们试图对过去积累的所有知识进行体系化研究，以便区分其不同地位，找到其中的联系与区别，体现了一种趋向科学的研究意识。当然，他们运用的评论术语还是来自传统的经史著作，如"道""理"或"公议"，表现出他们试图用哲学统摄史学的努力。另外，宋人的很多史论是针对当时的政治问题而发的。朱维铮《中国史学史讲义稿》第十一章专门有一小节总结宋代的史论，认为宋代史论有五种类型，大多数都有以史论为政论的特点。就是说，他们的史论有很多是针对当时的政治而发，有较强的现实指向。

---

① 刘咸炘：《刘咸炘论史学·宋史学论》，上海：上海科学技术文献出版社，2008年，第177页。

　　在宋代理学思潮和古文运动的促进下，宋元时期的学者从多方面对《史记》进行了新的阐释，使人们对司马迁的历史思想和叙事成就有了更深入的认识。孟子曾从"事、义、文"三方面评价《春秋》，宋元学者对《史记》的评价可以说也在这三方面有了全面发展，其中尤以"义"之一端阐发最多。学者们评论与考辨《史记》的方法，以及他们提出的观点，都对后代《史记》研究产生了很大影响。另外，宋元时研究《史记》的专著虽然不多，但史钞、史评、笔记、文集对《史记》的考评，全面开启了明清《史记》研究的基本走向，尤其是笔记的兴盛值得重视，如明代凌稚隆的《史记评林》、清代梁玉绳的《史记志疑》都大量摘录和引用了宋元笔记中的条目，或再加阐释，或引以为证，这不仅使一些辩题逐渐成为大家普遍关注的问题，还促成了《史记》研究史的连续性。这对推动《史记》研究向前发展无疑是有益的。

第六章
博其大义，成其文章：明代《史记》学术史

　　明代文学流派众多，各派在提出自家主张时，大都把《史记》看作文章典范。明代是《史记》研究的大繁荣时期，也是《史记》文学地位定型和文学价值被深入发掘的时期。明代学者继承了宋元以来《史记》的研究形式，主要通过史钞、文选、评点及文话、笔记等评析《史记》。此期有关《史记》的论题主要有《史记》的叙事之法、《史记》之奇、《史记》的抒情性、司马迁的良史之才以及史家才学识三长论的拓展、班马异同、史公三失、《史记》体例，等等，总体上延续了前人的主要论题，并有所拓展，在思想认识上较前代显得更加客观全面，表现出明显的辩证思维和总结意识。

古文统序的形成与《史记》
经典地位的确立

明嘉靖时期，以李梦阳、何景明、康海为代表的"复古派"古文家提倡"文必秦汉"，这就促使《史记》《汉书》等史书的阅读和刊刻兴盛起来，大量相关的史钞评点类著作也由此印行。当时古文家学习《史记》主要还是以"成其文章"为目的。

一、文道关系的讨论与古文统序的形成

明永乐至正德百年间，在政治高压和在上者对文化的直接干预下，文士下笔较为拘谨，文章内容多以润色鸿业、歌功颂德为主。当时统领文坛的大多是馆阁大臣，如刘基、宋濂、杨士奇、杨荣、杨溥、李东阳等，他们的文章被称为"馆阁"之文或"台阁"之文。这些明初作者对《史记》的认识基本上受宋元学者的影响，如宋濂在《叶夷仲文集序》中说："昔者先师黄文献公尝有言曰：作文之法，以群经为本根，迁、固二史为波澜。本根不蕃，则无以造道之原；波澜不广，则无以尽事之变。舍此二者而为文，则槁木死灰而已。"① 即作文要以经为本

---

① ［明］宋濂：《宋学士文集》卷第三十四，《翰苑别集》卷第四，《明别集丛刊》第一辑第六册，合肥：黄山书社，2013 年，第 279 页。

根，目的是载道；以《史记》《汉书》助波澜，来记事。弘治、正德年间，李梦阳、何景明倡言诗文复古。李梦阳认为"古之文，文其人，如其人便了。如画焉，似而已矣"，而今人文章只知学宋儒，"文其人，无美恶，皆欲合道，传志其甚矣"①，即当时的人写文章只求合于道，传记类的文章尤其如此，于是他提出"宋儒兴而古之文废"的认识。他这里说的"古之文"显然是以秦汉史书为古文典范，并以此对抗理学对文章的束缚。自此以后，明代文风开始有了突破性的变化。当时，康海与李梦阳相倡和，"李倡其诗，康振其文"，康海"以太史公质直之气倡之，一时学士风移……使先秦两汉之风至于今复振，则先生力也"②。他们以太史公质直之风为榜样，希望恢复秦汉古文传统，因此，他们倡导的古文复古被后人称为"秦汉派"。这一派的古文复古运动是明代历时最长、影响最大的文学思潮。嘉靖中期，又涌现出以李攀龙、王世贞为首的"后七子"（相对于李梦阳、何景明等"前七子"而言），"后七子"推尊李梦阳，主张"文必秦汉，诗必盛唐"，《左传》、《史记》、杜诗自是他们诵读模仿的经典。如王世贞的好友宗臣曾在《读太史公、杜工部、李献吉三书序》中说："予采艺林，抽绎千古，盖史迁其至哉，诗则工部。予束发而读二书，今十五年矣。寒可无衣，饥可无食，陆可无车，水可无楫，而二书不可以一时废也，辟之手足耳目焉。予诚何心哉！"李空同即李梦阳，宗臣把《史记》、

① ［明］李梦阳：《空同集》卷六十六《外篇·论学上》，《景印文渊阁四库全书》第一二六二册，台北：台湾商务印书馆，1986年，第604页。
② ［明］王世懋：《康对山集序》，《王奉常集》卷六文部，《明别集丛刊》第三辑第七十三册，合肥：黄山书社，2016年，第266页。

杜诗与李梦阳的文章放在一起，可见他是在忠实地崇奉李梦阳"文必秦汉，诗必盛唐"的宗旨。他说自己读书范围自周以下至唐宋诸子，但只有这三部书"未尝一时去吾之手也"；形容读《史记》、杜诗对自己影响至深："怒读之则喜，愁读之则欢，困读之则苏，悲读之则平。徐而读之则万虑以澄，百节以融，耳目以通，肺腑以清。急而读之则兰桂倏馨，云霞倏生，凤鸟倏翔，蛟龙倏鸣。远而读之则天以之青，日以之明，江以之流，海以之停。洸洸洋洋，总总鳞鳞，二书何书哉！"① 从宗臣对《史记》的推崇可以想见，前、后七子所倡导的古文复古促使了士子们更深入地研读《史记》。当然，从宗臣的自述也可以看出，所谓"秦汉派"只是说他们以秦汉文章为最高典范，并不是说他们只读秦汉的文章，而是在博览纵观之后选择秦汉文章，尤其是《史记》，作为典范。略早于"后七子"的嘉靖初的王慎中、唐顺之、茅坤，主张取法唐宋，这就是后人所谓的"唐宋派"，他们虽然承认司马迁与《史记》文章的价值，但认为司马迁的思想不符合儒家正宗。唐顺之的同乡薛应旂的说法比较有代表性："何（景明）之言犹或近于理道，李（梦阳）则动曰'史、汉''史、汉'。一涉于六经诸儒之言，辄斥为头巾酸馅，目不一瞬也。夫'史、汉'诚文矣，而六经诸儒之言，则文之至者。舍六经诸儒不学，而唯学马迁、班固，文类'史、汉'，亦末技焉耳。何关于理道？何益于政教哉？"② 这些看法其

---

① ［明］宗臣：《宗子相集》卷十三文部下《读太史公杜工部李献吉三书序》，《明别集丛刊》第三辑第二十八册，合肥：黄山书社，2016 年，第 140 页。

② ［明］薛应旂：《遵岩文粹序》，见［清］黄宗羲：《明文海》卷二百四十，北京：中华书局，1987 年，第 2481—2482 页。

实延续了宋元学者的认识。两派学者虽然所推尊的对象不一样，但都曾下功夫研读《史记》，论起文章来基本都是以《史记》为标准的。茅坤为宣扬"师法唐宋"，曾编选《唐宋八大家文钞》，在其中作评论时却处处用《史记》作为衡量唐宋八大家的标尺，如说"欧阳公于叙事处往往得太史迁髓，而其所为《新唐书》及《五代史》短论亦并有太史公风度"①。

嘉靖后期、万历前期的士人，为文渐趋放诞，逐步突破了宋元以来道统的限制，如李贽、钟惺、陈继儒等都对《史记》有了不同于前人的认识。晚明诗文家陈继儒对《史记》做出了这样的评论："余尝论《史记》之文，类大禹治水，山海志鬼怪毕出，黄帝张乐，洞庭之野，鱼龙怒飞，此当值以文章论，而儒家以理学捆束之，史家以体裁义例掎摭之，太史公不受也。"②这是把《史记》直接看作文学著作，认为其文章价值可卓然独立，而不必再用经学、理学或史学的标准来衡量它，这简直就是《史记》文学价值独立的宣言了。

万历之后，《史记》古文经典的地位已然确立，我们可以从此期的古文选本中窥得这种情形。如崇祯时藏书家葛鼐、葛鼒编选的《古文正集》，依时序先后选录《左传》《公羊传》《穀梁传》《史记》《汉书》、唐文、宋文，其中选《史记》54篇；天启间进士方岳贡评选的《历代古文国玮集》依时序选入《左传》《公羊传》《穀梁传》《国语》《战国策》《史记》等，其中

---

① ［明］茅坤：《唐宋八大家文钞》卷四三《庐陵文钞十五》"史论"，《景印文渊阁四库全书》第一三八三册，台北：台湾商务印书馆，1986年，第482页。

② ［明］陈继儒著，王凯符选注：《白石樵真稿》，北京：首都师范大学出版社，2010年，第4页。

选《史记》60 篇；汪廷讷编《文坛列俎》选《史记》文 50 篇；童养正《史记文统》选《史记》67 篇；焦竑《中原文献》按经、史、子、文进行选编，在史部中选录《战国策》《史记》《汉书》《后汉书》等，其中选《史记》46 篇；张以忠辑的《陈明卿先生评选古今文统》选《史记》19 篇；陈继儒编的《先秦两汉文脍》选《史记》27 篇。由此可见，编选者们已有明确的为文章立统系的观念，在这些古文统系中，经、史、文地位平等，一并归入古文正统中，成为文士们学习的典范，而《史记》是其中必不可少的一环。这些文章家大多自幼阅读《史记》，把《史记》奉为必读书，至老不倦。除了编选《史记》选本、评本外，他们在个人文集中对《史记》人物和事件也多有评论。据统计，明人文集中论及《史记》的有 120 多家，评论内容较多的如杨慎《升庵集》、王世贞《弇州山人四部稿》、胡应麟《少室山房集》、黄淳耀《陶庵全集》、李贽的《李温陵集》、张凤翼《处实堂集》、钟惺《隐秀轩集》、吴应箕《楼山堂集》、方以智《浮山集》等。其中，《史记》人物论最多，还涉及传记体例、文章写法、叙事之法和叙事风格，不唯内容丰富多彩，认识也有超越前人之处。

二、经史皆记事之书

另外，小说创作与评点的兴盛，也促使许多学者把《史记》与小说进行比较，从而使叙事理论得到进一步发展。明末清初的金圣叹是其中最著名的一位，他把《史记》、《庄子》、《离骚》、杜诗、《水浒传》、《西厢记》并称为"六才子书"。他不仅在《金圣叹评点才子古文》中评点《史记》具体篇章，还在评点中运用比较方法，把《史记》与《水浒传》两者联系起来考察评析，提出了很多新见，令人耳目一新。他"六才子书"的提法实际上受启发于宋代，如南宋目录学家陈振孙《直斋书录解题》卷四《正史类·史记》说："窃尝谓著书立言，述旧易，作古难。'六艺'之后有四人焉：撬实而有文采者，左氏也；凭虚而有理致者，庄子也；屈原变《国风》《雅》《颂》而为《离骚》；及子长易编年而为纪传，皆前未有其比，后可以为法，非豪杰特起之士，其孰能之?"① 陈振孙以作古创新为标准，提出了六经之后最具创意的四部著作，除《左传》外，金圣叹都继承下来了，他新增的"杜诗"也是宋末以来文人公认的诗歌经典，而《水浒传》《西厢记》则是元明时期盛行的通俗作品。可以说，他重新选择了中国古代经典作品，史书、散文、诗歌、小说、戏剧众体俱备，已经为我们今天的文学体裁分类奠定了基础，而《史记》在这个序列中俨然已是统帅史书和散文的文章经典了。

其实，宋元学者已经开始把"秦汉文"作为文章典范，并试图梳理古文经典序列，但《史记》的地位总体是低于《春秋》《左传》的。到了明代正德、嘉靖时，评点之学兴起，明代学者把经与史放在同等位置上，把经史当作叙事文章加以评点，如何景明就在《汉纪序》中说："经史者，皆纪事之书也。"而在此之前，正统、成化间的叶盛就有这种认识："六经而下，左丘明传《春秋》，而千万世文章实祖于此。继丘明

---

① ［宋］陈振孙：《直斋书录解题》卷四，《景印文渊阁四库全书》第六七四册，台北：台湾商务印书馆，1986 年，第 588 页。

者，司马子长。子长为《史记》而力量过之，在汉为文中之雄。"这样，就把《史记》的文章学价值放在《左传》之上了。从李梦阳等提倡文章复古后，明中后期古文流派林立，但在选择文章经典时，《史记》都在经典之列。如王世贞《艺苑卮言》曰："《檀弓》、《考工记》、《孟子》、《左氏》、《战国策》、司马迁，圣于文者乎？其叙事则化工之肖物。"李攀龙说："今夫《尚书》、《庄》、《左氏》、《檀弓》、《考工》、司马，其成言班如也，法则森如也，吾撷其华而裁其衷，琢字成辞，属辞成篇，以求当于古之作者而已。"袁中道说："天下之文，莫妙于言有尽而意无穷，其次则能言其意之所欲言。《左传》《檀弓》《史记》之文，一唱三叹，言外之旨蔼如也。"由上可见，在选择文章典范的过程中，明代古文家并未区分经史地位的高低，而是把经史统一视为记事之文。而在记事之文这一系列中，古文、戏曲、通俗演义等各种文章形式都可以统摄进来，《史记》也因此成为叙事文章的模仿对象，层层选择后，《史记》文章经典的地位最终在明代得以确立。这使我们认识到，传播的广度和深度是《史记》文学经典地位得以确立的重要因素。

追本溯源，对经史关系的认识是明人古文观念变化的根本原因。明代的古文复古首先是针对宋元理学对文章的束缚而发，如何景明在《述归赋序》中指出汉之文人"工于文而昧于道"，宋之大儒"知乎道而啬乎文"，都不是自己追求的，"鄙意则欲博大义、不守章句，而于古人之文，务得其宏伟之观、超旷之趣……然又欲效子长好游之意，抗志浮云，彻迹九有，以博其

大观，以成其文章，斯亦不坠古人之余烈哉"①！就是说，他想
以"宏伟之观、超旷之趣"取代宋人的道，作不拘泥于章句的
文章，而他找到的效法对象就是司马迁。这样，学习《史记》
文章就成为古文家对抗经学、理学束缚的一种方式，因此有关
经史、文道关系的讨论就成为当时一大热点，其目的是摆脱宋
代学者以经衡史、以道评文的束缚。由此，对宋人推崇的经典
义理进行重新考量，成了这一时期的思想家和古文家面临的共
同问题。其中最有代表性的言论就是王世贞所说的"天地间无
非史而已"②，"史不传则道没，史既传而道亦系之以传"③，即
经也是史，史中自有道，道由史而传，无史则道不得传。他还
批评了"经载道，史纪事"的观念，认为这会造成"去史弗
务"的结果，"史学在今日倍急于经，而不可以一日而去者也"。
在他的影响下，当时的古文家李梦阳、何景明等都讨论过经史
之间的关系。李梦阳曾比较《礼记·檀弓》与《史记·晋世
家》所记骊姬之乱的叙事，提出"经史体殊，经主约，史主
该"，经的记事以简要为贵，史书则"贵意象具"④，即形神兼
备。他实际是以叙事繁简来区别经史，以此推动史独立于经的
进程。晚明李贽也提出"经史一物也。……故《春秋》一经，
春秋一时之史也。《诗经》《书经》，二帝三王以来之史也。而

---

① ［明］何景明：《何大复先生集》卷之一，《明别集丛刊》第二辑第十七册，合
　肥：黄山书社，2016年，第37页。
② ［明］王世贞：《弇州山人四部稿》卷一四四，《明别集丛刊》第三辑第三十五
　册，合肥：黄山书社，2016年，第299页。
③ ［明］王世贞：《纲鉴会纂序》，《纲鉴会纂》万历刊本卷首。
④ ［明］李梦阳：《空同集》卷六十六《外篇·论学上》，《景印文渊阁四库全书》
　第一二六二册，台北：台湾商务印书馆，1986年，第602页。

《易经》则又示人以经之所自出，史之所从来，为道屡迁，变易匪常，不可以一定执也。故谓六经皆史可也"①。经史关系讨论的结果是六经皆史、皆记事之文的观念得以普及。这样，经史关系中史的地位与经并驾齐驱，文道关系中对文章作法的关注超过了对道的阐扬。在这个过程中，古文家把经、史都纳入叙事文范畴，并展开了对叙事句法、章法和风格的探讨，《左传》《史记》是他们的主要研究对象，当然，这也与宋元以来讲史、杂剧、戏曲、小说等叙事性作品的创作兴盛有关系。古文家、小说家试图在叙事上把文章、小说、戏曲与经史产生关联，从中既能学习叙事技巧，又能使这些通俗作品获得与经史同等的地位。

---

① ［明］李贽：《焚书》卷五《经史相为表里》，北京：中华书局，1974 年，第 214 页。

马班比较论的总结趋势

关于班马异同的讨论依然是明代学者的一大论题。宋元时已出现了倪思、刘辰翁的《班马异同》那样的专著，明代学者也有类似的著作。如凌稚隆除编集《史记评林》外，还对倪思、刘辰翁的班马异同评追加补评，撰成《史汉异同补评》32 卷。此外，许相卿（1479—1557）的《史汉方驾》也是这方面的代表作。许相卿是正德十二年进士，他撰辑的《史汉方驾》35卷，主要贡献是改进了《班马异同》的体例。在倪思的《班马异同》中，《史记》正文用大字，《汉书》正文用小字，读者阅读时容易混淆。《史汉方驾》改进了《班马异同》的体例，把《史记》《汉书》相同的正文用大字直书行中，不同者分左右两边用小字夹注：凡《史记》有而《汉书》无者，列于右；凡《汉书》有而《史记》无者，列于左。在篇目上，《史汉方驾》较之《班马异同》还补入了陈涉、英布二传，并补入《班马异同》削去的卫青、霍去病传中所附的其他诸将的内容。在评论上，许相卿主要在刘辰翁评点的基础上稍加损益，间出己意，总体上持论较为客观。刘辰翁原来的评语都列在眉端，但许相卿则把有些评语移到正文旁边，用小字批点。《四库全书总目》

认为这是仿照明人批点时文的习气，反而使正文与批文错杂，不便观览。①

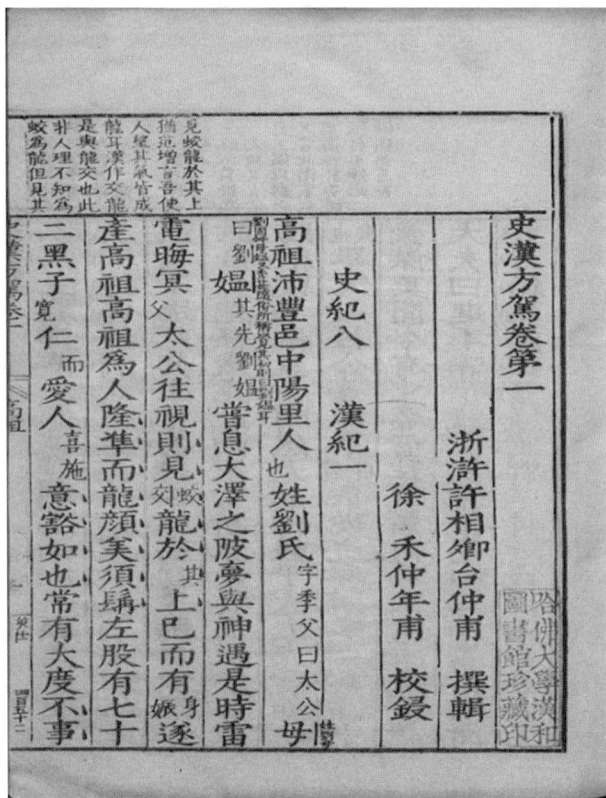

明万历十三年徐禾校刊本《史汉方驾》

《史汉方驾》主要是从文学方面评论《史记》，同时也搜集了一些名家评论，这为读者提供了极大便利，但评论内容上并没有太大进展。

---

① ［清］永瑢等：《四库全书总目》卷四十五《史部·正史类一》"史汉方驾"条，北京：中华书局，1965 年。

　　除《史记》《汉书》比较的专著外，也有一些散见于评点、文集、笔记中的评论。明人大多认为马、班之才都可称是古今绝笔，不当以优劣论。王畿（1498—1583）为唐顺之的《精选史记汉书》作序，序中说："夫子长法《国语》《左传》，孟坚法《史记》，固也，然其文皆自为机轴而不相沿袭，殆师其意者，非耶？子长之文博而肆，孟坚之文率而整。方之武事：子长如老将用兵，纵横荡恣，若不可羁，而自中于律；孟坚则游奇布置，不爽尺寸，而部勒雍容，密而不烦，制而不迫，有儒将之风焉。要之，子长得其大，孟坚得其精，皆古文绝艺也。"[①]从风格上比较马、班，认为《史记》风格是"博而肆"，《汉书》是"率而整"，各有所长。

　　茅坤（1512—1601）以"风神""矩矱"评马班异同，最为人乐道。他在《刻〈汉书评林〉序》中说："《史记》以风神胜，而《汉书》以矩矱胜。惟其以风神胜，故其遒逸疏宕如餐霞，如啮雪，往往自眉睫之所及，而指次心思之所不及，令人读之，解颐不已；惟其以矩矱胜，故其规画布置，如绳引，如斧劘，亦往往于其复乱庞杂之间，而有以极其首尾节膂之密，令人读之，鲜不濯筋而洞髓者。"[②]他又在《史记钞序》中说《汉书》严密过《史记》，但于《史记》疏荡遒逸处，"予窃疑班掾犹不能登其堂而洞其窍也"。茅坤认为《史记》《汉书》风格各有所擅，但主观上他较欣赏《史记》的疏荡遒逸之风。胡

① ［明］王畿：《精选史记汉书》序，《龙溪王先生全集》卷十三，《明别集丛刊》第二辑第四十九册，合肥：黄山书社，2016年，第249页。
② ［明］茅坤：《刻〈汉书评林〉序》，《茅鹿门先生文集》卷十四，《明别集丛刊》第二辑第九十二册，合肥：黄山书社，2016年，第213页。

应麟在《少室山房笔丛》中说："子长叙事喜驰骋，故其词芜蔓者多。谓繁于孟坚可也，然而胜孟坚者，以其驰骋也。孟坚叙事尚剪裁，故其词芜蔓者寡，谓简于子长可也，然而逊子长者，以其剪裁也。"① 他这里说的"喜驰骋""尚剪裁"，意思与茅坤的"风神""矩矱"相同，都是从文章总体风格上比较二者，认为《史记》《汉书》叙事风格各有所长。此外，归有光《归评史记》卷八云："《汉书》本纪严整，然不及《史记》俊逸，而《史记》又不免阔略。"所见与茅坤、胡应麟略同。清代章学诚以"圆而神"形容《史记》的风格，以"方以智"评价《汉书》的风格，他的这个看法应该是受到了明人的影响。

对于前人争论不休的《史记》《汉书》繁简问题，明人也表现得较为融通。他们不再把二者看作各自的对立面，而是将它们视为各有所长、互为补充的一体，成为他们探讨理论问题的对象。明代直接论史书繁简的学者以胡应麟最为详备。他主张繁简合作，即把简的长处与繁的长处结合起来，而不是只要简或只要繁。这个看法调和了繁简之争，显得很通达。他还以《史记》为例，进一步说明这个问题："卫青、李广均武夫也，广事终身如睹而青寥寥也；曹沫、荆轲同刺客也，轲事千载若新而沫寥寥也，以叙有详略也。然则史固贵繁耶？曰简哉而繁有当也。亦观太史之叙仓公乎？连篇累牍，靡弗厌焉。相如窃女、曼倩滑稽，虽其文瑰伟可喜而大体不无戾也。"② 就是说，

① ［明］胡应麟：《少室山房笔丛》卷一三，上海：上海书店出版社，2001年，第129页。
② ［明］胡应麟：《少室山房笔丛》卷一三，上海：上海书店出版社，2001年，第130页。

《史记》写同类人物，写得详细的往往生动传神，详略得当；但也有繁而不合大体的，比如写仓公病案、写司马相如琴挑卓文君、写东方朔之滑稽，这些事他认为都是无关历史兴衰的，不必详写。由此可见，胡应麟基本上认为史书记事应当详细，但还需繁而有当，标准是记事有关大体。对此，袁中道的观点较鲜明："今夫迁、固史略，未若唐宋史之备也，然今之人熟唐宋之史者百无一二，而熟迁、固之史者遍天下，则何也？汉史要约易诵，而近代繁芜不可读也。彼其人之有关于法戒者书之可，若琐琐庸流何用书事之；有关于理乱者书之可，若米盐杂事何用书，即有当书者，然一句可明衍之为一篇，一字可明衍之为数句，是所谓乱草荒茅也。且史之作也，亦欲使后人诵而法之，若繁芜不可读，则人相与厌而束之高阁，又何用史？故诚欲修之，非简不可也。"① 他把《史记》《汉书》与后来史书相比，认为二史都可称简约，易于后人诵读传播，原因是《史记》《汉书》记载的都是有关法戒者、治乱者之事，因此，他认为作史应当少录庸碌之人，少载琐碎杂事，这样史书自然就简约了。总体上看，他这个看法与胡应麟是一致的，也就是史书的繁简不在于文字多寡，而在于是否详载有关治乱法戒的大事。

值得注意的是，明代学者关于班马比较的评论表现出一种总结意识，并在此基础上做出了自己的判断。如徐中行（1517—1578）在为凌稚隆《史记评林》所作的序中说："《史记》体裁既立，固因之而成书，不过稍变一二，诚易为力者耳。

---

① ［明］袁中道：《论史》，《珂雪斋集》前集卷十九，《明别集丛刊》第四辑第七十五册，合肥：黄山书社，2016 年，第 468—469 页。

其时诸儒钻仰训诂，承为集解，至二十四家，而《史记》解释
者少。历代之宗《汉书》，至宋尤为盛，其宗《史记》者，乃
始盛于今日之百家。然二氏皆良史才，而其得失靡定者，盖各
因时所尚而资之近者为言耳。"胡应麟说："《史》《汉》二书，
魏晋以还纷无定说，为班左祖盖十七焉。唐自韩、柳始一颂子
长，孟坚稍诎。至宋郑渔仲、刘会孟又抑扬过甚，不足凭也。
至明诸论騭差得其衷。"① 徐中行和胡应麟都回顾了魏晋以来人
们对《史记》《汉书》二史的批评，得出的结论是：《史记》评
论至明代最盛，《史记》《汉书》各有所长。这个看法也较前代
更为客观全面。其实，明人对《史记》其他方面的评论也都表
现出这种史学总结意识，尤其是在一些争议较多的篇目或问题
上，如凌稚隆《史记评林》在评论《史记·刺客列传》时，就
引用了黄洪宪、茅瓒、茅坤、余有丁、王维桢、王世贞、董份、
闵如霖、陆瑞家、方孝孺、何孟春、金履祥、唐顺之、李光缙、
王韦、刘辰翁、鲍彪、凌约言、高仪、罗大经、张洲、李廷机、
王鏊、赵恒、黄震、苏辙、王安石、杨维祯、杨士奇等二十多
人的观点②，然后才提出自己的看法。这就说明，明代学者不仅
具有从史学发展全局评价《史记》的意识，还在具体问题上表
现出梳理总结的意识，这使得学术史发展的轨迹显得更加细密
深刻。

---

① ［明］胡应麟：《少室山房笔丛》卷一三，上海：上海书店出版社，2001 年，第
131 页。
② ［明］凌稚隆辑校，李光缙增补：《史记评林》卷八十六，天津：天津古籍出版
社，1998 年，第 583—626 页。

良史论与"史公三失"论的翻案

明初学者对司马迁"良史"的认识基本没有超出宋元学者的评价，即他们大多认为司马迁"良史"之才主要体现在他的叙事才能方面，而在思想上，司马迁还是有不合《春秋》义法的地方。但到了明中后期，有关司马迁思想的"史公三失"说则表现出了与此前迥然不同的看法。

一、良史之才与《春秋》之志

明初学者方孝孺（1357—1402）在《条侯传论》中说："天下之赏罚必有所受，受于人者必制于人。大夫受于诸侯，诸侯得以赏罚之；诸侯受于天子，天子得以赏罚之。惟天子之大柄受于天，而天不屑屑然与之较。古之圣人恐其无所畏而肆也，于是立史氏以书之。史氏者，所以赏罚天子而立天下之大公于世，故天子之所赏而滥，天下莫敢问，史氏得以夺之。天子之所罚而借，天下莫敢言，史氏得以夺之。天子之身所为有当否乎，其下者莫敢是非也，史氏秉大公之道是非之。故天子之赏罚信于当时，史氏之赏罚于万世；天子之赏罚可以贱贵一世之人，而史氏之赏罚可以惩劝于无穷，荣辱于既死，君子谓史氏之柄不在天子下，彼以其位，此以其公也。使史氏之予夺而不以其公，后世何所取信哉？"① 方孝孺在这里把史官看作是握有赏罚之权、秉持天下大公之道的人，因此史官予夺褒贬一定要以公不以私，这样才能保证传信史于后世。这个认识与南宋吕祖谦提出的"公议"说是一脉相承的，是宋元以来以道衡史的延续。方孝孺生于明初，其学识修养都与宋人接近，有这样的认识也很自然。方孝孺曾以这种认识进一步论及司马迁对周亚夫的评价，他说周亚夫曾反对汉景帝废栗太子、封皇后兄王信及匈奴降王，汉景帝因私恨在心，故意陷害周亚夫，使之下狱至死。方孝孺认为周亚夫是忠义守职的忠臣，应该予以褒扬，而司马迁论周亚夫则说"足己而不学，守节不逊，终以穷困"，这样的评价不仅不公，也不足取信，"迁不称其能守官而诋其以不逊，不闵其死不以罪，而悲其困穷，史氏之论若此，何以信于后世？此吾尝论迁善纪事而不知统，善陈辞而不能断，有良史之才而不达君子之道，亚夫传之类也"②。可见，方孝孺所说的良史之才只是指司马迁善记事、善陈辞，而对司马迁的思想他是不认同的。实际上，方孝孺本身就有"书不可尽信""史不可尽信"的观点。他认为造成史不能尽信的主要因素是史官的自身修养，"以好恶之私，持不审之论，而其词又不足以发之，能不失其真者鲜"，或者"目不睹其事，身不预当时之得失，意揣心构，以补其所不足，而增其所未备"，"或有所畏而不敢直

① ［明］方孝孺：《逊志斋集》卷五《条侯传论》，《明别集丛刊》第一辑第二十四册，合肥：黄山书社，2013年，第101页。
② ［明］方孝孺：《逊志斋集》卷五《条侯传论》，《明别集丛刊》第一辑第二十四册，合肥：黄山书社，2013年，第102页。

书，或有旧恩故怨而过为毁誉，或务奇眩博而信传闻之辞，或欲骇人之视听而驾为浮辩"。① 在他看来，这种种弊端自左氏、司马迁、班固以来就存在，而解决这个问题的办法就是"因人君之贤否以考其政之治乱，因行事之忠诈以定其人之功罪"。不过，这种以忠诈贤否为标准评定历史的认识不仅不能解决问题，还有可能使史书离信史更远。

万历时许孚远（1535—1604）对司马迁良史之才的认识依然如此："孔子没而史法亡矣。汉司马迁有良史之才，无孔子《春秋》之志。……其不学孔子书法，何也？为纪传之文犹易，为《春秋》书法甚难，一字予夺，严于命讨，非圣人不能为也。故愚以为迁史非有《春秋》之志也。……班固而下，史家类祖述马迁，不复有《春秋》之体，至宋司马温公勒为《资治通鉴》，体近《春秋》之编年，然亦未尝有书法。朱文公先生复取其书厘为《纲目》，有《春秋》书法矣。"② 许孚远说的"《春秋》之志"就是一字褒贬的春秋书法，他的老师是岭南理学家湛若水，因此他对司马迁良史之才的评价还是沿着理学一派而来，以《春秋》褒贬史学为正宗。黄淳耀（1605—1645）也以《史记》的"世家"为例，说司马迁在叙述诸侯史事时，对王室始乱、霸主代兴都详加记载，如厉王之奔、宣王之立、幽王之弑、周东徙雒、秦始列为诸侯、各霸主的兴废始末及敌国相灭、臣子弑君，皆三致意焉，尤其对孔子之生卒及相鲁记录特

---

① ［明］方孝孺：《逊志斋集》卷五《晋二首》，《明别集丛刊》第一辑第二十四册，合肥：黄山书社，2013 年，第 112 页。

② ［明］黄宗羲：《明文海》卷一百七十四引许孚远《与魏古渠学博论史书》，《景印文渊阁四库全书》第一五四册，台北：台湾商务印书馆，1986 年，第801—802 页。

详。他认为这都是司马迁谨遵《春秋》笔法的表现，"此等义例，皆不愧良史"①。也就是说，只有以《春秋》笔法写史，才不愧良史之称。总体来看，明代史家的良史思想并未能突破宋代义理史学的认识，依然是把史书看作体现褒贬义理的工具，把朱熹《通鉴纲目》奉为楷则，以《春秋》予夺褒贬的义法原则记载和评价历史，并以此界定良史的内涵。

何乔新（1427—1502）在其《诸史》篇中具体阐释了"辨而不华，质而不俚，其文直，其事核，不虚美，不隐恶"的内涵。他认为《史记》"叙游侠之谈，而论六国之势，则土地甲兵，以至车骑积粟之差，可谓辨矣，而莫不各当其实，是辨而不华也"②，就是说《史记》议论文字往往纵谈古今、包罗万象，但都据实而论，无夸饰之辞，此所谓"辨而不华"，"叙货殖之资，而比封侯之家，则枣栗漆竹，以至籍藁鲐鲞之数，可谓质矣，而莫不各饰以文，是质而不俚也"。他以《货殖列传》为例，说《史记》把货殖之富比为没有封号的侯王，但笔下所书都是枣栗漆竹等日常资用之物，行文铺陈又不乏文采，此所谓"质而不俚"。所谓"直"，"上自黄帝，下迄汉武，首尾三千余年，论著才五十万言，非文之直乎"！即《史记》线索明晰，文字简要。"纪帝王则本《诗》《书》，世列国则据《左氏》，言秦兼诸侯则采《战国策》，言汉定天下则述《楚汉春秋》，非事之核乎！"记事皆有依据，此为"核"。"伯夷古之贤

---

① ［明］黄淳耀：《陶庵全集》卷四《史记评论·齐太公世家》，《明别集丛刊》第五辑第八十册，合肥：黄山书社，2016 年，第 335 页。
② ［明］何乔新：《椒丘文集》卷二《策府十科摘要·诸史》，《明别集丛刊》第一辑第五十册，合肥：黄山书社，2013 年，第 189 页。

人，则冠之于传首；晏婴善与人交，则愿为之执鞭，其不虚美可知。陈平之谋略，而不讳其盗嫂受金之奸；张汤之荐贤，而不略其文深意忌之酷，其不隐恶可见。"有美必扬，毫不掩饰，有恶必书，绝不隐讳，此为"不虚美，不隐恶"。这可以说是自扬雄、班固以来，从叙事特点方面对司马迁"良史之才"做出的最详细全面的阐释。他还认为司马迁在思想上也能够继承《春秋》义法，说："司马迁负迈世之气，有良史之才，其作《史记》也，措辞雄健，寓兴深远，三代而下，秉史笔者未能或之先也。……继《春秋》之后而存《春秋》之例，舍迁《史》，吾谁与归？"① 他虽然还是把是否遵从《春秋》褒贬善恶的义法作为评价史家优劣的标准，但已经肯定了司马迁的思想成就，这也算一个小小的进步。

沿着刘知幾开辟的"史才三长"说来探讨史家才、学、识的评议，在明代较为丰富。在这些评议中，司马迁及其《史记》都是探讨这个问题不可或缺的对象。这些评论对史才、史学的认识较为一致，大抵是指博览通达，但对史识的理解分歧较大。如嘉靖时田汝成说："司马迁之作《史记》也，总辑群籍而驰骋终古，三皇五帝以及孔子诸所纪载，率怪瑰奇谲，纷然无所折衷，何笔削之漫如也！大抵才高者多博览，而明道者有真识，司马迁有孟子之才，而乏孟子之识，故是非谬于圣人，孟子才甚富而识以将之，此其所以不可及也。"② 显然，他理解的史家

---

① ［明］何乔新：《椒丘文集》卷二《策府十科摘要·史记》，《明别集丛刊》第一辑第五十册，合肥：黄山书社，2013 年，第 192—193 页。
② ［明］田汝成：《焚廪浚井》，《田叔禾小集》卷十策问经义，《明别集丛刊》第二辑第六十一册，合肥：黄山书社，2016 年，第 549 页。

的史识就是"明道"，即宋元理学家阐发的儒家义理，这是承接了前人的陈辞。实际上，田汝成本人是很推崇《史记》的，他认为司马迁能"远涉江淮，大肆文章之力"，从而写成不朽之作《史记》。有感于此，他觉得自己为官十余年，足迹遍南北，正应该如实记录耳闻目见，以供后人修史之用。可以说，他把博览多识视为修史必备的条件之一。归有光在《文章指南》中则说："文章非识不足以厚其本，非才不足以利其用，才识具备，文字自会高人。如司马子长自叙，所以发《史记》之大意，而其辩博之才、淹贯之识尽见于此矣。"① 他认为司马迁才识兼备，司马迁自己阐发的著史宗旨就是其史识的体现。

二、公心直笔与史家独见

胡应麟（1551—1602）在"史才三长"外，又增加了两条："才、学、识三长足尽史乎？未也。有公心焉、直笔焉，五者兼之，仲尼是也。董狐、南史，制作无征，维公与直庶几尽矣。秦汉而下，三长不乏，二善靡闻。"他说的公心和直笔以春秋的董狐和南史为代表，强调的是史家直接以直笔对抗政治权力的品质。胡应麟认为史家具备三长容易，做到公与直难，而且公心与直笔有时并不统一，"直则公，公则直，胡以别也？而或有不尽符焉。张汤、杜周之酷附见他传，公矣，而笔不能无曲也"②，就是说司马迁虽然记载了张汤、杜周这两个酷吏的残

① ［明］归有光：《文章指南·仁集》，《四库全书存目丛书》集部第三一五册，济南：齐鲁书社，1997年，第635页。
② ［明］胡应麟：《少室山房笔丛》卷一三《史书占毕一》，上海：上海书店出版社，2001年，第128页。

虐，但没有将其载入他们的本传，而是附在他人传记中表现出来，虽说是秉持公心地把他们的善与恶都写出来了，但在表现方法上是曲折表达，"夫直有未尽，则心虽公犹私也"，实质上还是私心的一种表现。在这种严格标准下，要做到公心与直笔兼备确实是非常困难的，在现实社会中这样的标准显然悬之过高。因此胡应麟进一步提出要结合具体的历史环境评价史家，说："史有别才，运会所钟，时有独造。"史家各有各的才能，所生活的时代也不尽相同，在他看来，左氏和司马迁才、学具美，可是如果左、迁生活在唐、宋，恐怕他们也写不出《左传》《史记》这样的史书来了，这就是说，人们要结合具体情况做出合乎客观的评价。同时，他认为司马迁、班固能够写出《史记》《汉书》这样的不朽杰作，也有其特殊条件，那就是家族长久的积累和不懈的努力，甚至还有像褚少孙、班昭这些补续者们的功劳。这样看来，史书需专人经长久努力才能成功，因此胡应麟主张私家修史，或专人修一史，而非众人修一史。

在明代，持这种看法的人为数众多，如晚明袁中道（1570—1623）专门探讨过这个问题。他说："今夫史局之官皆居清华，其升迁无与于史之成否，故其志易怠，而又各有他司及一切应酬之累，不得专一。若处士布衣习于劳瘁，史成冀望一官，其心切而又无事扰之，故可以计岁而成。……夫天下固自有有才、有学、有识之布衣，而世未有荐之者，诚有人荐起而专以一代史付之，给秘府之奇书，收天下之文集志乘，予以廪饩笔札，使得自举数十人以备采录之用，不过三年而史可成矣。即不能如马迁，何至出班固下乎？"① 他在这里提出来的具体措施大概是以司马光作的《资治通鉴》为模板，也是强调修史需才、学、识兼备的专人，这样修史的好处是能充分表现史家独见。他以《史记》《汉书》为例，说二书虽各有长短，历代学者批评不断，"然二家之书，若揭日月。而唐宋之史，读不终篇而已兀然作欠伸状，何也？岂非以独见之处即其精光之不可磨灭者欤"？可见，正是史家独见赋予了史书传之久远的生命力。袁中道说的史家独见可以说就是史识，他称之为"意见"，并认为史识最重要："而至于作史之人其所重如古所云三长者，固不可少，而尤重在识。夫识者，又所以运其才与学也。"但后人作史往往见识狭隘，他们所赞赏的人都是廉谨之辈，"而至于世之英雄豪杰出于常调超于形迹者，乃射影索瘢，极其苛刻，能于长中求人之短，而不于短中求人之长，能见人于皮毛，而不能洞人于骨髓。数百年内，习气相沿已入于人之膏肓，故今之时非无一二颖脱者，而出口下笔俱是庸人雷同和合之见，使此辈执笔，则有眼如盲，尽收平常缘饰之士，而汰去迹相可疑之真人，安能于众是之中而断人非，于众非之中而得人是哉？则信乎，非高识不可也！"这就说明史识不仅影响史家选择什么样的传主，还影响他们的是非判断，其重要性不言而喻。总体上看，袁中道对史识作用的阐释与他专人作史的主张是一体的，因此就比前代史家更加具体全面。此外，茅坤在《与马孟河太史论史书》中也主张凡有志于史者都可为修史尽一分力量，以

---

① ［明］袁中道：《论史》，《珂雪斋集》前集卷十九文，《明别集丛刊》第四辑第七十五册，合肥：黄山书社，2016 年，第 469—470 页。

补官修史书之不足。他说："愚故以为今日天下之有志于史者，不得如古者日侍天子之禁中供起居注，当自筮仕即遍择天下多闻直谅之士与之交游，谘诹中外之间，务得夫朝廷之隐与公卿大夫贤否是非之实，四海九州街谈巷议民风野史之所可采，皆得以日属月累书而贮之，大较如史迁所称予于某善故得闻云云，予于某之子某之孙善，又予尝过某处见长老某某云云之类，必皆据其实书而藏之以合记室，此则不信乎简册而信乎耳目，不独任乎诸司之供报，而博咨乎天下之公议，他日所或可遗名山大壑之间以备一代之史，此其说也。传不云乎？礼失而求之野，仆窃谓于今日之史也亦然。"他呼吁学者们向司马迁学习，访问长老友朋、实地考察搜罗，把"信乎耳目""博咨公议"看作是写史另一种非常重要的途径。所谓"礼失求诸野"，是针对明代的修史制度而言，明自开国即确立只修本朝实录而不修本朝国史的方针，这就激发了私人修史的热情。在这种情况下，主张专人修史优于官修的认识也就越来越普遍。

不仅史家要有独见之识，学文章者也应该以培养史识为要务，识高则文章自有笔力。如陈继儒（1558—1639）评《史记》："《史记》之妙，妙在创。"他赞司马迁以一人之力勒成《史记》，"太史公胆力、笔力、精力空古今天地无两人"①。他还提出读史可培养人的才力胆识。他看到当时的才俊子弟花费大量的精力学习时文，却不知《资治通鉴》、二十一史为何物，甚是痛心，因此提出"若教之读史，以聪明俊慧之资，遇可喜

① ［明］陈继儒：《陈眉公先生全集》卷一《新刻史记叙》，《明别集丛刊》第四辑第五十三册，合肥：黄山书社，2016年，第54页。

可愕之事，则心力自然发越。贯串治乱得失，人才邪正之源流，与财富兵刑礼乐制度沿革之本来，则眼力自然高明。以古人即证今人，以古方参治今病，则胆力自然稳实。晓畅大局面、大机括、大议论、大文章，则笔力自然宏达"①。他认为读史可以培养人的心力、眼力、胆力和笔力，这既可看作是对史家修养作用的认识，也可看作是对文章家的要求。郝敬（1557—1639）在他的诗文理论著作《艺圃伧谈》卷四中说："文章惟识为难。昔人云，史有三长才、学、识。刘知幾云，有学无才，如愚贾操金，不能殖货；有才无学，如巧匠无楩楠，不能成室。独不及识。愚谓识最要。有才学无识，意虽工，不入解，辞虽富，不中情。凡才小而卑，学驳而丑，皆识不足也。"这样，史识不仅是史家必备的素养，也成为文章家最重要的素养了。因此，关于史识的理论已经超出史学理论范围，而进入了文章理论家的视野。

三、"史公三失"说的翻案

与前代相同，对于班固"三失"说，明代学者大多把眼光投注于《孔子世家》《游侠列传》《货殖列传》等篇章上，结合其具体内容对"史公三失"展开论述。

有很多学者将《游侠列传》理解为司马迁的愤激之言。如弘治年间进士孙绪认为司马迁因遭受李陵之祸，将内心愤懑不平之气寓于《游侠列传》《货殖列传》中，都是一时愤激之言，并不代表其主导思想，"班固偶尔未思，遂谓其退处士而进奸

① 转引自郭预衡：《中国散文史》，上海：上海古籍出版社，2000年，第232页。

雄，崇势利而羞贫贱，后世翕然拾残唾而哓哓焉，所谓痴人前不得说梦也"①，他并没有批评班固，而是说后人不加深思就人云亦云，致使司马迁一再蒙冤。后来何良俊也有此说："《史记·游侠传》序论，此正是太史公愤激著书处……此正如庄子之俶诡博达谬悠其说，以舒其轻愤不平之气，而世之不知者，遂以为此太史公之庄语也。"② 从本质上讲，这种看法与前人没什么差别，但立场上已经转为回护，而不是批评。

　　明后期学者的认识则显示出鲜明的反理学、崇胆识的时代特征。如晚明陈继儒认为司马迁为游侠作传是其自身侠气胆识的自然体现，他在为洪世恬《侠林》所作序中说："太史公慷慨为李将军游说，下蚕室，时无贤豪可缓急，乃作《游侠传》发孤愤。"陈继儒还在这篇《侠林序》中对侠之义进行了新的阐释："侠以忠孝廉洁为根，以言必信、行必果为干，以英雄始、以神仙终为果。虽未必事事步趋圣贤，而豪杰识豪杰，则索之侠林有余矣。善乎！古之壮侠也，曰侠气，曰侠肠，曰侠骨。深沉挚敛，如老氏之处柔，伏生之不斗，而一然诺万人必往，一叱咤千人自废；惟天壤间大有心人，正大有力人也。"可见，他概括了侠的基本特征，认为侠中亦有圣贤豪杰，这些认识基本与司马迁相同。他还进一步推论，说为人子者有侠气才会孝，为人臣者有侠气才会忠，为人妇者有侠气才会烈，为人友者有侠气才会信，也就是说，人间伦理都因侠气得以实现，以至于世间贫贱、患难、恩怨、情仇都需侠气才能解决。这种称颂显

---

① ［明］孙绪：《无用闲谈》，《沙溪集》卷十二杂著，《明别集丛刊》第一辑第六十三册，合肥：黄山书社，2013年，第97页。

② ［明］何良俊：《四友斋丛说》卷五《史一》，明万历七年张仲颐刻本。

然是以夸张之笔表达自己对侠的渴望之情，也表达了"何代无侠，何侠不奇？特未有拈出之以振世人之耳目者"的遗憾。可见，他对《史记》传游侠持极端赞赏的态度，已完全否定了班固以来视游侠为奸雄的观点。他还把班固"三失"之评，与朱熹"不明于圣贤六经仁义"之评、刘知幾"多聚旧记，时插新言"之评和苏辙"浅陋而不学，疏略而轻信"之评，视为对司马迁的苛责，其实质是"儒家以理学捃束之，史家以体裁义例掎撼之"①。可以说，他把唐宋以来对《史记》评价的基本趋势概括出来了。

同样，钟惺（1574—1624）评《平准书》和《货殖列传》，认为司马迁观汉武帝兴利之事有关国运，心有深悲，才不得不作此传，并且认为"《平准》言利，渐向剥削；《货殖》言利，渐向条理"，两篇应该合看，才能看到司马迁写《货殖列传》是讲富国生财之正道以及教诲、整齐之理，正好可以与《平准书》中一切兴利之人皆"与民争利"、与国计民生无益之旨相互补充映衬。因此他评《货殖列传》说"货殖非细事，货殖之人非庸人"，"盖从学问世故淹透出来，将治身治国与货殖之道不分作二事，方有此文"。② 就是说，司马迁作《货殖列传》《平准书》，是为了宣明治身治国的根本问题，而不是为了发个人私愤。郝敬也曾论及《平准书》，说它"识高，而慷慨忧时之情，千载如在目前"。明代文人对《货殖列传》《平准书》的评论渐

① 陈继儒：《陈眉公先生全集》卷一《新刻史记叙》，《明别集丛刊》第四辑第五十三册，合肥：黄山书社，2016年，第54页。
② ［明］钟惺著，李先耕、崔重庆标校：《隐秀轩集》卷第二三论二史一《货殖》，上海：上海古籍出版社，2017年，第488页。

多，并且见解明显比前人更深一层，这与明代社会经济的繁荣以及人们对经济活动的认识更全面有关，再加上当时很多文人直接从事售文、编书、刻书、编剧等商业活动，对经济的社会作用有更深切的体会，因此他们对义利之辨的认识也就更切合实际。

到了李贽，他不仅认为《史记》的价值就在于能发愤而作，而且把"三失"看作司马迁思想的不朽之处。他论及《伯夷列传》，说此篇"翻不怨以为怨，文为至精至妙也"。朱熹曾批评司马迁作《伯夷传》满腹是怨，李贽则认为怨不可少，他说："怨以暴之易暴，怨虞夏之不作，怨适归之无从，怨周土之薇之不可食，遂含怨而饿死。此怨曷可少也？今学者唯不敢怨，故不成事。"[①] 李贽认为史家在史书中可以表达自己真实的思想情感，更何况司马迁所表达的怨与愤并非私愤，而是有关时代变迁、国家兴衰和节义不守的公愤，即司马迁自己在《伯夷列传》中说的"非公正不发愤"，而正是在这种出于公愤的真实情感的推动下，他才会写出《史记》这样的史书。这样，在《史记》文章学史上，司马迁"发愤著书"的价值最终得到了认可。李贽又说："观班氏父子讥迁之言，谓真足以讥迁矣，不知适以彰迁之不朽耳。使迁而不浅陋、不疏略、不轻信、不是非谬于圣人，何足以为迁乎？则兹史固不待作也。迁、固之悬绝正在于此。夫所谓作者，谓其兴于有感而志不容已，或情有所激而词不可缓之谓也。若必其是非尽合于圣人，则圣人既已有是非矣，

---

① 〔明〕李贽：《焚书》卷五"读史"《伯夷传》，北京：中华书局，1974 年，第 211 页。

尚何待于吾也？夫案圣人以为是非，则其所言者乃圣人之言，非吾心独得之言也，言不出于由衷，情非由于所激，则无味矣。有言者不必有德，又何贵于言也？此迁之史所以为继麟经而作，后有作者终不可追。"① 李贽不再纠缠于司马迁的见解是否合于经的问题，而是从"作"的意义出发，认为不合于经正体现了司马迁的一人独见，正是不合于经才奠定了司马迁不可企及的高度。同理，他认为《春秋》也是夫子一人之史，孔子笔削鲁史，也没有把古圣人之是非作为自己的是非。可以说，这种离经叛道之言把套在司马迁身上的枷锁彻底扯脱了。由此，李贽导出"经史一物"的认识。他认为史中有经才能垂鉴戒，经中有史才能彰事实，否则就是秽史，是空言。在这个意义上，他肯定司马迁具有旷世之眼，相比之下，班固立论"不免搀杂别项经史闻见，反成秽物"②，只是个文儒。

可见，关于"史公三失"的问题最终还是归结到经史关系的探讨。明朝后期，随着政治腐败和社会贫富的急剧分化，儒学传统已很难维系，李贽就是其时异端思想的代表，他的学说主要反对正统儒家之虚妄。在这种思想指导下，他对历史人物的评价多不同以往。李贽晚年好史，著有《藏书》68 卷，"藏书"之命名取自司马迁所说的"藏之名山，以俟后世君子"，有窃比司马迁作《史记》之意。这部书是纪传体历史人物评论著作，选择战国至元末历史人物约 800 人，对他们做出了不同凡俗的评价，如把项羽归为"英雄草创"类，称其为"千古英

① ［明］李贽：《李温陵集》卷十五《司马迁》，《明别集丛刊》第三辑第四十四册，合肥：黄山书社，2016 年，第 214 页。
② ［明］李贽：《焚书》卷五《贾谊》，北京：中华书局，1974 年，第 201 页。

雄"；把陈涉归为"匹夫首倡"类，称其"古所未有"；把《史记·滑稽列传》中的淳于髡、优孟、优旃列为讽谏名臣；把聂政、豫让、荆轲、田光、高渐离、朱家等刺客游侠与季布、栾布、周昌、汲黯都归为"直节名臣"。由此可见，他对历史人物的评价，表现出不以成败、地位论史的倾向。思想上的接近使得李贽在评价《史记》时更富自发之同情，更能揭示司马迁的著述宗旨。在他之后，"公安三袁"以及钟惺、陈继儒等人，都表现出不拘格套的新思想，因而在《史记》评论上表现出鲜明的时代特征。

纪传体通史的衰微与《史记》体例论

明代官修史书的重点是本朝实录和典制史《大明会典》，虽然也编写了《元史》210卷，但这部史书仅用了两年时间就完成了，并未占用史官们多少时间。相比之下，从建文年间至崇祯年间，共编成实录13部2909卷，其卷帙之浩繁是前所未有的；《大明会典》228卷，从明孝宗时初修，至神宗万历十五年颁行，前后历经90年，几代皇帝都亲问其事，神宗还为之作序。可见，朝廷更关注自身实录与典章制度的编纂，而为前朝修史好像只是草草应付了事，因此纪传体史书的落寞不可避免。在这种情况下，有关《史记》体例的探讨就显得有些寥落。

宋濂、王祎等纂修《元史》时，曾对历代正史的体例作了全面考察，最后决定本纪以《史记》《汉书》为准，"事实与言辞并载"，表以《辽史》《金史》为准，对于论赞的处理也较独特，"历代史书，纪、志、表、传之设，各有论赞之辞。今修《元史》，不作论赞，但据事直书，据闻见意，使其善恶自见，准《春秋》及钦奉圣旨事意"，可见明代官修史书对纪传体体例有继承也有创新。在官方不修本朝国史的情况下，明代私家修史渐趋兴盛，尤其是嘉靖、万历以后，王世贞、李贽、焦竑、谈迁等都有志于修本朝国史。王世贞既是复古派"后七子"的领袖，也是当时著名的史学家，他自成年起就一心仰慕司马迁、班固，为修史做准备，称自己三十年如一日，"尽窥金匮石室之藏，窃亦欲藉薜萝之日，一从事于龙门、兰台遗响，庶几昭代之盛，不至忞忞尔"①。王世贞搜集明代史料，计划编成一部纪传体史书，他的《弇山堂别集》100卷就是为编撰纪传体史书而准备的素材，分"述"19卷、"表"34卷、"考"36卷、《史乘考误》11卷，"传记"另有《嘉靖以来首辅传》8卷，可以说是众体兼备了。虽然他最终未能修成国史，但为后人撰写明史提供了丰富的史料。此外，王世贞还有直接评论《史记》的文章35篇，收入《弇州四部稿》中。他对《史记》的体例有自己的体会："太史公之文，有数端焉：帝王纪，以己释《尚书》者也，又多引图纬子家言，其文衍而虚；春秋诸世家，以己损益诸史者也，其文畅而杂；仪、秦、鞅、雎诸传，以己损益《战国策》者也，其文雄而肆；刘、项纪，信、越诸传，志所闻也，其文宏而壮；河渠、平准诸书，志所见也，其文核而详，婉而多风；刺客、游侠、货殖诸传，发所寄也，其文精严而工笃，磊落而多感慨。"②他这不是专门谈史书体例，而是把文体与风格联系起来，认为《史记》各体的史料来源对其文章风格有一定影响，这实际上还是把《史记》看作文章，来探讨各体风格。此外，私修史书还有柯维骐的《宋史新编》、郑晓的《吾学编》、何乔远的《名山藏》等，都是纪传体断代史。在这种情

---

① ［明］王世贞：《弇山堂别集小序》，北京：中华书局，1985年，第4页。
② ［明］王世贞著，罗仲鼎校注：《艺苑卮言校注》卷三，北京：人民文学出版社，2021年，第119—120页。

况下，人们对纪传体体例也依然有所讨论。

在《史记》五种体例中，论赞仍是人们评论的焦点。郝敬《史记愚按》卷一《五帝本纪》提出："迁史赞不主讥评，颇取一事一义篇中未详者申说，亦取材之一法。"他认为《史记》论赞不是为了讥评史事，而是补充传中没有详载的事情或看法，因此，这应该是司马迁处理史料的一种方法，而不是用来表达自己褒贬态度的。这个看法虽承自郑樵，但比郑樵说得更明确。陈文烛的文章在当时被公认为与司马迁文近似。他尤其喜读《史记》论赞："少余读《史记》，见其长于叙事，而"论赞"尤奇。窃叹六籍以后，善用长又善用短，惟司马氏哉！"[1] 他主要是从《史记》论赞中学习文章作法及其简约的文风，而不是像宋人那样从论赞中培养见识。胡应麟则强调了论赞之义，他说："夫史之论赞而岂苟哉？终身履历、百代劝惩系焉。子长诸传不尽废此义也，至称羽重瞳、纪信营墓，无关大体，颇近稗官矣。自汉而后，历代史臣壹规班氏，讵皆聋聩，要在适衷。近时贵重子长，不求大体，专搜奥僻，诩为神奇，恐太史有灵，不当一笑也。"[2] 他这里提倡的是史书论赞要体现劝惩，而不要专门学《史记》论赞中那些无关大体的琐事。他认为《史记》论赞总体上还是保存了褒贬之义，只是后人在学习《史记》时过于好奇，抛弃了其褒贬大义。由此可见，胡应麟对史书体例的见解还是以《春秋》为褒贬标准的。他对《史记》列传的认

① ［明］陈文烛：《二酉园文集》卷二《古文短篇序》，《四库全书存目丛书》集一三九，济南：齐鲁书社，1997 年，第 33 页。
② ［明］胡应麟：《少室山房笔丛》卷一三《史书占毕一》，上海：上海书店出版社，2001 年，第 131 页。

识也证明了这一点。胡应麟认为"史之体制迁实创之，而其义例纤悉，班始备也"，《史记》列传"一人始末，或述其名，或称其字，或兼其姓，或举其官，既匪《春秋》之义，奚取《左氏》之规也。可谓纷经错乱，不能一致"，而班固《汉书》"概自篇端，总其姓字，后但著名，遂为定体，百世咸遵"。这是从列传的命名方式上比较二史，认为《史记》的命题方式没有遵守《春秋》经传的义例。还有，《史记》中的廉蔺、窦田、刺客、货殖等传都是数人合传，而班固《汉书》一人一传，或即使是一传数人，也是各有各传，互不相干，由此他判定《史记》合传是史之变体。这其中的逻辑自然经不起推敲，究其根本，还是他思想中以经衡史的倾向在影响。

当时有不少人与胡应麟持同样的标准，如何乔新论《史记》列传和表体："列传褒贬尤有深意，以伯夷居于列传之首，重清节也；以孟荀冠于淳于之徒，尊吾道也；以庄周附于老子，以申不害附于韩非，别异端也。以表言之，《三代世表》以世系为主，所以观百世之本支也；《诸侯年表》断自共和，所以观世变之升降也；《秦楚月表》上尊义帝而汉居其中，所以明大义也；《将相年表》上系大事之记，所以明职分也；以至《汉兴诸侯》年经而国纬，以观天下之大势；《高祖功臣》国经而年纬，以观一时之得失，莫不有深意存焉。"[①] 这些观点大多是对宋人观点的综合，认为《史记》体例安排都有《春秋》微旨。还有八书之体也莫不具有深意，以致称陈平为陈丞相，称卫青为卫将军，

---

① ［明］何乔新：《椒丘文集》卷二《策府十科摘要·史记》，《明别集丛刊》第一辑第五十册，合肥：黄山书社，2013 年，第 193 页。

称周勃为绛侯，称韩信为淮阴侯，称梁王为彭越，称九江王为
黥布，这都是取自《春秋》纪爵称名之法。这样说来，《史记》
就成了第二部《春秋》，司马迁原本的宗旨深意也都成了《春
秋》之旨。

对于前人争议较多的几篇传记体例，明代学者也有针对性
的讨论，并表现出肯定《史记》实录的趋势。如何乔新认为项
羽、吕后入本纪都是司马迁实录精神的体现："怀王既泯，而项
羽主命，故纪项羽焉；惠帝幼弱而吕后擅朝，故纪吕后焉，盖
从实录也。"① 郝敬的《史记愚按》评项羽入本纪、陈涉入世
家："盖二人以匹夫起义，为民去残，为六王报怨，无论成败，
皆足以不朽。英雄利钝有时，作史者扬励，慰人心一快耳。子
长绝无世情，故可喜。"他认为《史记》对项羽、陈涉的记载正
好表现了司马迁不以成败利钝论英雄，有"绝无世情"的客观
态度。司马迁在"太史公曰"中批评了项羽"天亡我，非战
之罪"的感叹，也否定了不用信陵君而导致魏亡的说法。后人
对司马迁此论有所批评，郝敬认为这些批评者都不能"审于成
败之实"，说："项羽之强，其实可以不亡，而暴戾不仁，于
天何怨？魏处强大之间，国无险隘，四面皆仇敌，其实必亡
也。"这是对司马迁作史宗旨的进一步阐发，而更强调《史
记》尊重历史事实的实录风格。杨慎对朱熹所说的"《伯夷
传》满腹是怨"提出异议，认为"始言天道报应差爽，以世
俗共见闻者叹之也，中言各从所好，决择死生轻重，以君子之

① ［明］何乔新:《椒丘文集》卷二《策府十科摘要·史记》,《明别集丛刊》第一
辑第五十册, 合肥: 黄山书社, 2013 年, 第 192 页。

正论折之也。一篇之中，错综震荡，极文之变，而议论不诡于圣人，可谓良史矣"①。郝敬《史记愚按》也认为《伯夷列传》是"诸传之本叙也，包罗远而感慨深"，从根本上还是表现了司马迁考信于六艺、折中于夫子的作史原则。对前人所说的孔子不当入世家的言论，何良俊认为："夫有土者以土而世其家，有德者以德而世其家，以土者土去则爵夺，以德者德在与在。今观自战国以后，凡有爵土者孰有能至今存耶？则世家之久莫有过于孔子者。《史记》又以孔门七十二弟子与老子、孟子、荀卿并列为传，则其尊之至矣。孰谓太史公为不知孔子哉？"② 这些评议几乎一致针对宋儒展开批评，所提出的认识也更趋合理。

综上，《史记》评论及研究与明代史学、文学及社会发展有密切的关系。进入明代，史学一方面深入至下层社会，另一方面开始出现了总结学术发展的趋势，表现在《史记》研究上：一是大量集评著作出现，汇总了前代各类《史记》批评资料；二是批评者多能站在《史记》学术史的角度展开讨论，表现出更客观的研究态度；三是学者们对马班私家修史传统的呼吁与实践，在一定程度上使史学研究摆脱了官方对史学思想的控制，表现了他们在官方文史系统之外重新建立话语体系的尝试。明中后期，由杨慎等引领的考证之学逐渐兴起，改变了游谈无根、束书不观的风气，《史记》考辨之作由此增多，这为清代《史记》考据学的兴盛奠定了基础。但清代学者对明代《史记》评论中文章之法的讨论多持批评态度，认为他们只是把《史记》

① ［明］杨慎：《伯夷传》，《升庵集》卷四十七，《明别集丛刊》第二辑第三十册，合肥：黄山书社，2015 年，第 361 页。
② ［明］何良俊：《四友斋丛说》卷五《史一》，明万历七年张仲颐刻本。

看作揣摩科举时文写作的范本，斤斤于句法章法之间，完全抛弃了《史记》通史所蕴含的史家之旨。清代章学诚就在《文史通义·文理》篇中批评归有光，说他在评点《史记》中所说的那些"全篇结构""逐段精彩""意度波澜""精神气魄""疏宕顿挫"等，"特其皮毛，而于古人深际，未之有见"。① 这主要是针对明代文人的《史记》评点来说的。其实，从明人文集中有关《史记》的史学评论来看，他们的认识基本上是超越前代的。

---

① ［清］章学诚著，叶瑛校注：《文史通义校注》卷三《文理》，北京：中华书局，1994 年，第 287 页。

第七章

镕历代，思通变：清代《史记》学术史

清代是中国古代史学批评的集大成时期。这个时期学者们讨论较多的议题，如义法、史德、史意、通史家风、别识心裁、记注与撰述、六经皆史等，都包含了对《史记》的重新审读和评价。清康熙、乾隆时期，史馆修史活动持续不断，官修史书种类繁多，这一方面引发了乾嘉史学的兴盛，另一方面也使史学受到官方政治伦理导向的束缚。康熙、乾隆二帝对一些重大的论题，如王朝正统、华夷之辨、春秋书法、人物评价等发表的评论，实际是为历史叙述和历史评价树立了官方样本。学者们对经史关系的探讨贯穿清朝始终，进而发展为义理、考据、辞章之论，这些讨论大多都以《史记》为基本素材，有关《史记》的学术探讨也多围绕这些理论问题展开。

桐城派的《史记》评论与
古文理论的体系化

清初顺治、康熙及乾隆之间，治《史记》者主要沿袭明代风尚，以编选点评类为多，古文选本的作者往往借选本来表达自己的文学主张，阐释自己的文章理论，桐城派的古文选本及桐城派的形成、发展、兴盛可称是这方面的典型。桐城派古文作家不仅把《史记》看成作文之法的典范，还在阅读与写作中不断探研《史记》的艺术特点，以此为基础，经过几代学者的努力，逐渐建立了较为系统的古文理论。桐城派代表性的人物有方苞、刘大櫆、姚鼐、王又朴、方东树、梅曾亮、吴德旋、钱泰吉、王拯、曾国藩、吴敏树、杨琪光、张裕钊、吴汝纶、郭嵩焘、何家琪、林纾、吴闿生、徐树铮，等等，他们大多都有《史记》评选本或古文选本，或在文集中有评论《史记》的专文，这些是清代《史记》学术史上不可忽视的重要内容。

方苞一生关于《史记》的论著，有《方望溪评点史记》四卷、《史记注补正》一卷，加上《望溪集》中评析《史记》某些篇章的杂论二十二篇以及赏析性质的断言杂语五十余条。这些文章主要探讨《史记》的谋篇布局、叙事的详略虚实，分析文章的前后呼应，揭示《史记》各篇写人记事的立意，以《春秋》义法评论《史记》，掘发其微言大义，并总结出古文"义法说"。方苞在《又书货殖传后》一文中说："《春秋》之制义法，自太史公发之，而后之深于文者亦具焉。义，即《易》之所谓'言有物'也；法，即《易》之所谓'言有序'也。义以为经而法纬之，然后为成体之义。"①　方苞说"义法"自太史公发之，一方面是指司马迁在《史记·十二诸侯年表》序中评价孔子依鲁史编次《春秋》说"约其文辞，治其繁重，以制义法"，另一方面也指司马迁的《史记》发扬了孔子《春秋》的义法，是六经支流而"义法最精者"②。他认为："义法"之"义"，就是文章要"言有物"，主要是指文章在思想内容方面要阐扬儒家伦理道义，以文载道；"义法"之"法"，就是"言有序"，主要是指叙事明晰。对于史书如何根据义法安排叙事的详略虚实，方苞提出要以"人之规模""事之关键"为标准，"所记之事，必与其人之规模相称，乃得体要"③。他评《绛侯周勃世家》说，传中叙周勃、周亚夫父子，先记二人战功将略，而后详叙的是周勃惧祸、遭诬，周亚夫争栗太子之废、抑王信封侯等事，足见汉家天子疑忌功臣之真实状况。另外，他还以《史记·萧相国世家》为例说明司马迁叙事的详略安排，萧何一生功业极多，难以在传中一一备举，于是司马迁就详写萧何收

① ［清］方苞：《方苞集》卷二《读子史》，上海：上海古籍出版社，1983 年，第 58 页。
② ［清］方苞：《古文约选序例》，《方苞集》集外文卷四，上海：上海古籍出版社，1983 年，第 613 页。
③ ［清］方苞：《望溪先生文集》集外文补遗卷二，《清代诗文集汇编》第 222 册，上海：上海古籍出版社，2010 年，第 435 页。

秦律历、荐举韩信、镇抚关中等事，这种详略安排的标准就是
司马迁在《留侯世家》中所说的"非天下所以存亡，故不著"，
并说"记事之文，义法尽于此矣"。这一点，方苞在评《汲郑列
传》时亦再次强调："史公于萧相国，非万世之功不著；于黯，
非关社稷之计不著，所谓辞尚体要也。"① 太史公写汲黯，对汲
黯治东海、为九卿、徙内史、居淮阳等政绩一律略写，而重点写
他直谏武帝多欲、矫节发粟以救贫民、面诘公孙弘与张汤等事，
以见其社稷臣之风。可见，方苞所说"体要"就是与天下存亡、
社稷民生有关的大事；就写人而言，就是能显示历史人物精神
风貌及历史地位的事件。《史记》"明于体要而所载之事不杂，
故其气体为最洁也"。可以说，"体要"即"义法"之义，而
"所载之事不杂"就是"义法"之法，"法"是随"义"变化
的，"义"与"法"配合得当则造就文章雅洁的气体风格。"雅
洁"的达成方法是多样的，方苞在评《廉颇蔺相如列传》《秦
本纪》《项羽本纪》时，具体分析了各篇"峻洁"的由来。总
体来讲，文章主旨决定文章详略布局，脉络明晰、叙事风格统
一等，是构成"峻洁"的要素。清末林纾在《畏庐论文》中，
把方苞所说"与其人之规模相称"解说为"还他恰好地位"，
并认为求文章体制与意境相称虽难，但在为文之前，淘泽心胸，
泽之以《诗》《书》，本之于仁义，深之以阅历，就能造就文章
的意境。② 这种意境应指义法配合得当而言，可视为对方苞"义

---

① ［清］方苞：《望溪先生文集》集外文补遗卷二，《清代诗文集汇编》第 222 册，
上海：上海古籍出版社，2010 年，第 439 页。
② 参见林纾：《春觉斋论文·应知八则·意境》，北京：人民文学出版社，1998
年，第 73—74 页。

法"说的补充性阐释。

　　方苞注重揭示史书选材、布局的"义法"，这一方面与他早年治《春秋》《周官》《周易》诸经的经历有关，也与万斯同的影响有关。方苞在康熙三十年结识万斯同，万斯同劝他不要沉溺于古文辞，认为于世无益，方苞自此辍古文而求经义。方苞所撰《万季野墓表》中记录了万斯同撰修《明史》的实录原则："盖实录者，直载其事与言而无可增饰者也。因其世以考其事、核其言，而平心以察之，则其人之本末可八九得矣。"万斯同称《史记》《汉书》为专家之书，与官修之史相对，并说"昔迁、固才既杰出，又承父学，故事信而言文"，认为只有专家之书才能保证"事信而言文"。万斯同修《明史》，撰有本纪、列传四百六十卷，虽存实录，但尚需剪裁，因此万斯同希望方苞能以义法裁之，二人合力，以成专家之史。他对方苞说，"子诚欲以古文为事，则愿一意于斯。就吾所述，约以义法，而经纬其文"。方苞最终未能完成这份嘱托，但从万斯同对方苞的殷切期待来看，方苞古文所讲究的"义法""峻洁"应该是符合史笔要求的，至少是达成"事信而言文"的有利条件。可以说，万斯同的殷殷之托及其对"事信而言文"的追求也促动方苞更自觉地追求叙事"义法"。同时，方苞在论述《史记》叙事之法时，往往牵连《春秋》《左传》等前代史书进行比较论述①，由此可见，方苞试图寻找《史记》与前代经书、史书之间的继承关系，表现出一定的史学意识。此外，清代官方古文选

---

① 邱诗雯：《清代桐城派史记学研究》，台北：新文丰出版公司，2018 年，第78—80 页。

本《古文渊鉴》以"古雅"为选文标准，《唐宋文醇》以"言有物""言有序""清真雅正"为标准，方苞在雍、乾时奉旨编选《古文约选》和《钦定四书文》，都不能不对官方提倡的这些选文标准进行阐释。如他讲如何做到"清真雅正"时说："欲理之明，必溯源六经而切究乎宋元诸儒之说；欲辞之当，必贴合题义而取材于三代、两汉之书；欲气之昌，必以义理洒濯其心，而沉潜反复于周秦盛汉唐宋大家之古文。兼是三者，然后能清真古雅而言皆有物。"① 他所提倡的古文"义法"、文尚雅洁以及"言有物""言有序"的主张与官方论调一致，因此在此基础上发展起来的桐城文章成为当时文章正宗。

方苞提出的叙事之法，在桐城后学中不断被充实。如王拯（1815—1876）的《归方评点史记合笔》、刘大櫆（1698—1779）的《论文偶记》、吴敏树（1805—1873）的《史记别钞》等，都以《史记》为基础多方探讨文章理论。刘大櫆在其《论文偶记》中以《史记》为天下至文，认为《史记》文之"峻洁"来自"识高""骨高""调高"，具体表现就是能穷理，能立志而好古，这个提法与刘知幾说的"史才三长"有一定联系，但刘大櫆主要从文章写作角度来阐释的。刘大櫆的古文理论多从前人的文评、史评中总结出来，而主要以《史记》为典范来解说其理论含义，这样，《史记》文章就成为他的古文理论的文本依据和评价标准，从而使《史记》在古文理论的建构中成为必不可少的一环。此后，姚鼐、曾国藩等多以雄远、雄奇、阳

---

① ［清］方苞：《钦定四书文凡例》，《景印文渊阁四库全书》第一四五一册，台北：台湾商务印书馆，1986 年，第 4 页。

刚阐释《史记》风格，并将其视作古文最高典范。曾国藩是晚清桐城派的核心人物，他的友朋弟子，如黎庶昌、吴汝纶、张裕钊、吴敏树、方宗诚等，多追随其文论，以《史记》为古文典范，并展开相关评论。桐城派古文家在论证义理、考据、文章三者关系时，也多以《史记》为例，可以看作是围绕《史记》对经、史、文关系展开讨论。姚鼐（1731—1815）生当乾、嘉之际，是清代考据学兴盛之时，当时考据家对古文家多有批判，在这种情况下，姚鼐在方苞的文章"义法"说之外，又加上考证和义理。他在《述庵文钞序》中把天下学问分为义理、文章、考证三类，并认为三者兼长最好，善用则相济，不善用则相害。① 姚鼐此说与宋人程颐所说的文章之学、训诂之学、儒者之学，以及戴震的义理、制数、文章说有相承的关系，但更多是针对戴震等好非议程、朱者而发。姚鼐认为文章与义理、考证可并立，如果像考据家那样"只求名物训诂，而尽舍程、朱，实为一蔽"。同样，曾国藩也提出："词章之学，亦所以发挥义理者也。"② 意思是辞章与义理本不可分，这在理论上为文章争取了独立的地位，同时也调和了当时宋学与汉学的争辩。

曾国藩又在姚鼐所提"辞章、义理、考据"之外增加了"经济"一项。"经济"即经世济民之意，明代就有很多以"经济"命名编集而成的书，如《皇明名臣经济录》《皇明经济文录》《皇明经济文辑》，明末陈子龙等编的《皇明经世文编》则

① ［清］姚鼐：《惜抱轩文集》卷四《续修四库全书》，上海：上海古籍出版社，2002 年，第 31 页。
② ［清］曾国藩：《致诸弟》（道光二十三年正月十七日），《曾文正公全集》第一册，北京：线装书局，2012 年，第 399 页。

改"经济"为"经世"，其用意都是总结历史、关注现实、经世致用，表现了士人的忧患意识和社会责任感。这种思潮曾影响了清初学者，至晚清又盛。桐城派本来就强调作文须"明义理，适世用"，到了晚清，随着时势的变化，以文经世的要求就更加迫切了。曾国藩在《劝学篇示直隶士子》中说："为学之术有四：曰义理，曰考据，曰辞章，曰经济。"① 并且把这四种分类与孔门四科一一对应：义理即孔门德行科，当时称为宋学；考据即孔门文学科，当时称为汉学；辞章是孔门言语科，即当时制艺诗赋之类；经济即孔门政事科，指前代典章政书及当世掌故。当时，围绕在曾国藩周围的文人在分析《史记》时也多注重阐发义理及其现实意义。如吴敏树《史记别钞》评《封禅》《平准》《河渠》三书，说河渠是当时利害第一，司马迁作《河渠书》就以"利害"为关键，揭示自七国至汉武帝"井田沟渠废坏，人始争利"的社会趋势，表现了司马迁的高识；而《平准书》所叙盐铁、车船、边马等治商之事都与后世国计有关，司马迁在史书中对此首次发论，实际是在写当时社会"争于机利，去本趋末"而观事变。最后，他总评三书"所叙皆孝武朝大条目事，与后人修史作志者不同"，后人作志，只是详考前代典故，做到叙次明晰而已，而《史记》三书所记都是司马迁目睹亲历之事，虽然记载典章也详细繁多，但都贯注了他对当世政治的看法和理念，因此司马迁在文章结构和叙述描写上均苦心经营，辞章可观。如此，吴敏树把《史记》文章看作是义理、考据、辞章、经济相结合的典范，他说："学者第能细按

---

① 《曾国藩全集·诗文》，长沙：岳麓书社，1986年，第442页。

当日事势情形，如身执简其侧，则于史公叙次之妙，必有窥其一二矣。"① 他把《史记》三书与其他志书比较，主要是因为二者都属"经济"这一条，但有高下之别，区别在于是否有义理、辞章的支撑。这样一来，辞章与义理、经济的关系就讲清楚了，以辞章经世的意义自然凸显出来。这种认识发展到后来，有学者提出以古文救考据之衰的主张。光绪时黎庶昌撰《续古文辞类纂》，选《史记》《汉书》文独多，认为"今天下似亦考据将衰之时也，救敝之术，莫若古文"，意图通过选文而见道。林纾为吴汝纶的《点勘史记读本》作序，也把清代《史记》之学分为两派："甲派如钱竹汀之《考异》，梁玉绳之《志疑》，王怀祖之《杂志》，均精核多所发明。……乙派则归震川、方望溪及先生之读本，专论文章气脉，无尚考据。二者均有益于学子，然而发神枢鬼藏之秘，治丛冗秃屑之病，导后进以轨辙，则文章家较考据为益滋多。顾不有考据，则瞀于误书；不讲文章，则昧于古法。"林纾认为文章、考据两派各有所长，但从影响上看，归有光、方苞至吴汝纶这一派对后世的影响要大于考据一派。

　　清乾嘉时期的考据学者及后来有影响力的学者，对以桐城派为代表的选文评文活动及他们对《史记》的理解多持批评态度。如钱大昕在《与友人书》中说："盖方所谓古文义法者，特世俗选本之古文，未尝博观而求其法也。"② 认为他们并未真得《史记》义法。洪亮吉则把古文家对《史记》的评论称为"词

---

① 〔清〕吴敏树：《史记别钞·平准书》尾评，清同治十一年刻本（1872）。
② 〔清〕钱大昕：《潜研堂集》文集卷三十三《书一》，上海：上海古籍出版社，2009 年，第 607 页。

人读史",说:"词人之读史,求于一字一句之间,随众口而誉龙门,读一通而嗤虎观。于是为文士作传,必仿屈原;为队长立碑,亦摩项籍。逞其抑扬之致,忘其质直之方。此则读《史记》数首而廿史可删,得马迁一隅而余子无论。其源出于宋欧阳氏之作《五代史》,至其后如明张之象、熊尚文,而直以制艺之法行之矣。"① 他提出用通训诂、隶故事的方法以救其失。可见,清乾嘉学者大多把桐城古文家对《史记》的探讨看作宋明以来制艺之法的延续。这固然反映了清代汉学与宋学对立的一面,但桐城古文家对叙事理论的讨论使刘知幾《史通》以来的史书叙事理论更成体系,并影响了后来史学理论的发展,这一点也是不容抹杀的。

总体上看,清人论及《史记》的叙事之法时,大多数论题是接续明人而来的,不同之处是讨论角度更多样、更细致深入,并能围绕《史记》评论,从叙事之法、叙事风格、经史文章等角度,逐渐建构古文理论体系,从而使宋明以来琐碎的古文理论体系化了。

---

① [清] 洪亮吉:《杭堇浦先生〈三国志补注〉序》,《卷施阁集》文乙集卷六,台北:文海出版社,1987 年,第 702 页。

从班马优劣到班马异同

　　清代学者论及《史记》《汉书》异同的，有专书，也有文集中的单篇文章。专书如杨琪光《史汉求是》，杨于果《史汉笺论》，刘青芝《史汉同异是非》等；专文如蒋中和《半农斋集》卷二《马班异同议》，徐乾学《憺园文集》卷一五《班马异同辨》，沈德潜《归愚文钞》卷三《史汉异同得失辨》，浦起龙《酿蜜集》卷二《班马异同》，朱仕琇《梅崖居士外集》中的《班马异同辨》，邱逢年《史记阐要》，熊士鹏《鹄山小隐文集》卷二《班马异同论》，汪之昌《青学斋集》卷一六《马班异同得失考》，等等。这在数量上远超前代。

　　据鄂尔泰、张廷玉《词林典故》卷四记载，康熙二十四年御试曾以"班马异同辨"为题，故清初文集中有不少考辨班马异同的文章。如归允肃、乔莱等都有《班马异同辨》，大多从体例、叙事、史识等方面辨其异同，而不轻易下优劣之论断。顾汧《御试班马异同辨》，针对历代班马异同的讨论，提出史书"贵传信而已，不在详略之迹也"，其详略与否应以是否传信来决定，并认为二书各有失当处，亦有创新处，总之，马、班可并称百代之良史。御试策论大多是此类持平之论。

　　杨琪光（1836—?）撰《史汉求是》十二卷，有光绪十八年刻本。他还有《读史记臆说》五卷，对《史记》一百三十篇逐一进行评论，其文集《博约堂文钞》中也有二十多篇论及《史记》人物和事件的。杨氏读《史记》《汉书》两书数十遍，并在此基础上参校其优劣异同。他认为《汉书》乃损益《史记》而成，为求与《史记》相异，多有"分裂"文意之处，"东摸西捉""易貌袭形"，却逃不出《史记》之模轨。《史汉求是》正文以大字书写，是作者对比《史记》《汉书》之后节选的，并非《史记》或《汉书》原文，作者对二书文字、体例都有详细评论，每一卷末有"枉川子曰"，对《史记》《汉书》体例多有论述，并对太史公生卒年问题、《史记》十篇阙补问题也有所涉及。

　　杨于果（1750—1817）撰《史汉笺论》。此书摘录的《史记》《汉书》原文顶格书写，注文及引用他人的评论均低一格书写。评《史记》原文时，作者一般用《汉书》做比较，评《汉书》原文时，作者用《史记》做比较，然后得出孰是孰非的结论，较为客观公允。作者广采旧注，评论颇详，评析主要涉及《史记》《汉书》字词异同、《史记》亡补问题等，可与杨琪光《史汉求是》同览①。

　　清代文集中论及《史记》《汉书》异同的单篇文章较多，乾嘉学者如钱大昕、王鸣盛、赵翼、梁玉绳、章学诚等都曾从史文繁简、编纂体例、叙事风格、学术思想等多个角度探讨

---

① 以上二书简介参见周婷婷：《史汉比较研究专著专论叙录》，河北大学 2012 年硕士学位论文。

《史记》《汉书》异同，所论主要有以下几方面。从史文繁简上
比较二史，如钱大昕《潜研堂文集》卷二十八论《新唐书》
"事增文省"之说时，认为"增其所当增，勿增其所不当增之为
难"，而班固《汉书》之于《史记》做到了"事增而文亦增，
增其所当增"，言外之意，就是《史记》之简妙与《汉书》之
详赡各得其当，是史文繁简的楷模。王鸣盛在《十七史商榷》
卷六"匈奴大宛"条比较《史记》《汉书》相关传记时说"体
例明整，马不如班，文笔离奇，班不如马"；卷七则反驳张辅的
"繁省说"，并且进一步指出"马意主行文，不主载事，故简；
班主纪事详赡，何必以此为劣"。他认为马、班的著史宗旨不
同，因而其繁简风格也自然不同，应注重结合具体的历史条件
和史书实际情况进行评价，不应简单地论优劣。蒋中和《马班
异同议》认为文章繁简不仅是文字风格的问题，实际反映的是
史家史识之不同，如《史记》载吕不韦与春申君事有相同之处，
似乎重复烦琐，但司马迁在《春申君列传》末尾曰"是岁也，
秦始皇帝立九年矣。嫪毐亦为乱于秦，觉，夷其三族，而吕不
韦废"，实际是以此二人之事揭示祸福相倚的道理，这是司马迁
寓劝惩之法于穿插叙事之中。可以说，这些学者已经意识到不
该把史书的文字表述与史家的作史宗旨及史识割裂开，史与文
是密不可分的，语言表述不仅是繁简问题，还涉及语言表述怎
样与思想内容有机结合的问题。顾炎武在《日知录》中主张
"辞主乎达，不论其繁与简也。繁简之论兴而文亡矣"，即史文
表述以达情达意为美，固守繁简之争不利于史家更好地认识史
文表述的要求。章学诚在《文史通义》中说迁、固之后的史家
多无别识心裁，只讲求其事其文，使二史奠定的史家著述之道

没有很好地继承下来。通过这些，可知清代学者对史文表述的认识是逐步深入的。

在比较二书体例方面，清人较关注《汉书》增损改易《史记》的篇目和内容。徐乾学在《班马异同辨》中认为班固对《史记》中《项羽本纪》《高祖本纪》的增损使文章失色；《史记》的表是表现兴亡理乱之大略，而班固作表如谱牒；此外，班固更《河渠》曰《沟洫》，易《封禅》曰《郊祀》，易《平准》曰《食货》，更《天官》曰《天文》，或失于不当，或失于太简，或失于错谬，因而班不及马。浦起龙《班马异同》也认为，班固增损《史记》叙事多失其神理，改变表、书体例处也多有未当。但曾国藩认为《汉书》之志详于《史记》，可谓"经世之典，六艺之旨，文字之源，幽明之情状，粲然大备"。更多学者则从二书一为通史、一为断代的角度提出，二史体例、宗旨各有不同，不可以优劣论。如黎庶昌在《续古文辞类纂叙》中说："子长网罗百代，孟坚纪述一朝，义法固自有当，未可执彼议此。"朱仕琇在《班马异同辨》中详细比较了二史异同之处，提出"异同之势，俱处于不得不然"。由此继续讨论，吴汝纶说《汉书》中的《古今人表》是补《史记》之阙，顾鸣凤说《史记》之《平准书》与《汉书》之《食货志》可相表里。这就把二书看作了一个前后相接不断的著史活动，是从史学总体进程中看待马班二史，避免了孤立静态的比较，因此也就不会执着于优劣得失。

在比较马班思想认识时，清人普遍认为司马迁的史识更高一筹。如蒋中和认为《史记》中的《游侠传》有鉴于王道微而霸业兴，《货殖传》有鉴于井田废而兼并横，或寄慨，或示讽，都表现了司马迁的卓识，班固却评之为进奸雄、羞贫贱。浦起龙也说"议论之高，班不及马"。但也有学者提出，从继承《春秋》史法这方面看，马班作史都能做到以史法为断，而不揉私意。如熊士鹏撰《班马异同论》，分析了二史隐而彰、详而核、直而宽、赡可为戒的地方，认为这些品质不失《尚书》《春秋》之道法，是足以继古传今者。

从比较方法上来看，清人也从笼统感受趋向条分缕析，并且多引前人关于马班比较的言论为证。如赵翼《廿二史札记》卷一"史汉不同处""史汉互有得失"和卷二"《汉书》多载有用之文"，就分别讨论了二史得失之处。此后，沈德潜在《史汉异同得失辨》中提出，二史有马之胜于班者，有班与马各成其是者，有班之胜于马者，并分别举例说明，其分析可谓细致详备。他还引了刘知幾、郑樵、苏辙、倪思、许相卿等人的马班异同论，提出评古人之书当平允至当。邱逢年在《史记阐要》中论班马优劣也从"马得而班失""马班同得""马失而班得"三方面综论，文末说："然则二史无所为优劣乎？又非也。分而观之，各有得失之互见；合而观之，量其得失之多少。吾知其得之多者，必在马；失之多者，必在班。"虽讲优劣，而宁用得失，由此可见作者力求平允的态度。熊士鹏在《班马异同论》中则具体提出了论史的态度："夫学者读史有三要，曰设身，曰论世，曰阙疑。"以此，则不必以圣人之书苛责《史记》《汉书》。汪之昌撰《马班异同得失考》，考察了沈括《梦溪补笔谈》、晁公武《郡斋读书志》以及罗大经、王鸣盛、赵翼、钱大昕等人有关马班异同的观点，提出在比较中不仅要关注二史不同之处，还应看到同中之异，如《史记》《汉书》都有合传，而《史记》合传往往首尾相应，《汉书》合传则人各为篇，或阙而不完，或赘而不当，等等。可以说，清人比较二史是在充分考察学术史的基础上细化比较论题，并在评价立场上避免优劣之评。

综观清人论马班异同之文，已经具备了近现代学术论文的雏形。论文开篇一般先简单梳理前代相关言论，然后细致分析原著文本，提出自己的看法，并有意识地详论前人所未论，或前人言之不详之处。在论述态度上，学者们不讲优劣，而讲异同，因此显得较为平允，分析问题也更加细致全面。而且在论析具体问题时，他们往往兼采文章家和考据家言论，基本摆脱了清代汉学、宋学之争的影响。这也说明比较的研究方法在清代学术发展中更加成熟，能使学者们更客观全面地展开分析，甚至放弃已有的偏见。

对《史记》体例的理论总结

清代史家对《史记》创立纪传体之功都有极高的评价。如赵翼《廿二史札记》卷一《各史例目异同》云："司马迁参酌古今，发凡起例，创为全史。本纪以序帝王，世家以记侯国，十表以系时事，八书以详制度，列传以志人物，然后一代君臣政事，贤否得失，总汇于一编之中。自此例一定，历代作史者遂不能出其范围，信史家之极则也。"他特别强调了《史记》表体的创立之功："《史记》作十表，昉于周之谱牒，与纪、传相为出入。凡列侯、将相、三公、九卿、功名表著者，既为立传，此外大臣无功无过者，传之不胜传，而又不容尽没，则于表载之。作史体裁，莫大于是。"王鸣盛《十七史商榷》卷一《史记创立体例》："司马迁创立本纪、表、书、世家、列传体例，后之作史者，递相祖述，莫能出其范围。"章学诚说："夫史迁绝学，《春秋》之后，一人而已。其范围千古、牢笼百家者，惟创例发凡，卓见绝识，有以追古作者之原，自具《春秋》家学耳。"① 章

---

① ［清］章学诚著，叶瑛校注：《文史通义校注》卷五内篇五《申郑》，北京：中华书局，1994年，第464页。

学诚还对《史记》创立列传体极为称赞:"纪传行之千有余年,学者相承,殆如夏葛冬裘,渴饮饥食,无更易矣。"① 并认为马、班之才,"不尽于本纪、表、志,而尽于列传也"②。他还以"圆而神"总括《史记》融会贯通而富于创造性的风格。

章学诚在《文史通义》的《释通》《申郑》《答客问》等篇章中极力提倡"通史家风"。他讲的"通史家风"就是指继承孔子《春秋》的笔削之义,能通古今之变,成一家之言,独断于一心,并且他把《史记》看作这方面的代表。同时,他提出,《史记》有徐广、裴骃等注家传其业,口传心授,如经师注经,因此可视为专门之学,就是说,注释、研究《史记》已经成为一个传统,是通史家风的重要内容。通史家风所贵者,在"卓识名理,独见别裁"③,当然要达到这个要求并不容易,如《四库全书总目提要》所言:"通史之例,肇于司马迁。……其例综括千古,归一家言,非学问足以该通,文章足以熔铸,则难以成书。"④ 这都是强调要继承通史家风,史识必不可少。章学诚还在《和州志》和《永清县志前志列传序例》中把那些相承且能自成一家之言的史家和史著称为"家学",认为"马班而后,家学渐衰",并认为"唐后史学绝,而著作无专家"。⑤ 这种看

---

① [清]章学诚著,叶瑛校注:《文史通义校注》卷一《书教下》,北京:中华书局,1994年,第51页。
② [清]章学诚著,叶瑛校注:《文史通义校注》卷七《永清县志政略序例》,北京:中华书局,1994年,第755页。
③ [清]章学诚著,叶瑛校注:《文史通义校注》卷四内篇四《释通》,北京:中华书局,1994年,第376页。
④ [清]永瑢等撰:《四库全书总目提要》卷五十史部别史类《通志提要》,北京:中华书局,1965年,第448页。
⑤ [清]章学诚著,叶瑛校注:《文史通义校注》卷五《答客问上》,北京:中华书局,1994年,第471页。

法虽有些绝对，但由此可见他对史家创新精神的要求是第一位的。所以，章学诚讲史迁绝学、《春秋》家学、通史家风以及专门之学都与别识心裁密不可分，可以说，都是从不同角度肯定司马迁的史识和史才，同时也为后来史家撰写通史提出了要求。之后，研究和撰写通史、继承通史家风就成为 20 世纪新史家的愿望和追求。

一、对合传、附传与类传的深入阐发

有的学者对《史记》个别体例进行了详细阐述，主要是对《史记》合传和附传有很多细致讨论。如邱逢年《史记阐要》阐发了《史记》本纪为全书之统系的意义，认为五帝三王四纪的脉络转接，都在"君德之修废"，三代转而为秦，即从"以德"转为"以力"，由此得出"本纪为全书之冠，表、书、世家、列传，皆发明本纪，相辅以成书"的认识。另外，他还对《史记》中"附见"而不另立一传的人物列传进行了细致的分析，并总结《史记》的"附见"法是"本非为本人叙事而本人之贤否功罪即此而见，不烦更为立传"，如纪信附见于《项羽本纪》、王蠋附见于《田单列传》、邹衍附见于《孟子荀卿列传》、张骞附见于《大宛列传》等，并指出附见之法的好处是能使历史上无重大关系又无传闻，或有传闻而不可信的人物，都能留存声名，从而起到"事丰文省"的作用。邱逢年这些分析较前人更详细深入，他认识到《史记》在记载一些次要人物时有一定的方法，即用附传、合传等形式，选择次要人物最重要、最卓著的事件来记写，使其功业声名得以流传。这对后人认识《史记》中附传的价值是有启发意义的，也表现出他对《史

记》列传体例进行理论总结的自觉意识。这种自觉意识还表现
在他对《史记》内容的分类和史书功用的总结上。他把《史
记》内容功用总结为十科，即达道德、著功勋、记家政、明举
措、纪法制、表贤能、昭过恶、征感应、考时代、稽世变，并
分别列举《史记》各篇加以分析，认为各篇"以一二科为主，
而其余或彼或此，往往错综于其间"。且不论他这个分类是否
合理，但就其所分类型可以看出，"十科"的提出是远承荀悦
"立典有五志"说和刘知幾"三科"说的。荀悦所说"五志"
是达道义、彰法式、通古今、著功勋、表贤能，刘知幾又加上
"三科"，即叙沿革、明罪恶、旌怪异，而邱逢年则把"通古
今"去掉，增加"记家政""明举措""考时代"等几个方
面，大概他认为在这"十科"中都有"通古今"的潜在要求。
明清文人评点《史记》时也有把《史记》内容分类而谈的，
但多是从技法事类上分类，邱逢年则从史书功用的角度分类，
并有明确的继承前代史家史学理论的意识，由此可见其理论总
结的自觉意识。

此外，吴见思、顾炎武、赵翼等也曾论及《史记》中的
附传。顾炎武认为《史记·淮阴侯列传》末载蒯通事，读之
感慨有余味，《淮南王传》载伍被与淮南王刘安答问之语，亦
情态横出，但《汉书》则把这两则附见之事删去，使其与他
人合传，使文章意味尽失。① 赵翼进一步指明，《淮阴侯列传》
记载蒯通之言，既可使韩信心迹明了，又能显示蒯通的辩士风

① ［清］顾炎武著，［清］黄汝成集释：《日知录集释》卷二十六"汉书不如史
记"，长沙：岳麓书社，1994 年，第 898 页。

采，同时省却无限笔墨，而班固另为蒯通作传，实为"舍所重
而重所轻，且开后世史家一事一传之例"，造成"后世之史日
益繁也"。① 这说明，他们注重将《史记》体例安排与司马迁
的主旨深意联系起来考察，从而使史书形式与史家思想联成
整体。

对于《史记》类传，清人的理解也较前代更注重揭示其思
想内涵。如恽敬认为："《史记》七十列传各发一义，皆有明于
天人古今之数，而十类传为最著。"尤其是《货殖列传》集中体
现了司马迁会通古今天人的历史思想。② 罗以智也认为类传自
《史记》创立，"其事迹相类者，则又合为一传，他史仅以类从，
唯司马氏之书，乃各有微意焉"③。牛运震在《空山堂史记评
注》卷十一说："《酷吏传》以类传叙事，盖汉世之用刑，本末
具见焉。意在叙事，不专主为十人传。"郭嵩焘说《史记》"有
随事为类者，如《扁鹊仓公》及《刺客传》是也"④，并指出类
传的特点是"依类比义，摘合而连属之"，表现了司马迁的见
识。综合来看，清人基本认为《史记》类传不是专为某人作传，
也不像后世专门以类相从，而是在叙事中寓微旨。这种认识在
章学诚那里得到集中阐发。章学诚认为《史记》的《货殖列
传》《龟策列传》等类传"有因事命篇之意，初不沾沾为一人

① ［清］赵翼：《陔余丛考》新校本卷五《史记四》，北京：中华书局，2019 年，
　　第 115 页。
② ［清］恽敬：《大云山房文稿初集》卷二《读货殖列传》，台北：文海出版社，
　　1987 年，第 241 页。
③ ［清］罗以智：《恬养斋文钞》卷一《史记合传论》，转引自杨燕起、陈可青、
　　赖长扬编：《历代名家评〈史记〉》，北京：北京师范大学出版社，1986 年，第
　　165 页。
④ ［清］郭嵩焘：《史记札记》卷五上，上海：商务印书馆，1957 年，第 287 页。

具始末也"①，所谓"因事命篇"，是指类传意在反映某种社会
时势，即"《儒林列传》当明大道散著，师授渊源；《文苑列
传》当明风会变迁，文人流别。此则所谓史家之书，非徒纪事，
亦以明道也"②。这是把类传视为反映社会趋势与风尚的载体，
强调其观风俗、明大道的功能，可以说是清代史家史学经世观
念的体现。

《史记》列传的类型，在清代学者的讨论中已经提出了独
传、专传、合传、附传、类传等几种，并达成基本共识，说明
他们对史传体例的认识较前人更为细致系统。

除此之外，他们争论较多的还有《史记》的编次问题。如
《李将军列传》至《大宛列传》这十几篇列传的排列次序，似
乎是毫无章法。对此，金人王若虚在《史记辨惑》中曾提出过
疑问。何焯《义门读书记》认为《李将军列传》列在《匈奴列
传》之前，表达了司马迁的微旨，即"见北边非将军不可寄管
钥。惜乎，其不善用之也"；又说公孙弘与主父偃合传是因为公
孙弘以议朔方罪使主父偃族诛，而袁盎、晁错二人合传亦与此
同理。赵翼认为这是司马迁写成一篇即编入一篇，全书完成后
没有重新排列所致。梁玉绳认为是《史记》列传篇目失次。汪
之昌的《青学斋集》、吴承志的《横阳札记》则认为《史记》
列传的编次顺序体现了司马迁的作史旨意，有义例可寻。③ 尚镕

① ［清］章学诚著，叶瑛校注：《文史通义校注》卷一内篇一《书教下》，北京：
中华书局，1994 年，第 50 页。
② ［清］章学诚著，叶瑛校注：《文史通义校注》卷七外篇二《永清县志前志列传
序例》，北京：中华书局，1994 年，第 781 页。
③ 转引自杨燕起、陈可青、赖长扬编：《历代名家评〈史记〉》，北京：北京师范
大学出版社，1986 年，第 167—170 页。

（1785—1835）《史记辨证》认为《汲郑列传》后依次为《儒林列传》和《酷吏列传》，蕴含了司马迁的深意，即武帝欲效唐虞之治，却舍弃社稷之臣汲黯和董仲舒，任用谀儒和酷吏，岂能达到唐虞之治。对于项羽入本纪，后人多有批评，钱大昕认真研究了《史记》表体对秦、项的安排，说："《三代》之后，继以《十二诸侯》，继以《六国》，始皇虽并天下，仍附之《六国表》，及陈涉起事，即称《秦楚之际》，秦、楚皆周旧国，是秦未尝有天下也。班氏《汉书》始降陈胜、项籍为传，孟坚汉臣，故有意抑项，然较之史公之直笔，则相去远矣。"① 他认为应将《史记》的本纪与表合观，才能领会司马迁的直笔，即秦、项虽"并天下"，但只是周之延续，而非"有天下"，这表现了司马迁黜秦尊汉的意图。班固虽也尊汉，但有意掩盖项羽曾并天下的事实，这一点就比不上太史公。这些讨论表明清代学者试图把《史记》五体看作一个有联系的整体，来探究司马迁的史家思想，而不是针对某一篇简单判断司马迁的思想倾向。

二、史表编纂的兴盛及对史表的理论总结

宋明学者已经开始重视史表在史书编纂中的重要作用，清代学者不仅在评论史表时总结出表体的应用原则，而且积极撰著史表，这方面的代表人物首推由明入清的万斯同。万斯同参与了《明史》的编纂，能充分利用官方藏书，他的史表之作有《历代史表》《明史表》《历代宰辅汇考》《儒林宗派》等，仅他

---

① ［清］钱大昕：《十驾斋养新录》余录卷中，上海：上海书店出版社，1983年，第496页。

一人之作就占《二十五史补编》所收史表的近二分之一，因此被梁启超誉为"清儒绝诣而成绩永不可没"①。他对史表在纪传体史书中的作用有深刻认识，即："史之有表，所以通纪传之穷。有其人已入纪传而表之者，有未入纪传而牵连以表之者，表立而后纪传之文可省，故表不可废。读史而不读表，非深于史者也。"② 在万斯同的影响下，清初之后逐渐形成评论史表、研究史表和撰著史表的风气。

研究《史记》史表成果较突出的是梁玉绳。他的《史记志疑》中仅考辨《史记》十表的内容就占了全书的三分之一，主要是考订人名、侯名、地名及纪年讹误。除此之外，汪越、潘永季、牛运震等学者在评论《史记》史表方面做出了不可忽视的贡献。康熙时学者汪越撰、徐克范补的《读史记十表》，依照十表顺序，首列疑文，下按以汪、徐二人注释，或纠误，或存疑，或释义，并取各种版本参校，被四库馆臣评为"考校颇为精密"，尤其是存疑诸条颇能正《史记》之抵牾。潘永季主要生活于乾隆时期，所著《读史记札记》一卷，对《史记》十表做了系统论述，详细阐发了十表的类型、作用、次序及作旨，是继汪越、徐克范之后又一专门评议《史记》表体之作。还有些学者致力于校正、补作《史记》史表。如王元启（1714—1786）《史记月表正讹》为校正《史记秦楚之际月表》讹误之作，就该表中的错简、重出、衍文等考辨正误。吴非《楚汉帝月表》是为《史记》补作的月表，表始于陈涉之称楚，迄于汉皇帝五

---

① 参见方祖猷：《万斯同史学浅论》，《史学史研究》1984 年第 4 期。
② ［清］钱大昕撰，吕友仁校点：《潜研堂集》，上海：上海古籍出版社，2009 年，第 683 页。

年九月，凡九十二月，共八年，主要阐明了司马迁《秦楚之际月表》重在表楚王孙心而不是项羽，表前有"序""正例""论"，表后附有《楚义帝本纪》和《史记不立义帝本纪辨附后》。吴非之兄是明末清初的吴应箕，故吴非应主要生活于清初。王、吴二人之作均收入《二十五史补编》。

　　针对表体的作用，清代学者展开了系统的阐释。较早的如顾炎武《日知录》卷二六提出表与纪传相配合，能补史传所不必载及缺载的内容："凡列侯将相三公九卿，其功名表著者既系之以传，此外大臣无积劳亦无显过，传之不可胜书，而姓名爵里、存没盛衰之迹要不容以遽泯，则于表乎载之。又其功罪事实传中有未悉备者，亦于表乎载之。年经月纬，一览了如。作史体裁莫大于是。"① 此后，牛运震进一步发挥了这个看法，指出："年表者，所以较年月于列眉，画事迹于指掌，而补纪、传、书志之所不及也。况年表既立，则列传可省。"同时，他还认为史表经纬纵横，其中自有脉络贯穿，可称为"无言之文"②，这实际肯定了史表可独立为一种史书体裁的价值。汪越、潘永季则阐发了《史记》史表记载大事以观盛衰大旨及天下大势的特点，认为司马迁作表是"以备劝惩，故举其大者"，其书法严谨处可与《春秋》相比。这种认识虽没有完全摆脱以《春秋》笔削看待《史记》的思想倾向，但他们强调了史家的著述宗旨在史表编纂中所起的重要作用，是值得肯定的。牛运震也认同

① ［清］顾炎武著，［清］黄汝成集释：《日知录》卷二十六"作史不立表志"，长沙：岳麓书社，1994年，第901—902页。
② ［清］牛运震撰，崔凡芝校释：《空山堂史记评注》卷三，北京：中华书局，2012年，第131—132页。

这个观点，认为表"宜摘其会盟、征伐、兴衰、成败大事列于篇，要以简要明晰为贵，一切闲文细事，均宜从略"①。表能否体现天下大势主要取决于史家对史识的认识全面与否，即对历史发展进程的总体把握和通观全局的认识全面与否。而司马迁作表恰恰体现了这种史识，因此也使史表具有了揭示历史发展进程的重要作用。潘永季指出："《史记》十表是通盘打算了然后下笔，非若后人节节而为之者也。"② 而《十二诸侯年表》《六国年表》《汉兴以来诸侯王年表》纪年相接，又各具首尾，就使得历史发展的阶段性特点一目了然，合看则得到对历史发展大势的贯通认识。由此，潘永季评价《史记》十表"网罗古今""精能之至"，"为一部《史记》之纲领"。

总之，司马迁创立的史表，增强了《史记》结构布局的严密性和科学性，清代史家不仅揭示了它章法谨严、思维缜密的学术性，还看重它崇尚简约、体现天下大势及盛衰之旨的经世价值，这与清初以来学者们提倡的史学经世的思想正契合，同时也顺应了清代学术渐趋科学性、总结性的趋势，因此得到了普遍关注。在此基础上，清代史家尝试撰述各种史表，并总结具体运用史表需要遵循的原则及相关理论，从而使史表在撰著和理论探讨上都有了新的突破。③

---

① ［清］牛运震：《史记纠谬·十二诸侯年表》，崔凡芝校释：《空山堂史记评注》附录一，北京：中华书局，2012年，第897页。
② 转引自杨燕起、陈可青、赖长扬编：《历代名家评〈史记〉》，北京：北京师范大学出版社，1986年，第410页。
③ 参见张桂萍：《〈史记〉与中国史学传统》，重庆：重庆出版社，2004年，第147—157页。

对 "谤书" 发愤说的否定与史德论

清代学者基本上全盘否定了 "史公三失" 说和《史记》 "谤书" 说，在他们看来，司马迁在《史记》中的总体思想是尊儒的，继承了《春秋》以来纲纪天人、发扬名教的传统。有趣的是，同样是以伦理道德为标准来衡量《史记》，他们却得出了与宋元学者不同的见解，这主要是因为他们对史书的经世作用和史家著史的主观活动有了更深刻的认识。

一、对 "谤书" "发愤" 之说的否定

对于《史记》 "谤书" "发愤" 说及 "史公三失" 说，清代学人大多不认同。钱大昕为梁玉绳《史记志疑》作序时，专门论及《史记》 "谤书" 说： "太史公修《史记》以继《春秋》，其述作依乎经，其议论兼乎子。班氏父子因其例而损益之，遂为史家之宗。后人因踵事之密，而议草创之疏，此固不足以为史公病。或又以谤书短之，不知史公著述，意主尊汉，近黜暴秦，远承三代，于诸表微见其旨，秦虽并天下，无德以延其祚，不过与楚、项等。表不称秦汉之际，而称秦楚之际，不以汉承秦也。史家以不虚美、不隐恶为良，美恶不掩，各从其实，何

名为谤？且使迁而诚谤，则光武贤主、贾、郑名儒，何不闻议废其书，故知王允褊心，元非通论。"对于"史公三失"说，钱大昕认为是"后人因踵事之密而议草创之疏"，本来不足为病，而所谓"谤书"更无以为据，认为是司马迁《史记》"意主尊汉"，不虚美，不隐恶，本为实录。梁玉绳也在《史记志疑》卷三十六引述晁公武、沈括等人的意见反驳班固之论，还详细分析了《论六家要旨》《游侠列传》《货殖列传》与《平准书》的主旨，认为是司马迁叹时政之缺失，讽风俗之衰变，感慨处乃有激言之，班固之评是文人习气的表现，并非公允之论。此外，王鸣盛、赵翼、王又朴、程余庆等分别从尊孔子、直笔无隐、仁义思想等方面否定了班固的"史公三失"说。如王鸣盛在《十七史商榷》"儒林传""司马氏父子异尚"等篇提出，司马迁是尊儒的，先黄老后六经非子长本意。程余庆评《伯夷列传》，认为此前论者多注重"怨与不怨"之说，以见司马迁的天道无准，因而把此篇看作是司马迁自抒其愤，这是不对的。他提出，《伯夷列传》是七十列传之总序，应该看重司马迁传中所说的"考信"标准。他在评《游侠列传》时，也驳斥了"史公三失"说，认为司马迁作《游侠列传》以"仁义"许游侠，开篇以儒与侠并论，不是进侠而退儒，实是借儒以重侠，如果有"退儒"，那也是退公孙弘之类的谀儒、伪儒，并非季次、原宪这样的儒者。班氏以退处士为讥，谬矣。①

更有甚者，乾道之间的扬州学者黄承吉在《梦陔堂文说》

① ［清］程余庆撰，高益荣、赵光勇、张新科编撰：《历代名家评注史记集说》，西安：三秦出版社，2011年，第812、1426页。

中以《论汉书中多诬陷司马迁之语》的长篇专文驳斥扬雄、班
固对司马迁的评价，用周密的考证和严密的论析为司马迁辩护，
逐条论述班固对司马迁之诬枉。全文 303 页的篇幅，可称得上
是以治经之法治史。刘文淇为之作序，称其文"条举二家之失，
皆根据史传，不为凿空之谈"，"至其所以表章太史公者尤不遗
余力"。其他文集中如康发祥《伯山文集》卷一《读李广传书
后》、蒋彤《丹稜文钞》的《书东坡〈志林〉后》、汪之昌《青
学斋集》卷一四《史记尊孔孟说》等论文都对"三失"说持批
判态度。① 道光时学者丁晏著有《史记余论》，对班固"先黄老后
六经"的说法进行了辩证。他认为《孔子世家》正是表现了司马
迁崇圣尊儒、垂六艺统纪于后世的深意；《汉兴以来诸侯王年表》
与《高祖功臣侯者年表》皆归本于仁义，皆卓然纯儒之论；《孟
子荀卿列传》记载孟子发明孔子之道，也表现了司马迁的卓识。

　　总体上看，清人对"史公三失"的说法普遍不认同，并从
体例编排、篇章作旨及实录直笔等方面进行了全面的分析，最
终确认《史记》是"不虚美，不隐恶"的实录。

　　至于"谤书""发愤"之说，清人学者则有更深入的探讨。
曾国藩《求阙斋读书录》论《史记》中的《佞幸列传》"以本
朝臣子而历叙诸帝幸臣，此王允所谓谤书也"，评《绛侯周勃世
家》说"太史公于不平事多借以发抒，以自鸣其郁抑。……或
以谤书讥之，非也"，还说司马迁伤管鲍之交、子胥之愤、屈贾
之枉，都是自鸣其郁，"非以此为古来伟人计功簿也"。② 在曾国

① 转引自杨燕起、陈可青、赖长扬编：《历代名家评〈史记〉》，北京：北京师范
　　大学出版社，1986 年，第80—84 页。
② ［清］曾国藩：《求阙斋读书录》，见《曾文正公全集》第二册，北京：线装书
　　局，2012 年，第 262、255 页。

藩看来，史家自鸣其郁就是在表达个人的感慨，这不仅不能称
之为"谤书"，反而还使《史记》更添声色，否则，史书就变成
了古人计功劳的账簿，哪有趣味可言。另外，他以《屈原列传》
为例，说楚怀王入秦不返，客死于秦，本是战国时天下之公愤，
而司马迁将此公愤以屈原一人之"私愤"发之，故低回欲绝，
令人动容。这样的认识揭示了史家发愤抒情并非发一己私愤，
而是凝聚时代之公愤而发之一人，这对史书形成打动人心的力
量是至关重要的。关于这一点，曾国藩曾有理论上的探讨，他
在《云桨山人诗序代季师作》中就韩愈、欧阳修等人所说的
"诗穷而后工"等说法提出疑问，认为"声音之道，与政相
通"①，意思就是，国家盛衰、时代风气会影响文人之气，史家
抑郁愤懑之情亦是国家政治兴衰的体现。

　章学诚也有类似的认识，不仅如此，他还把屈原《离骚》
与司马迁《史记》并称为"千古至文"。章学诚说："凡文不足
以动人，所以动人者，气也。凡文不足以入人，所以入人者，
情也。气积而文昌，情深而文挚；气昌而情挚，天下之至文
也。"就是说，文章打动人心的力量来自气与情，那么气与情又
来自何处？他说："其文之所以至者，皆抗怀于三代之英，而经
纬乎天人之际者也。所遇皆穷，固不能无感慨。而不学无识者
流，且谓诽君谤主，不妨尊为文辞之宗焉，大义何由得明，心
术何由得正乎？……《骚》与《史》，皆深于《诗》者也。言
婉多风，皆不背于名教，而梏于文者不辨也。"② 刘熙载《艺

① ［清］曾国藩：《曾国藩全集》"诗文"，长沙：岳麓书社，1986年，第227页。
② 以上二则见［清］章学诚著，叶瑛校注：《文史通义校注》卷三《史德》，北
　京：中华书局，1994年，第220、222页。

概》也说，"太史公文，兼括六艺百家之旨。第论其恻怛之情，抑扬之致，则得于《诗三百篇》及《离骚》居多"，"太史公文，悲世之意多，愤世之意少，是以立身常在高处"①。二人不仅肯定了太史公文感慨恻怛之情，而且认为其所抒之情皆"不背名教"，都是有关天人之际的"悲世之意"，是对《诗经》讽谏之旨的继承，因此不能把《史记》看作抒发一己之愤的"谤书"。刘熙载进一步提出，司马迁此种悲世之意使其能从更高远的角度看待历史，而显出不同常人的卓识。

可以说，清人对司马迁发愤抒情的认识更加深刻了。当他们对史书与时代、个人与国家的关系有了更深入的思考后，对史学问题的认识自然有了新的变化。另外，晚清的学术分科已渐渐接近现代，此时学者们对《史记》的学科属性更加明晰。如刘熙载说："大抵儒学本《礼》，荀子是也；史学本《书》与《春秋》，马迁是也；玄学本《易》，庄子是也；文学本《诗》，屈原是也。后世作者，取涂弗越此矣。"②他把《史记》视为继承了《尚书》《春秋》的史学正宗；他还说《史记》与《左传》同属一类，只是二者由于产生时代不同，而有不同风格，"强《左》为《史》，则嚼杀；强《史》为《左》，则啴缓。惟与时为消息，故不同正所以同也"③。由此可见，只有在明确《史记》的史学性质之后，才会对《史记》行文风格的认识更加通达，才会看到"与时为消息"正是史书时代属性与史家个人特色的呈现，故而对《史记》的悲慨发愤有了正确的认识。

---

① ［清］刘熙载：《艺概》，上海：上海古籍出版社，1978 年，第 12 页。
② ［清］刘熙载：《艺概》，上海：上海古籍出版社，1978 年，第 36 页。
③ ［清］刘熙载：《艺概》，上海：上海古籍出版社，1978 年，第 11 页。

二、史学经世与史德论的提出

清初就有学者如顾炎武、黄宗羲、王夫之等提倡以史学经邦致用，而不只是把史书看作记事之书。王夫之说："所贵乎史者，述往以为来者师也。为史者记载徒繁，而经世之大略不著，后人欲得其得失之枢机以效法之无由也，则恶用史为?"① 他把司马迁所说的"述往事，思来者"阐释为"述往以为来者师"，认为史学不仅要总结历史得失之枢机，还要为当今与将来的社会发展提供可资鉴戒的法则，明确指出了史学经世致用的多重价值。后来，浦起龙在《经史异同》一文中对经史关系有更详细的讨论。他首先质疑宋代苏洵所说的"经以道法胜，史以事辞胜，经非实录，史非常法"，提出"古人之经即古人之史。盖史之为义，所以备劝戒也"；之后又分别就《易》《礼》《诗》《书》分析经亦有劝诫之旨，《春秋》为史，本旨是"正彝伦，维王迹"，与《易》《礼》《诗》《书》等经旨相同，后世史书叙事之法及纪、表、志、传等史体则起于为《春秋》作传的《左氏》《穀梁》《公羊》等，因此可以说"经以道法胜而兼事辞，即为一代之实录可知矣"。浦起龙的看法实际上是综合了明清之际学者对经史关系的认识，认为经史都有备劝诫、正人伦、维道法的社会作用。从这一点来看，经即史，经兼实录，史兼经旨；同时，要达到这样的社会效果，经与史都须重视事辞。在浦起龙看来，《史记》正是道法与事辞相结合的典范，"后之为

---

① ［清］王夫之：《读通鉴论》卷六《光武》第十条，北京：中华书局，1975 年，第 156—157 页。

史者首推司马迁，迁之意，亦岂为史乎？欲成一家之言以继周公、孔子之后。故为十二本纪以明治乱之统，十表以明废兴之变，八书以忧当世之务，三十世家、七十列传以述诸侯卿相之任，意何如者？亦不自知其为史也。其言时或诡于正，而法戒之旨亦婉而可思"，就是说，《史记》达成了史义与经旨的结合。后世如司马光《资治通鉴》与朱熹《通鉴纲目》也都做到了"法戒明而道法备"，可称"史中之经"。与司马迁相比，"班固以下则专为史矣，其事详则谓之该，其词胜则谓之赡，而学术之异同、政治之兴衰，彼无与焉"，即后世之史丧失经世之旨，这样就造成史书渐流于记事，甚至流为秽史、杂记的结果。由此他得出结论："古之经即古之史，今之史其不足为经者，并不足为史也。"① 这就把经世之旨看作史学必备的条件了，同时也对经、史与事辞的关系进行了初步探讨。

此种探讨进一步扩展，就形成了义理、考据与辞章关系的讨论。如乾嘉学者提倡的考据学，其具体方法是由训诂而通经，由通经最终求得圣人之道。戴震说："义理者，文章、考核之源也。熟乎义理，而后能考核、能文章。"② 又说："古今学问之途，其大致有三：或事于理义，或事于制数，或事于文章。事于文章者，等而末者也。然自子长、孟坚、退之、子厚诸君子之为之，曰'是道也，非艺也'。"③ 戴震在此把文章之学列于

---

① ［清］浦起龙：《酿蜜集》卷二，《清代诗文集汇编》第 246 册，上海：上海古籍出版社，2010 年，第 24 页。
② ［清］段玉裁：《戴东原集序》，《四部丛刊》正编八四，台北：台湾商务印书馆，2013 年，第 555 页。
③ ［清］戴震：《与方希原书》，见《戴东原集》卷九，《四部丛刊》正编八四，台北：台湾商务印书馆，2013 年，第 656 页。

末等，但又强调马、班、韩、柳的文章是载道的，是"以艺为末，以道为本"，是"以圣人之道被乎文"，而"圣人之道在六经"，由于汉儒、宋儒只能得其一端，犹如"天地间之巨观，目不全收"，故使后世学问分为三途。由此可见，戴震认为义理、制数、文章之学本是不可分割的全体，学者若能在这三方面尽得奥奇，即可以上达圣人之道。因此，考据也只是通达圣人之道的一条路径，由考据而义理，再由义理而达道，其基本依据仍是六经。这个认识使他们在重新审视学术发展的基本文献时，认为经最重要，史、子次之，集为杂学。章学诚则认为"训诂章句、疏解义理、考求名物，皆不足以言道"①，道蕴于穷变通久的变化之中，因此学者应"约六经之旨，而随时撰述以究大道也"。他提出，"善言天人性命，未有不切于人事者。三代学术，知有史而不知有经，切人事也。后人贵经术，以其即三代之史耳"②，就是说，大道存于历代典章与人事之中，在不同时代有不同的体现。在这个意义上，他提出"六经皆史"，以为"古人未尝离事而言理，六经皆先王之政典也"③。他在《报孙渊如书》中说："愚之所见，以为盈天地间凡涉著作之林，皆为史学，六经特圣人取此六种之史以垂训者耳。子集诸家，其源皆出于史。"这样，不仅六经皆史，连子、集都源于史，可以说一个时代中一切与人事相关的内容都属史学的范围。他认为

---

① ［清］章学诚著，叶瑛校注：《文史通义校注》卷二《原道下》，北京：中华书局，1994 年，第 138 页。
② ［清］章学诚著，叶瑛校注：《文史通义校注》卷五《浙东学术》，北京：中华书局，1994 年，第 523 页。
③ ［清］章学诚著，叶瑛校注：《文史通义校注》卷一《易教上》，北京：中华书局，1994 年，第 1 页。

《史记》是"司马迁本董氏天人性命之学，而为经世之书"，就是说，《史记》也是在汉代学术发展基础上反映时代人事变化的经世之书。可见，章学诚对史学经世的理解不仅仅局限于备鉴戒、明道法方面，而且更注重史学对社会、人事的记载与反映。既然一切人事是经、史的本根，就不应该有门户之见，而应各以所学之业经世，因此他提出"学业将以经世也"，"故学业者，所以辟风气也。风气未开，学业有以开之；风气既弊，学业有以挽之"①，"以学问文章，徇世之所尚，是犹既饱而进粱肉，既暖而增狐貉也"②。对于一个史家或学者来讲，开辟风气就是其经世的途径，这就把经世之旨指向了对历史发展和社会风尚的关注，而试图跳出六经的范围，以求在更广泛、更切实的现实中发挥史学经世的作用，显现了一种变革史学的精神。可以说，章学诚在总结前人经史论的基础上，提出了史学发展的路径和方向，但怎样实施、由何人实施等问题就摆在眼前了。

由此，章学诚提倡史家的"别识心裁"和撰述的"圆而神"。他认为："纪传行之千有余年，学者相承，殆如夏葛冬裘，渴饮饥食，无更易矣。然无别识心裁，可以传世行远之具，而斤斤如守科举之程式，不敢稍变；如治胥吏之簿书，繁不可删。"③ 司马迁开创的纪传体"近于圆而神"，但后世史家因无史识，反而为体例所拘，使纪传体史书的传统岌岌可危，这都

---

① ［清］章学诚著，叶瑛校注：《文史通义校注》卷三《天喻》，北京：中华书局，1994年，第310页。
② ［清］章学诚著，叶瑛校注：《文史通义校注》卷四《说林》，北京：中华书局，1994年，第354页。
③ ［清］章学诚著，叶瑛校注：《文史通义校注》卷一《书教下》，北京：中华书局，1994年，第51页。

源于史家不明"史义",无别识心裁。这样,章学诚就把"史义"和"史识"看作决定史学存亡兴衰的关键问题提出来了。他所谓"史义"不仅表现为剪裁史料,而且是"纲纪天人,推明大道"①。他认为唐以后官方修史遏制了史家的别识心裁,而使后来史著无法发挥"史义"。所以,通过"史识"来揭示"史义",以探究大道,是他提出的学术发展方向。对此,他在《书教下》《史篇别录例议》等篇中多有论说。他把史识、史学、史法、史意并提,将其看作良史之才的必要修养,但不同于刘知幾所说的"史家三长",他认为刘知幾所说"记诵之间,知所抉择,以成文理",及一般人所谓"击断以为识,辞采以为才,记诵以为学",都不算"良史之才、学、识",只能说是貌同心异、似是而非者。他在《文德》篇中进一步阐发自己对"史才三长"的认识:"夫识生于心也,才出于气也;学也者,凝心以养气,炼识而成其才者也。"这里所说的"生于心"主要是指敬心、平心,"主敬则心平,而气有所摄",也就是说史识若出于平敬之心,则可以统摄气,进而才能使史才变化无穷地发挥出来,而史学就是炼识、养气的具体过程。

对于史义、史文与气的关系,章学诚在《史德》篇中也有阐释。他认为史文不仅言理,还需气与情的配合,"气合于理""情本于性"属于"天",史之义出于天;要表达史义则需借人的聪明才力发而为史文,而史文所载之事多为得失是非、盛衰消息之类,史家在记写这类史事时易生发气与情的激荡,此时

---

① [清]章学诚著,叶瑛校注:《文史通义校注》卷五《答客问上》,北京:中华书局,1994年,第470页。

"气"则违理以自用，"情"则乱性以自恣，被史事所左右，则气不平、情不正，就会"害义而违道"。基于这种认识，章学诚提出了"史德"的命题。他说："能具史识者，必知史德。德者何？谓著书者之心术也。……盖欲为良史者，当慎辨于天人之际，尽其天而不益以人也。"① 这里所说的"天人之际"是指史义与史文之间的关系，"尽其天而不益以人"是要求史家作史时要气平情正，保持客观，准确全面地揭示史义与大道；至于"心术"，就是"气平情正"的修养。章学诚进而借用孟子的"养气说"，提出"心术贵于养"。怎么养呢？他以司马迁《史记》为例，认为司马迁所说的"究天人之际，通古今之变，成一家之言"，"绍名世，正《易传》，本《诗》《书》《礼》《乐》之际"是可行的途径。不言而喻，在章学诚看来，司马迁是良史心术的楷模，《史记》则可称千古之至文，其文"言婉多风，皆不背于名教"，乃"经纬乎天人之际者也"。对于那些评价司马迁"为讥诽之能事"者，他认为是"读者之心自不平耳"，不平则无识，只能模拟其文辞；司马迁著史"经纬古今，折衷六艺"，养成卓越的史识，虽因遭遇不幸而"不能无感慨"，但跟"怨诽"有本质不同。由此可见，章学诚所说的"史德"与"心术"是构成史识的核心内容，从本质上讲，就是史家通过"经纬古今，折衷六艺"培养出的史识气度与德行品格，其作用是发扬大道，不背名教。这一点，与宋、明以来的认识没有根本区别；不同的是，章学诚把史文表述与史义、史识的关系揭

---

① ［清］章学诚著，叶瑛校注：《文史通义校注》卷三《史德》，北京：中华书局，1994 年，第219—220 页。

示得更清楚了。他认为在历史撰述中史家主体情志的作用不能完全排除，只要史家情志能拔出于史事之上，"中正平直，本于自然之公者"①，其史识即可揭示史义。也可以说，由于他对史文表述中"人"的一方面即史家气与情的变化有了更深入的认识，才能对刘知幾以来的史家修养说有所推进。

值得注意的是，清代史家虽极力提倡司马迁"成一家之言"的史识与创新精神，但也意识到官修史书的集众修史是一种必然，因此并不把官修与私修对立起来，而是强调这两类史著各有优长，希望能建立一个可发挥二者之长的修史机构和修史制度。如赵翼说："正史隐讳者，赖有私史，若依样葫芦，略无别白，则亦何贵于自成一家言也？"②钱大昕则说："后之有志于史者，既无龙门、扶风之家学，又无李淑、宋敏求之藏书，又不得刘恕、范祖禹助其讨论，而欲以一人之精力成一代之良史，岂不难哉！"③这就指明了官修与私修相互依存的关系，以及官方合众修史的必然性。实际上，这也不是不可能达到的目标，像《梁书》《陈书》就是奉敕修纂的，却有其独特的风格，正如赵翼评曰："《梁书》虽全据国史，而行文则自出炉锤，直欲远追班、马。"④这就说明，"自出炉锤"的创新精神与官方修史制度是可以很好地结合在一起的。凡此，标志着史家关于修

---

① ［清］章学诚著，叶瑛校注：《文史通义校注》卷四《说林》，北京：中华书局，1994 年，第 347 页。

② ［清］赵翼著，王树民校证：《廿二史劄记校证》卷十三"北史全用隋书"条，北京：中华书局，1984 年，第 273 页。

③ ［清］钱大昕撰，吕友仁校点：《潜研堂集》卷二八《跋柯维骐宋史新编》，上海：上海古籍出版社，2009 年，第 497 页。

④ ［清］赵翼著，王树民校证：《廿二史劄记校证》卷九"古文自姚察始"条，北京：中华书局，1984 年，第 196 页。

史制度理论有了新发展。

晚清时期，经过鸦片战争后的中国，逐渐沦为半殖民地半封建社会。在这种社会新形势下，一些了解西方情况的思想家对中国传统学术提出新的要求，即要面向现实，解决社会实际问题。如魏源提出"由典章制度以进于西汉微言大义，贯经术、故事、文章为一"[①]，就是说，要发扬西汉今文经学注重阐发大义的传统，要把经学、文章与古今历史结合起来，也就是"经世致用"。具体从哪里入手呢？魏源在他编的《皇朝经世文编》"凡例"中说："盖欲识济时之要务，须通当代之典章。欲通当代之典章，必考屡朝之方策。"这就是说，要解决现实问题，需要调查整理历朝典章方策，并根据时变，"各通其变"。魏源此说，可视为在当时社会急剧变化下对史家的新要求。龚自珍在《尊史》中明确提出史家应"善入善出"。所谓"善入"，是指史家对天下山川形势、人心风气、国家祖宗之令、官吏职守、礼兵政法等典章制度等无不知晓，这是对史家"通才通识"的要求，并认为"不善入者，非实录"，就是说"善入"是实录的基础。所谓"善出"，即史家对天下所入者能发高情至论，也就是能形成高明至当的见解。而史家善入、善出，才能达到"出乎史，入乎道"的境界，所以"欲知大道，必先为史"。龚自珍对史家修养的论述与章学诚提倡的通史家风有相似之处，即由博学通识而入道，也可以说由史达道；不同之处在于，章学诚是在对历代学术演变进行了总体审视的基础上提出自己的

---

① ［清］魏源：《两汉经师今古文家法考叙》，《魏源集》上，北京：中华书局，1976 年，第 152 页。

认识，而龚自珍则从现实社会的变迁对史家的要求出发，把对历史发展和社会人生的关注升华为关心国家兴亡、民族盛衰的忧患意识。"智者受三千年史氏之书，则能以良史之忧忧天下。"① 这句话概括了良史应有的思想境界，也是史学经世的更高境界。因为良史所忧者，往往是关乎国家盛衰、民族兴亡的紧要问题，它反映了史家对历史进程的认识和价值追求，决定着历史研究的前途和走向，进而影响着世人对历史发展的理解。如晚清文集中有大量文章表现出对《史记》所载汉代史事的关注，有关货殖、游侠、四夷等的评论尤其多，这些评论也反映出了一些清代社会变迁中较突出的现象，说明学者读史的最终目的不在修文辞，而在通古今治乱，以致用当世。事实证明，史家的忧患意识对社会各阶层的思想影响是推进社会进步的精神动力之一。

可以说，自明末清初史学经世思潮出现至晚清再次提倡史学经世，学者们对史学最终服务于经学、史家修养以入乎道为终极目的的认识基本没有改变。但随着时代的巨大变革和对西方文化的了解，晚清史家的视野得以拓展，并促使他们探讨中国史学的新出路。边疆史地研究与外国史的研究在晚清的兴起，可视为这种新思潮的产物。同时，面对中西方史学的差异，很多学者意识到需要重新界定史学研究的范围，如梁启超所说："欲创新史学，不可不先明史学之界说。欲知史学之界说，不可不先明历史之范围。"② 除了拓展史学范围外，还需要新史识，

---

① ［清］龚自珍：《龚自珍全集》第一辑《乙丙之际箸议第九》，上海：上海古籍出版社，1975 年新 1 版，第 7 页。
② 梁启超：《新史学·史学之界说》，《饮冰室合集·文集之九》，北京：中华书局，1989 年，第 7 页。

于是对新史家、新史识的探寻逐渐成为晚清民初史家关注的重点。如陈黻宸在 1902 年发表的《独史》中"史必有独识，而后有独例"，并说："我以谓史于古今理乱，中外强弱，宜求知其所致此之故，而作一比例以发明之。"这也是"今泰西史学所以独绝于一球者矣"；反观中国，自嬴秦以降，"惟迁作为独绝，其于理乱强弱之事，固亦审之必精，辨之必详矣……夫有独识以成独例，而尤贵有独力以副之。太史公之作游侠、刺客、酷吏、货殖诸传，郑樵之作二十略，乃其独力之尤著者也"①。而章太炎则认为，司马迁、班固、孔颖达、陈寿、郑樵等各有缺失，实难"当意"："太史知社会之文明，而于庙堂则疏；孟坚、冲远知庙堂之制度，而于社会则隔；全不具者为承祚，徒知记事；悉具者为渔仲，又多武断。"② 邓实指出中国"无史"，"非无史，无史家也；非无史家，无史识也。司马氏父子而后，中国之史盖中绝矣"③。其实，这些都是在新的历史条件下人们对史学发展提出的新要求，期望中国产生新"史家"和新"史识"。这些讨论从清初至晚清，经过学者们不断推进，逐渐形成了清晰的认识，也为近代史家的《史记》研究指明了方向。

① 陈黻宸：《独史》，《新世界学报》1902 年第 2 期。
② 章太炎：《致吴君遂书八》，1902 年 7 月 29 日，汤志钧编：《章太炎年谱长编》上册，北京：中华书局，1979 年，第 141 页。
③ 邓实：《史学通论》，《政艺通报》第 12 期，1902 年。

第八章
综合性多学科研究：近现代
《史记》研究及其方法论①

　　近现代《史记》研究基本呈现出三种发展方向。一是具有悠久传统的考据之学逐渐发展为新考证学。如王国维、吴承仕、余嘉锡、杨树达、陈直等，在司马迁的生平、《史记》的名称、体例版本等方面继续开拓。二是在古文家治学传统的影响下，形成以史书点校、古文选注、史料汇编为主的文献整理工作，如高步瀛、王伯祥等在《史记》名篇讲解注释及资料整理方面渐成规模。三是在马克思主义等新史学方法指导下形成以理论批评为主的研究。如侯外庐、白寿彝、季镇淮等，对《史记》的思想价值、史学价值及文学价值进行了更深入系统的阐释。这些研究方法的变化都是史学思想与历史观点发生根本变化后的产物。

---

① 有些分析参考张新科、王刚《20 世纪史记学的发展道路》，《淮阴师范学院学报》2000 年 1 期；郑之洪、张大可《20 世纪的〈史记〉研究与文献价值》，见《史记文献研究》，巴蜀书社，1997 年。

新史学建设与《史记》研究的新变

19 世纪末 20 世纪初的《史记》研究与近代社会的历史变革有直接关系，由此带来的文化思潮和研究方法的变化使《史记》研究在广度和深度上不断拓展，在观点和方法上不断更新和突破。陈其泰在《中国近代史学的历程》开篇中说："从 1840 年鸦片战争发生起，至 1949 年中华人民共和国成立以前，展现在我们面前的是跨越两个世纪、雄浑壮阔的近代史学的画卷。在这约 110 年间，由于中国传统文化蕴蓄的深厚和更新力量，由于救亡图强、争取民族解放斗争的不断推动，由于冲破了与世隔绝的状态、学习和借鉴西方先进思想文化，由于一代代史家呕心沥血、追求真实历史记载、追求更高科学价值的不倦努力，近代史学呈现出波澜起伏、高潮迭起的局面。近代的许多优秀史著是同人民大众反帝反封建的伟大斗争，同争取民主、科学、社会发展的近代化潮流息息相关的。"这是近代史学的基本面貌，也是那个时代学术研究的基本面貌。当时，面临着亡国的危机和救亡图存的艰巨任务，人们的思想发生了急剧的转变。西学东渐思潮即在此背景下产生，人们的论争主要围绕着了解世界、求强求富、救亡图存、民主革命、科学启蒙五个主题展开。随着西学东渐的深入，资产阶级的进化论思想和国外的学术学说为一些先进的学者所认同和接受，他们产生了新思想、新观念，这直接反映到了学术研究上。这种转变最先表现在我国史学界，学者们将总结历史与当前救亡图强的紧迫需要紧密结合起来，认为研究历史，才能更加看清当前社会积弊积弱的症结所在，找到解救的良方，因而社会上批判专制与史学领域批判"君史"的思潮互相呼应起来。随着章太炎、梁启超"史界革命"口号的发出，学术界开始了由旧学向新史学、新理论、新思想的转化过程，其中最重要的转变就是史观的变化，进化史观与唯物史观逐渐成为主流。进化论思想在马克思主义学说传入以前，也曾激励一代热血青年，振奋一代民气。无疑，史学界的革命首先带动了《史记》研究的发展。

——新史学的建设与《史记》研究方法的新变。1902 年，梁启超《新史学》一文发表。他首先以新的眼光，探讨了《史记》的意义，提出史学的任务是尽可能反映社会的全貌，不应该让历史著作成为帝王的家谱，提倡新史学要以"民史"代替"君史"，他认为《史记》在一定程度上做到了这一点。梁启超在批评旧史学的不足时，对古代的史学体系做了一些具体分析。《中国历史研究法》第二章《过去之中国史学界》，大致勾勒了中国古代史学的发展线索，高度评价了左丘明、司马迁、刘知幾、郑樵、司马光、章学诚等人的史学思想，并且揭示了古代史家思想与新史学的一些联系。如他指出司马迁和班固在历史观念上有很大区别：《史记》以社会全体为史的中枢，故不失为国民的历史；《汉书》以下，则以帝室为史的中枢，由此史乃变为帝王家谱。他还把《史记》和世界古代史学名著，如希罗多德的《历史》相比较，指出《史记》的体系比之那些单纯的人物传记要成熟得多，肯定了《史记》在史学发展中的地位。此外，他的《要籍解题及其读法》中的《史记》部分，对《史记》的作者、宗旨、价值、补续审乱及《史记》读法进行全面考察。在此基础上，梁启超计划撰写一部中国通史，1901 年他在《清议报》上发表的《中国史叙论》就是他对这部通史的理论构想。此构想虽未能实施，但开启了撰述中国通史的新风。章太炎曾回应梁启超这一构想，认为通史所贵在两种体例：一是典志，能发明社会政治进化衰微的原理；一是纪传，能鼓舞民气，启导将来。他自己也通过《中国通史略例》和《中国通史目录》提出了对中国通史体例和主旨的构想①。1936 年章太炎在《制言》半月刊发表《读〈太史公书〉》，反对曾国藩所谓"司马迁书，大半寓言"的说法，认为《史记》是实录的史书。此后，撰作中国史学史的人增多，1930 年以后，关于中国史学史的专书也不断问世②，如刘节的《中国史学史稿》和金毓黻的《中国史学史》，都受到过章、梁的影响。此外，梁启超还在《中国历史研究法》中联系国际国内经济事例，对司马迁的经济思想进行了研究，以近代世界资本主义发展的经济状况和一些原理来阐释《货殖列传》的意义，强调了经济对社会生活的重要性，这有助于人们认识司马迁经济思想的价值。受其影响，潘吟阁撰述《史记货殖列传新诠》，用近代资产阶级的新观点和新术语系统地对《货殖列传》进行了分析，这对人们理解《史

---

① 见《訄书·哀清史》附录，收入《章太炎全集》，上海：上海人民出版社，1982 年。

② 参见朱仲玉：《中国史学史书录》，《史学史研究》1981 年 2 期。

记》的经济学价值有重要的作用。

　　章、梁等 20 世纪初的学者关于新通史的构想与编纂，对传统的纪传体通史有所突破，他们对新史书编纂形式的尝试，有其深刻的原因。首先，当时学者已经认识到史学要新变，就要有新"史识"。此时，西方的历史理论和进化史观恰好传入，成为近代学者新史观的主要来源之一，由此，史书编撰方法和体例自然也要借助外国的经验。如陈黻宸在《独史》一文中就提出仿西方统计比较史例作平民表。其次，早在 18 世纪末，中国史学的发展也已经提出突破旧形式的要求，如章学诚就大力提倡纪事本末体，并在方志编撰中探索一些新方法、新体例。我们可以说，学习西方的历史观点和方法是外因，中国史学发展本身提出的要求和业已达到的基础是内因，二者在一定的社会时代条件下才能糅合到一起，而近代社会急剧的变化与新思想对史家的强烈冲击，促成了史书编纂体例的变革。因此，编纂形式上的创新，同样标志着近代史学比传统史学取得了更大的进步，其意义不容忽视。

　　除了在体例上实践新史学的创新，对旧史料的检讨与新史料的运用也是新史学发展的一大方向。先是康有为利用《史记》《汉书》等的记载，证明《周礼》《毛诗》《左传》等古文经籍都是刘歆伪造的，试图否定经学及古史的可信性。这些认识的得出有武断之处，但客观上启发了后来的疑古考辨之风。随着考古新史料的发现，有一些学者利用甲骨文、金文与古籍相印证，开始了古史的考证工作。这方面以罗振玉和王国维为代表，他们对甲骨文、金文和其他文物资料的收集、整理，为先秦史的研究提供了大量的原始资料。王国维将甲骨文研究运用到古史上去，提出二重证据法，证明《史记》对殷代先公先王世系的记载基本上是正确的。在此研究方法的指导下，《史记》研究的突破性成果也多了起来。1916 年，王国维发表《太史公系年考略》，1923 年又发表《太史公行年考》，他是第一个将司马迁的生卒年与生平经历的考证结果公诸于世的人，他认定司马迁生于景帝中元五年，即公元前 145 年。[①] 郭沫若又用汉简考证司马迁的生年，他主张公元前 135 年说。崔适的《史记探源》以"疑古"精神，论证了《史记》全书有 29 篇皆为刘歆窜乱，但赞成他意见的人并不多。1941 年，余嘉锡作《太史公亡篇考》，论辩条分缕析，提出了自己的判断，可以视为历史上对这一问题讨论的一个小结。朱东润著《史记考索》，在批评前人的基础上，以《史记》考《史记》，阐明《史记》各体的旨意和创始之功。陈直的《史记新证》也是用"二重证据法"来证明《史记》的史料价值，主要用考古文献考辨先秦古史以证《史记》记载为信史。这类学者还有容庚、商承祚、徐中舒、唐兰、于省吾、刘节、陈梦家等，他们观点的提出与我国考古界对殷墟的发掘整理和研究是有很大关系的。和清朝人的研究不同的是，近代的史学与《史记》实证研究不仅重视事实的归纳，而且注意运用新理论加强分析，因此显得研究思路更开阔，考证范围更广，分析更为深入，得出的结论也就更有说服力。

这种研究方法在文化思想上的根源就是对传统文化的内在价值充满自信，认为中国传统文化既可以吸收外来的文化，又

---

① 以上文章均收入《观堂集林》卷十一，石家庄：河北教育出版社，2003 年，第 245—261 页。

有它自身的特色，只有在传统文化的根上，才能生长出中国近代新文化。与这种文化观相适应，史学领域也出现了传统色彩较为浓厚的新史学派。① 在这场文化讨论中，梁漱溟、熊十力、冯友兰、金岳霖、贺麟等都强调近代新文化与传统文化的继承关系，他们被称为传统文化主体论者。史学研究上则以王国维、陈寅恪、陈垣、汤用彤等为代表，他们既接受西方学术思想，又有深厚的传统学术功底，既认识了西方学术思想方法的长处，又不丧失对传统学术精神和方法的信念，试图把传统史学的道德人文精神转化为具有近代特征的新人文精神，把传统史学的伦理主题改造为科学与道德相统一的史学主题，对新史学的发展方向提出了自己的认识。他们所提出的历史与文化结合、史观与考据结合、文献与实物结合、中西学术思想相结合的研究方法，构成了中国近代学术思想极有价值的一页。陈寅恪曾这样概括当时的学术潮流："一时代之学术，必有其新材料与新问题，取用此材料，以研求问题，则为此时代学术之新潮流……此古今学术史之通义，非彼闭门造车之徒，所能同喻者也。"② 这反映了史学及《史记》研究中一种开放求新的面貌和气度。我们可以说，一定的历史条件产生一定的政治文化思潮，但一种思潮往往与一定方法相结合，一旦形成就有它本身的相对独立性，在原来的历史条件改变以后，它依然可以依据它求新的精神和求真的方法生存下去，考据派的发展就充分说明了这一

---

① 参见张岂之主编：《中国近代史学学术史》第一编第五章：《新史学哲学不同体系》，北京：中国社会科学出版社，1996年。

② 陈寅恪：《陈垣敦煌劫余录序》，见《陈寅恪文集》之三《金明馆丛稿二编》，上海：上海古籍出版社，2020年，第236页。

点。20 世纪后半时期的大部分《史记》研究成果，如关于司马迁行年、《史记》疑案、马班异同考论、《史记》与公羊学、《史记》三家注等的研究，都与它有深刻的联系。[①]

与此同时，疑古派则从另一种思想方法出发提出他们对古史重建的设想。这一派以胡适、傅斯年和顾颉刚为代表，他们把史学的科学性放在第一位，提倡学习西方，进行有严密思想体系、合乎独立和逻辑的史学研究，其方法的本质是以主体的逻辑能力为准绳，重新检验古史。"古史辨"派也对先秦历史及其演变线索做了深入全面的研究，并为此编写了《古史辨》七册，每一册都围绕一个中心议题展开讨论，为学术研究者提供了讨论的园地，很有除旧布新、成就学派的气度。他们继承了我国历代辨伪疑古的治学传统，把我国先秦至两汉的古书以及有关古史的记载做了系统的分析，结论是先秦史料的真实性值得怀疑，古史记载本来不过是神话传说。这打破了人们对两千多年来的古史系统的信念。顾颉刚认为自己工作的意义是："我的《古史辨》工作则是对于封建主义的彻底破坏。我要使古书仅为古书而不为现代的知识，要使古史仅为古史而不为现代的政治与伦理，要使古人仅为古人而不为现代思想的权威者。……旧思想不能再在新时代里延续下去。"[②] 可见他们是受当时反封建文化思潮的影响，把传统的考据学方法和现代的进化论等理论结合起来用于古史的研究，这在当时起到了解放思想的社会作用。

---

① 关于后来的《史记》考据研究，张大可《史记文献研究》（民族出版社 1999 年）考论甚详，可参看。

② 顾颉刚：《我是怎样编写〈古史辨〉的?》，《古史辨》第一册，上海：上海古籍出版社，1982 年，第 28 页。

学术研究方法的社会性与相对独立性由此可见。即使站在彻底疑古的立场上，顾颉刚仍叹服司马迁作《三代世表》表现出的"截断众流"的魄力，认为《史记》对历朝列国年数的记载有比较精密的标准。同时，他还考察了《史记》中属于司马谈所作的内容，认为《刺客列传》《郦生陆贾列传》《樊郦滕灌列传》应确定为司马谈所作，并从《太史公自序》中记载《史记》断限的异说，提出《太史公自序》也是司马谈之作。[①] 其说皆考证严密。

　　——史学范围的拓展与《史记》学术思想价值的重估。史学和《史记》研究的发展，还依靠很多相关学科的同时发展，如当时人们对诸子学、社会学及经学的重新阐释和深入研究，就拓展了史学研究范围并促进了《史记》研究的发展。尤其是"诸子学"的重新兴盛，使人们从哲学史和思想史的角度看待古代的史学与现代社会的关系，联通了诸子著作与史籍中的历史观与史料，开拓了人们的视野，从而为《史记》研究带来了新的研究角度和方法。胡适在其《中国哲学史大纲》中就指出清代诸子学只不过是"经学的一种附属品"，直到孙诒让、康有为、章太炎等人用全副精力阐发诸子学，才突破经、子的界限，使"从前作经学附属品的诸子学"[②] 成了专门学。吕思勉在《先秦学术概论》中曾经说："清代考证学盛，始焉借子以证经，继乃离经而治子。校勘训释，日益明备。自得西学相印证，义

------

① 参见顾颉刚：《三代世表》和《司马谈作史》二文，《史林杂识初编》，北京：中华书局，1963 年。
② 胡适：《中国哲学史大纲·卷上》导言，北京：东方出版社，1996 年，第 7 页。

理之焕然复明者尤多。"① 可见，诸子学的兴盛既受到了当时西学思潮的影响，也得到了晚清近代新学术思潮的涵养。章太炎、刘师培、胡适等都对诸子做了系统的研究，并进而从新的思想方法出发探讨了诸子学的本质。如章太炎受到西方进化论的影响，认为当今之世，必须像荀子那样取法于旧，着眼于新，应该注重从古代诸子理论中吸取长期以来被斥为"异端"的思想，以发展新的时代精神。② 梁启超自 1920 年起，先后写有《老子哲学》《孔子》《子墨子学说》《先秦政治思想史》《墨子学案》《老孔墨以后学派概观》《先秦学术年表》《庄子天下篇释义》《司马谈论六家要指书后》《史记中所述诸子及诸子书最录考释》《儒家哲学》等论文和专著研究秦汉诸子，其中《先秦政治思想史》和《儒家哲学》最能反映梁启超对先秦诸子研究的倾向和用意。他研究先秦诸子的目的是从中清理出一个"国民意识"的基础，换言之，是试图通过对先秦诸子的对比分析，厘出古代思想学术的科学和民主因素，找出古代思想学术的现代价值。他对中国先秦学术的基本特点做了归纳，认为中国学术"以研究人类现世生活之理法为中心"，"以今语道之，即人生哲学及政治哲学所包含的诸问题也"。③

诸子学带来的是对《史记》学术价值和思想价值的新探讨。20 世纪初的学者大都以近代资产阶级民主思想对《史记》进行综合性的研究。如刘师培的《司马迁左传义序例》《司马迁述周

---

① 吕思勉：《先秦学术概论》，上海：东方出版中心，1985 年，第 18 页。
② 《訄书》初刻本《原变》篇。此书于 1914 年又做修改，并改题为《检论》。
③ 梁启超：《先秦政治思想史·序论》，北京：东方出版社，1996 年，第 1 页。

易义》《史记述尧典考》①，对《史记》中引述《左传》《周易》《尧典》的史料加以细致比勘梳理，从中总结司马迁运用史料的原则和义例，认为《左传》的训诂当宗《史记》，这实际上是肯定了《史记》古史记载的史料价值。金德建从 1932 年开始发表散论，著有《司马迁所见书考》一书，其《叙论》称作书的目的是要对《史记》所凭借的各种典籍加以探讨，作一篇《汉志》以前的艺文志，开辟了《史记》研究的新课题。程金造的《司马迁崇尚道家说》② 和张鹏一的《史记本于公羊考》③，都注意到了司马迁思想的复杂性，从多个侧面论述了司马迁思想产生的历史根源，很有新意。此后，可永雪提出对《史记》展开上溯性比较研究，希望能把司马迁写史依据的史料拿来与《史记》逐篇比较，从中可见司马迁作史的史料处理方法和著史宗旨。④ 这类研究，都是从史料比勘出发探寻司马迁的思想，方法上仍然以考证为主，但其研究范围已大大拓展。在司马迁史学思想研究方面也有新的突破，较为集中地表现在郑鹤声的《司马迁之史学》、刘咸炘的《太史公书知意》（1931 年出版）、齐树楷的《史记意》（1923 年出版），用"势"来阐释《史记》意旨和司马迁的进步思想，发前人所未发。这表明随着时代的发展，有关《史记》的研究已逐渐由表及里、由浅入深，开始注意探寻事物变化发展的内在规律。李长之的《司马迁之人格与风格》（1948 年出版）对《史记》产生的时代特点，司马迁

① 参见《国粹学报》1907 年第 12 号、1908 年第 2 号、1909 年第 12 号。
② 程金造：《司马迁崇尚道家说》，《师范大学月刊》1933 年第 2 期。
③ 张鹏一：《史记本于公羊考》，《陕西教育月刊》1937 年第 3 卷第 3、4 期。
④ 可永雪：《〈史记〉上溯性比较论说》，《天人古今》1994 年第 1 期。

思想的学术渊源、历史观点、政治观点，及《史记》各篇的具体作者、著作年代和风格等问题，进行了广泛的探讨，并考察了司马迁的思想与儒家、道家和荀学的关系，对《史记》中"渐""势""理"等概念进行了具体分析，认为司马迁的思想有受自然主义影响，带有辩证法和朴素唯物史观色彩，强调了司马迁的史识，认为史识是良史最重要的修养，史德也是史识的体现。他的这些认识至今仍很有参考价值。柳诒徵在《国史要义》中主要阐发了中国传统史学的精神价值，他认为，传统史学的前提就是儒家哲学，特别是《春秋》学。① 《国史要义·史德》篇提出，传统史学有着深厚的哲学背景，正是由于史家把平素的道德修养运用到史学著作，把史学研究过程当为品德的锤炼过程，才形成了传统史学"温柔敦厚，疏通知远，广博易良，洁净精微，恭俭庄敬"的《春秋》学特色。可见，他注重从传统史学与经学的相互关系来揭示史家修养对史学发展的作用。

这些研究成果有助于人们理解《史记》与古代子学、哲学的关系，尤其是史料与思想方面的联系。如刘师培在《论古学出于史官》中已有论述："诸子学术，皆周史支蘖小宗，后世子与史分，古代子与史合，此周史之所职掌者二也。"② 这是对古代学术源流的分析，对我们认清先秦史学发展的学术背景是很有帮助的。白寿彝先生对史学与经学、子学的关系也有论述，

---

① 参见柳诒徵：《国史要义·史义》，上海：华东师范大学出版社，2000 年，第 199—250 页。

② 刘师培：《论古学出于史官》，《国粹学报》1905 年第 1 卷第 1 期，收入《刘申叔遗书》，南京：江苏古籍出版社，1997 年。

认为《诗》《书》《礼》《易》《春秋》等是"最早的史"，举《老子》《韩非子》《吕氏春秋》说"从历史上看，儒、法两家根据历史来观察历史的未来，都有说对的那一面"①，即诸子著作在运用史事说理时，在史料、思想、方法上都对后来史学发展产生了影响。徐复观《两汉思想史》第三卷中《原史——由宗教通向人文的史学的成立》，论及"孔子的学问与史的关系""孔子学问的性格及对史学的贡献"，讨论的是孔子对史的影响，论述精到。另有王博的《老子思想的史官特色》，探讨了太史之职对老子思想的影响及老子从史官到哲学家的转变，对我们认识史学与哲学的渊源关系和共同精神是有启发的。

---

① 白寿彝：《白寿彝史学论集》上，北京：北京师范大学出版社，1994 年，第 349 页。

唯物史观与《史记》思想理论研究

　　尽管人们对新史学的出路从各个角度进行了探讨，但要说明历史本来的面目和历史观体现的具体而丰富的内涵，即更深入地理解历史规律，还需要唯物史观的引导。马克思主义与中国历史研究相结合滥觞于 20 世纪 20 年代，由李大钊发其端。他于 1924 年出版了《史学要论》，系统总结了我国古代的史学观并介绍了马克思主义唯物史观，认为"古昔的历史观大抵宗于神道，归于天命"，而"人生的、物质的、社会的、进步的历史观则可称为新史观"，同时他也探讨了史学与哲学的关系、与人生修养的关系。对此，白寿彝评价说："李大钊同志对于历史观之历史的阐述，把中国史学史的研究推上了一个前所未有的历史时期。"① 以李大钊、陈独秀为代表的马克思主义史学在寻求历史因果关系、发掘历史本质方面，比其他新史学派更加深入、更加辩证、更加触及历史的本质，它是在社会进步、民族独立、人民解放、国家富强的指导思想下对社会历史人生更彻底的论证，力求解决历史演进根本原因的问题，因而更能深入社会历

---

① 白寿彝：《中国史学史》第一册，上海：上海人民出版社，1986 年，第 172 页。

史的本质。马克思主义的中国历史科学的创立，严格地说，是始于20世纪30年代初，以郭沫若《中国古代社会研究》一书出版为标志。1939年侯外庐发表《社会史导论》一文，确立了他的社会史与思想史相结合的学术研究方向，并先后出版了《中国古代思想学说史》《中国古代社会史论》《中国近世思想学说史》。1959年他完成的《中国思想通史》，对史学思想有丰富的论述，并对司马迁、刘向、班固都有专章或专节讨论。该书在论述每一个时代的思想家的著作和思想之前，都设有专章论述当时的经济、政治、文化等社会状况，诚如侯外庐晚年回顾自己的学术历程时所说："运用马克思主义特别是政治经济学理论，分析社会史以至思想史，说明经济基础与上层建筑、意识形态之间的辩证关系，是我们这部思想通史紧紧掌握的原则。把思想家及其思想放在一定的历史范围内进行分析研究，把思想家及其思想看成生根于社会土壤之中的有血有肉的东西，人是社会的人，思想是社会的思想，而不作孤立的抽象的考察。对先秦诸子、两汉经学、魏晋玄学……无不如是。"[1] 可见，马克思主义社会分析方法首先要求人们用联系的观点全面地看问题，具体问题具体分析，它代表了当时史学思想和研究方法新的高度。

马克思主义理论的确立，使《史记》研究从思想、观念到研究方法都发生了质的飞跃，开创了《史记》研究的新时代，它的社会的、人生的、历史的方法引发了《史记》研究在新时

---

[1]　侯外庐：《韧的追求》第三章《简要的总回顾》，北京：生活·读书·新知三联书店，1985年，第327页。

期的全面繁兴。首先是各种历史著作和史学理论著作的相继纂
成，如范文澜的《中国通史简编》①，吕振羽的《殷周时代的中
国社会》《简明中国通史》②，翦伯赞的《历史哲学教程》等，
多少都涉及对《史记》体例、《史记》产生的社会历史条件与
《史记》思想价值和史学价值的讨论。侯外庐、任继愈、冯友兰
对司马迁哲学思想的研究，对今天的研究仍很有启发意义，如
侯外庐的《司马迁著作中的思想性和人民性》③ 和任继愈的
《司马迁的哲学思想》④。侯先生认为，司马迁的自然观是一种朴
素的唯物观，司马迁的社会历史观也包含着朴素唯物主义和辩
证思维的因素，司马迁"是中国古代朴素的唯物主义的伟大思
想家之一"；同时他认为，司马迁重视普通人民大众在历史发展
中的突出地位和极大作用，《史记》大量记录了普通人民的生
活，反映了司马迁把普通人民作为历史主体的进步观念，这是
史无前例的。在这种社会分析方法的影响下，人们不仅从《史
记》本身出发来研究《史记》，而且把《史记》放在西汉政治、
经济、文化的具体环境中去分析，放在整个史学的历史长河中
进行考察，乃至于放在整个世界历史的背景上去认识，因此对
司马迁史学的伟大功绩和《史记》的重要价值做出了高度评价。
如翦伯赞《中国历史学的开创者司马迁》⑤ 一文，以马克思主义
的唯物史观这一全新思想、全新方法研究《史记》，分析了司马

① 著于1940—1941年，1941年出版上古到五代部分。
② 分别出版于：1936年，上海不二书店；1941年第一分册，香港生活书店，1948
年第二分册，大连光华书店。
③ 《人民日报》1955年12月31日。
④ 《新建设》1956年第6期。
⑤ 《中国青年》1951年总第57期。

迁"不朽"的原因，充分肯定了司马迁在中国史学史上的重大
贡献；卢南乔的《论司马迁及其历史编纂学》①、《司马迁在祖
国文化遗产上的伟大贡献与成就》② 等文用历史唯物主义观点对
司马迁的编纂学进行评价，得出令人信服的结论；齐思和的
《〈史记〉产生的历史条件和它在世界史学上的地位》③ 一文，
把《史记》与同时代的希腊史学名著进行比较，认为"司马迁
不但是中国史学之父，也是全世界古代最伟大的历史学家之
一"。这些讨论基本上奠定了后来《史记》史学研究的方向和领
域，即《史记》纪传体的编纂形式、卓越的史识和史学方法，
使后来的研究更趋向系统化。如司马迁与公羊学的关系问题曾
经引起一场热烈的讨论，杨向奎《司马迁的历史哲学》④ 一文说
"司马迁是前期公羊学派中的重要人物"：他继承公羊学传统有
两立，一为后王立法而宣扬大一统，一为后人立法而颂扬反暴
政；他又有两颂，一颂货殖，一颂游侠，意在向封建秩序挑战。
赖长扬《司马迁与春秋公羊学》⑤ 一文，认为公羊学的基础是
"阴阳五行说"，其主要内容是"天人感应"，派生的观点有
"历史循环论三统说""王权神授说"等，司马迁对此持批判态
度。陆永品的《司马迁的历史观——兼与杨向奎等同志商榷》⑥
认为司马迁的思想体系是与董仲舒对立的，说司马迁是前期公

---

① 《文史哲》1955 年第 11 期。
② 《文史哲》1956 年第 1 期。
③ 《光明日报》1956 年 1 月 19 日"史学"版。
④ 《中国史研究》1979 年第 1 期。
⑤ 《史学史资料》1979 年第 4 期。
⑥ 《河北师院学报》1980 年第 3 期。

羊派的重要人物是"缺乏历史根据的"。吴汝煜《史记与公羊学》①，认为司马迁对公羊学不是全盘接受，而是有批判地继承，并从三方面论证，结论是："司马迁以恢宏的气魄，吸收了公羊学说中的精华，写出了比《春秋》规模更大，褒贬尺度更富人民性，内容体制更符合大一统时代要求的伟大著作。这实在是一个空前的创举。从这个意义上说，司马迁作为伟大人物的个人特性，不仅可以方驾孔子，而且也是后世的许多史家所不可企及的。"此文立论公允，有一定影响。

这些著者所具有的洞察力和创造力，著述的气魄和科学态度，以及表现在文献资料上的深厚功力，都决定了他们在学术研究中的主流地位。由此可知，一种研究方法成为人们所公认的主流，首先是因为它有先进的科学思想作指导。

传统考据方法与唯物史观分析方法的结合，也使《史记》研究打破了传统的范式。研究者运用历史方面的研究来引导考据研究，改变了考据研究拘于史料考辨、缺乏宏通而随意性强的局面，涌现出一批采用宏观方法研究思想义理为主的专著。将唯物史观与丰富的史料相结合，而论述又比较公允准确的是白寿彝先生的《司马迁与班固》②和《〈史记〉新论》③，可以代表20世纪80年代以前《史记》研究的新水平。前一篇分十个专题，从两汉广阔的时代背景出发，用比较的方法评价马班史学，提出了新观点，认为《史记》是"答复历史怎样变化发

---

① 《徐州师范学院学报》1982年第2期。
② 《北京师范大学学报》1963年4期。
③ 发表于1981年，是作者二十年前的一篇讲课记录稿，写成于1963年，和《司马迁与班固》相继完成，互证互补。

展"的，而《汉书》却是"答复如何维持目前局面"的。司马迁要"究天人之际，通古今之变，成一家之言"，拿出的是"自己独到的见解"，具有进步的异端思想，也就是有人民性的成分；班固则是把两汉的历史用五经的道理妥帖地讲通，维护汉室的正宗思想。所以不论从体裁的创造上，还是历史的见识上，班固都不能与司马迁相比。后一篇则上溯西周共和以来七百多年的历史发展，探索《史记》的写作背景，第一次将司马迁自己所表明的《史记》要旨"究天人之际，通古今之变，成一家之言"做了系统的阐释。该篇指出，司马迁接受了西周共和以来的"经济政治发展的影响"，继承了这个漫长的变革时期所形成的进步历史观和历史研究的优良传统，综合了长期历史发展过程中形成的各种历史体裁，创造出一部纪、传、表、书综合体的通史。这些观点到今天仍具有指导意义。还有一些考论结合的研究著作值得一提，如郑鹤声《司马迁年谱》、季镇淮《司马迁》对司马迁行年和传略的研究，尤其是季著侧重于用文学纪传的特质来剖析《史记》的纪传文学价值，堪称佳作。另外，陈直对《史记》名称及早期传播的研究，卢南乔的《司马迁在祖国文化遗产上的伟大贡献与成就》，陈可青的《论司马迁的社会经济思想和历史观》，程金造对《史记》三家注的研究，都独具新见。同时，在文献整理考订方面，中华书局点校本《史记》、贺次君《史记书录》、金德建《司马迁所见书考》、陈直《史记新证》、钱锺书《管锥编·史记会注考证五十八则》都是有代表性的研究性成果。可以说，研究者的思想解放带来的是对《史记》从思想到文化、从史学到文学、从哲学到美学的广泛深入的讨论，开始把《史记》从"史料学"的研究水平提高到"史记学"的研究水平。

1980 年至今，对司马迁与《史记》的研究逐步步入一个新的历史阶段。《史记》研究的学者和论著数量激增，不同学科的学者对《史记》都有不同程度的研究，带来了研究方法的多样化。

其中，历史文献与西方史学的理论与方法相结合成为《史记》史学研究的一大潮流，这是在马克思历史观指导下的又一次学习西方的高潮。① 如对国外比较史学方法的学习和运用，确实解决了一些问题，开辟了一些新课题。《史记》研究的比较研究主要包括两方面：一方面是将《史记》与我国古代其他史书进行比较，其中《史记》《汉书》的比较研究仍是主体。白寿彝的《司马迁与班固》一文针对唐扬班抑马（刘知幾）、宋扬马抑班（郑樵）、明清马班并提的传统观点，比较了马班异同，认为《史记》《汉书》并举，是"很不相称的"。施丁的论著《马班异同三论》，从历史编纂、史学思想、历史文学三方面做了微观与宏观相结合的细致比较，并专立"论马班历史文学之异同"一节，从"写历史人物""战争""人情事故""历史环境"四点比较两书的异同，得出《史记》绘声绘色、生动传神、较为准确，《汉书》朴质规整、字简句省、较为刻板的结论。徐朔方著《史汉论稿》，对比了《史记》《汉书》所记相同人物的传记，认为"作为文学，《汉书》比《史记》逊色；作为史学，《汉书》对《史记》有所发展"。韩国学者朴宰雨的《〈史记〉〈汉书〉比较研究》也不失为一佳作，他从两书"传记文之写

---

① 参见于沛：《外国史学理论的引入和回顾》，《历史研究》1996 年 3 期。

作技巧比较"的角度阐述了两书文学风格的差异。另一方面，是《史记》与西方古代史学名著的比较。如与塔西佗的《历史》、普鲁塔克的《英雄传》等的比较，如李少雍《司马迁与普鲁塔克》、刘清河《从〈旧约〉与〈史记〉的比较试探东方文学的一点规律》、夏祖恩《试比较司马迁与修昔底德的经济史观》、阎崇东《司马迁之〈史记〉与希罗多德之〈历史〉》等文，都试图从探讨史传文学发展规律入手，找到《史记》的民族特色。

此外，白寿彝《〈史记〉新论》对司马迁"究天人之际""通古今之变""成一家之言"的著述宗旨进行了全面系统的阐释，可以说是对古今这一论题的一次总结。由此引发了对司马迁史学思想的研究，如施丁的《论司马迁的"通古今之变"》、张维华的《论司马迁的通古今之变究天人之际》、陈可青的《司马迁的历史变化观及其对人物的评价》。关于司马迁对历史大势的认识，有杨燕起的《司马迁关于"势"的思想》、吴怀祺的《〈史记〉对历史盛衰认识的哲理性和时代性》、瞿林东的《司马迁怎样总结秦汉之际的历史经验》、陈其泰的《司马迁对历史发展趋势的卓识》等论文。关于司马迁的"成一家之言"，有程金造的《释太史公自叙成一家之言》、吴忠匡的《司马迁"成一家之言"说》、逯耀东《论司马迁"成一家之言"的两个层次》、施丁的《论司马迁的"成一家之言"》，等等。① 这些研究成果都是运用马克思唯物主义观点对司马迁的史学思想和哲学

① 以上论文均收入施丁、廉敏编《史记研究》（上），瞿林东主编"20 世纪二十四史研究丛书"之一，北京：中国大百科全书出版社，2009 年。

思想展开的多方面的深入探讨，使读者对《史记》思想方面的特点理解得更准确更全面了。

随着对马克思社会观、文学观、美学观理论的进一步探讨，《史记》研究领域也向史学之外的领域不断拓展，学者们开始从经史关系、子史关系、文史关系的角度探讨《史记》在学术发展中的作用。如许凌云《经史因缘》主张关注经史、文史关系的研究，并探讨了司马迁儒家思想的形成及表现。吴怀祺《易学与史学》（北京：中国书店，2004 年）探讨了司马迁的家学与易学的渊源及易学对司马迁历史盛衰观的影响。此外，莫砺锋的《〈左传〉人物描写艺术对〈史记〉的影响》（《南京大学学报》1983 年第 4 期）分析了《左传》在历史事件的叙述中展示人物形象、在细节描写中刻画人物性格、通过对话刻画人物性格这三方面对《史记》的影响。金家兴的《史记人物描写的艺术创新》（《孝感师专学报》1984 年第 2 期）将《史记》与《战国策》的写人艺术进行了比较。吴汝煜的《"史家之绝唱，无韵之〈离骚〉"试释》（《南通师专学报》1986 年第 1 期）认为《史记》强烈的抒情性、讽兴当世的力量、反传统思想的精神以及体裁的独创性，深得《离骚》情韵。陈桐生则从"原始察终的思维方式""取材于《诗》"及"《诗》学批评观"方面论述了《史记》对《诗经》的继承（陈桐生：《史记与诗经》，北京：人民文学出版社，2000 年）。他还从思想来源上探讨了《史记》与《荀子》《淮南子》《周易》等著作的关系，认为《史记》在法后王、自然人性论、富民重民等观点上对《荀子》有所吸取，《淮南子》在构建天人古今知识体系、倡导法与时变等问题上给《史记》以深刻启示，《易传》的百虑一致殊途同归的思想、重时审微思想为司马迁观察历史提供了理论依据（陈桐生：《〈史记〉与〈荀子〉》，《苏州铁道师范学院学报》2001 年第 2 期；《〈史记〉与〈淮南子〉》，《东南大学学报》2002 年第 2 期；《〈史记〉与〈周易〉六论》，《周易研究》2003 年第 2 期）。总的来说，对《史记》与先秦史学关系的研究，主要集中在《史记》与《左传》《战国策》等史书在写人与叙事艺术的比较上；对《史记》与经、子关系的研究，主要关注《史记》与《春秋》《尚书》《周易》等经书及《老子》《荀子》《淮南子》等子书的关系上，所论内容多是前人尚未充分阐释的领域，表现出今人拓展研究空间的努力。

　　长期以来，《史记》研究的很多领域都是文史共同耕耘的园地，如《史记》实录与直笔、《史记》真实性与艺术性的统一、史官文化与《史记》纪传体等问题，这也是《史记》研究的一个特点。20 世纪七八十年代以来，史学史和文学史一直有良好的编纂传统，《史记》是其中必不可少的内容，因而《史记》研究并不是缺乏总结的一门学科，它的科学性、系统性、合作性较之其他学科更突出一些。《史记》研究达到今天的成就，是两种学科通力合作的产物：史学研究总是在关心国家民族的命运，密切联系社会生活，当今《史记》研究者继承并发扬了这种传统，他们学习西方的先进理论思想，为的是总结中华民族优秀的传统，增强民族自信心，并使人认清方向，不断追求真理，开阔视野；文学研究则注重发掘《史记》的美学价值和人文精神，使它成为活的历史。

《史记》的多学科研究

与"史界革命"相应的是文学革命，从中我们可以发现与
史学研究相类似的发展轨迹。从梁启超称司马迁为"史界太
祖"，到鲁迅认为《史记》是"史家之绝唱，无韵之离骚"，代
表了学术界对《史记》性质认识的变化，《史记》文学成就的
讨论由此得到"合法"的地位。20世纪50年代，人们运用马克
思主义文艺理论，讨论了《史记》人物塑造典型性的问题，全
面发掘司马迁塑造历史人物典型形象的艺术手法，这其中以刘
大杰、游国恩和杨公骥几位先生编写的文学史为代表。此后，
学术界从传记文学、散文、小说、美学等方面对《史记》的艺
术成就展开了多方面研究。

——传记理论的探讨和《史记》研究。由于《史记》纪传
体以人为主的特色，其传记文学特质就成了《史记》研究讨
论的焦点。梁启超可以说是现代传记理论的先驱，他从编写新
史的目的出发介入史学性传记的研究，并认为传记是属于史学
范畴的。无论是对国内的还是对国外的传记，他都作如是观。
1902年，他在《东籍月旦》里，把日本的史籍分成八类，最
后一类就是传记（见《饮冰室文集》之四第90页）。同年他

发表《新史学》，在《中国之旧史》这一篇里，他把史学分为十种，第六种就是传记。他还在《要籍解题及其读法·史记》部分肯定了《史记》写人是一种创造历史之主体的伟大，说："（司马迁）对于能发动社会事变之主要人物，各留一较详确之面影以传于后，此其所以长也。"但他同时也认为纪传体仍无法适应时代的需要，所以很早就萌发了自编一部《中国通史》的想法，着力探讨以传代史的可行性，并对列传、合传、专传等的具体操作做了详细的论述。他从 1926 年开始，集中力量在《中国历史研究法补编》里对有关问题进行探讨，其中"人的专史"部分在新史学观念的指导下，为了使传记更好地担负起承载新史的重任，对史学性传记的形式、各自的具体做法等问题做了全面的探讨。另外，他还在《作文教学法》中讨论了文学性传记与史学性传记的不同。就文学性传记而言，"唯一职务在描写出那人的个性"，其实录的标准是："凡足以表现传中人个性的言论行事，无论大小，总要淋漓尽致委曲详尽地极力描写，令那人人格跃然于纸上，宁可把别方面大事抛弃，而在这种关键中绝不爱惜笔墨。"对此，梁启超还以《史记·廉颇蔺相如列传》等为例做了具体说明。但就史学性传记而言，这种做法他是不赞成的，因为史学性传记要突出史学性，录取那些能见出历史因果、能表明传主历史地位的内容更合适些。以这个标准来衡量《史记》中的《伯夷列传》《管晏列传》《屈原列传》等，就显得"事迹模糊，空论太多"了。因此，梁启超说"这种借酒杯浇块垒的文章，实在作的不好"，甚至是"把史学家忠实性失掉了去"，进而"失却作传的本意了"。他还认为，像屈原这类"人格伟大，但是资料枯窘得很"的历史人物，该不该作传还是个值得商榷的问题。至于《贾生列传》，他认为司马迁在《史记》中专载贾谊的《鹏鸟赋》《吊屈原赋》，完全是把贾谊当作一个文学家看待，没有注意到他的政见，未免太粗心了。他说太史公"不是只顾发牢骚，就是见识不到，完全不是作史的体裁"，"带有神话性的，纵然伟大，不应作传"，"太史公作《五帝本纪》，亦作得恍惚迷离"，"纵不抹杀，亦应怀疑"。① 在梁启超看来，只要是传记就该实录，但文学性传记与史学性传记是有区别的：前者要视是否有利于人物形象的刻画来实录，后者则要视是否能显示史学的意义而来实录。显然，这种从现代传记创作的角度对传统传记理论的总结，并不能完全概括《史记》中人物传记的内涵。

传记具有一定的历史性，又具有文学性，因此传记同历史著作或其他文学作品很难区分，在古代作品中，司马迁的《史记》和塔西佗的《历史》都兼有传记与历史著作的双重身份。我们在探讨传记的本质时首先碰到的问题就是：传记属于历史还是文学？应该说，在很长一段时间内，传记都是被看作历史学的一个分支。这种观点一直到19世纪末才发生变化，西方一些学者在肯定传记的历史性的同时开始注意到它的文学性，并且开始主张传记是文学的一个分支。中国学者对传记的看法大多是从西方文学理论中得到启发，其中最有代表性的是胡适和朱东润。胡适从五四运动前后到20世纪50年代的著作中一直使用"传记文学"一词，他认为中国的正史大部分是集合传记而

---

① 梁启超：《中国历史研究法补编》，北京：东方出版社，1996年，第207—210页。

成的，《史记》《汉书》《后汉书》《晋书》中有很多传记很生动，但由于多是短篇，因此保存的原始史料太少。① 朱东润从1939 年起开始对传记文学做一些初步的探讨，陆续写成了《中国传叙文学之变迁》《传叙文学底前途》《传叙文学与人格》《八代传叙文学述论》等论著。他在《张居正大传》的序言中将中外传记文学的历史做了简单的比较，认为："在近代的中国，传记文学的意识，也许不免落后，但是在不久的将来，必然有把我们的意识激荡向前、不容落伍的一日。史汉列传的时代过去了，汉魏别传的时代过去了，六代唐宋墓铭的时代过去了，宋代以后年谱的时代过去了……横在我们面前的，是西方三百年以来传记文学的进展。我们对于古人的著作，要认识，要了解，要欣赏；但是我们决不承认由古人支配我们的前途。古人支配今人，纵使有人主张，其实是一个不能忍受、不能想象的谬论。"可见西方新观点新理论的引进，给了睁眼看世界的学术人别样的勇气和眼光。值得注意的是，朱东润在同一时期还写出了《史记考索》《汉书考索》《后汉书考索》三种著作。他在提到外国名传时，常常以"很有《史记》那几篇名著的丰神"来评价，可见他在学习西方时是以深厚的民族史学素养为基础的，同时也可以看出他对我国古代传记文学的发展脉络有着整体的把握，并且表现出一种独立而清醒的学术意识。梁启超晚年对传统学术的认识较为平和，他说："启超确信欲创造新中国，非赋予国民以新元气不可，而新元气决非枝枝节节吸受

---

① 胡适：《传记文学》，收入《容忍与自由：胡适演讲录》，北京：京华出版社，2005 年，第 218 页。

外国物质文明所能养成，必须有内发的心力以为之主。"① 鲁迅
1908 年写《摩罗诗力说》时说："国民精神之发扬，与世界识
见之广博有所属。"可见，在吸取西方先进文化的同时，必然要
采取中西比较的方法，吸取新思想新观念，发展创造民族文学
传统，这成为我国好几代学人的共识。

到了 20 世纪 80 年代，传记文学的理论和实践更加丰富，也
促进了《史记》这方面的研究。

首先，对《史记》传记文学特性的认识趋向深入。朱东润
认为："传记文学是史，同时也是文学。因为是史，所以必须注
意到史料的运用；因为是文学，所以也必须注意人物形象的塑
造。"② 他是从传记文学写作的角度提出这个主张的，这个观点
比较符合中国传记文学的实质。他在《传记文学能从〈史记〉
中学到些什么》一文中，高度评价了《史记》在传记文学方面
取得的重大成绩。吕薇芬、徐公持的《中国古代传记文学浅论》
认为，"传记文学的正式登上文学舞台，是在西汉中叶的武帝时
期。伟大的作家司马迁的创作活动，标志着我国传记文学迈入
了成熟阶段"，"在唐中叶以前，我国传记文学的重心在于史传
作品，而唐中叶以后，则重心已转到史传以外的杂体之中"③。
郭预衡《中国散文史》"传记文学新成就"一节从《史记》增
加了故事情节、戏剧冲突、写进生活细节三点论证，认为《史
记》比先秦的史传更带有传记文学的性质。聂石樵在《司马迁

① 丁文江、赵丰田编：《梁启超年谱长编》，上海：上海人民出版社，1983 年，第
   983—984 页。
② 朱东润：《陆游传·自序》，海口：海南出版社，2002 年，第 19 页。
③ 《文学遗产》1983 年第 4 期。

论稿·自序》中说："《史记》的体裁，主要是以描写人物为中心的传记体，也就是传记文学，这在中国文学史上是个开创，从司马迁开始才系统地集中地给人物写传记。"充分肯定了《史记》在传记文学史上的地位。王伯祥用典型人物的理论来评价司马迁："他独能窥见人的一生是活生生的整体……所以他每用多种多样的方式来写传记。就这一点看，可以说司马迁在中国文学史上是第一个发现'典型人物'的人。"① 郭双成《史记人物传记论稿》是一部成体系地研究《史记》人物传记的专著，着重分析了《史记》刻画历史人物的多种艺术手法，可与李少雍《司马迁传记文学论稿》互看。但李著的侧重点不同，论述了"纪传体本身的特点即同文学有着一定联系"，"纪传体是文学发展的产物"，"纪传体标志着我国传记文学的真正开始"，"同诗歌、散文等文学种类一样，古代传记文学也是一份值得重视和研究的文学遗产"，而这一财富的发端正是《史记》，他还从语言运用的角度新解"列传"之名，很有创意。可永雪的《史记文学成就论稿》系统总结了司马迁的写人艺术，是一部研究《史记》文学性的代表作。韩兆琦的《中国传记艺术》和陈兰村的《中国传记文学发展史》则对中国传记文学的发展进行了贯通性的研究，着重研究《史记》以后传记的发展，是传记研究的重要成果。

其次，一些研究者开始将传记文学与史传文学区分开来，表现出文体意识的增强。如程千帆认为："就史学言，纪传一体，乃史传之重心；就文学言，纪传中以人为主之列传，又史

---

① 　王伯祥选注：《史记选·序例》，北京：人民文学出版社，1982 年第 2 版，第 9 页。

传文学之重心也。"① 他在后来的《程氏汉语文学通史》中也提
出《史记》为传记文学开辟了一条大道，但同时也认为史传文
学与后来的传记文学在写人上是有区别的。② 《两汉大文学史》
也把《史记》与先秦史传文学进行了区分，认为这样才能见出
《史记》传记文学对先秦史传文学的推陈出新，也"突出了司马
迁全面塑造人物形象的开创之功"③。这样区分的目的是要彰显
其在塑造人物形象上的成就，以此为后来传记文学溯源。这是
从文学史的角度考量的。

　　还有学者视《史记》为历史文学的代表。如白寿彝先生在
《中国史学史》第一册中说："历史文学作为对历史的文字表述，
这跟历史题材的文学作品，有性质上的不同。有的人不同意这
样的提法，认为文学和史学是两种不同的学问，应该截然分开。
其实，这是一种误解。就文学而论，它可以包含两种历史文学，
一种是用历史题材写的文学作品，其中允许有为了艺术上的需
要而进行的虚构。又一种历史文学，是有一定艺术水平的历史
记述。就史学而论，只要你写史书，就必须进行文字上的表述，
因而在文字上需要下一番功夫，这是不言而喻的。所以无论就
文学方面或就史学方面说，二者既有区别，又有联系，这是不
好截然分开的。在中国史学史上，有些史学家因追求文字上的
华丽，以致失掉了历史的真实。这并不是因为他过于讲究历史

---

① 《先唐文学源流论略》之四，《武汉师范学院学报》1981 年第 4 期。
② 参见程千帆：《程氏汉语文学通史》第七章《史传文学的展开与繁荣》，沈阳：
　辽海出版社，1999 年，第 93—106 页
③ 赵明，杨树增，曲德来：《两汉大文学史》，长春：吉林大学出版社，1998 年，
　第 498 页。

文学，而是因为他没有尽到历史文学的应有职责。"①他还提出："我国的史学家，有不少在历史文学上取得了相当高的成就，也有人对历史文学做了理论上的探讨。……我觉得在历史文学这方面，我们有优良传统可以继承，并且应该发扬。"他认为"历史文学"是史学内容的构成部分，并且从"闳中肆外"与"艺术加工"两方面初步总结了历史文学的写作经验。② 这一写作经验对新时期的历史文学创作具有指导意义，并且在创作界和学术界引发了对历史文学审美属性的理论探讨。姚雪垠的《从历史研究到历史小说创作》、③ 吴秀明的《文学中的历史世界——历史文学论》和《历史文学审美属性与独特形态理论的构建》④，等等，就是在文学创作领域对我国历史文学创作规律及理论的探讨。但从目前的研究状况来看，对历史文学理论的总结还较少，是个待深入开掘的领域。

　　——散文研究与《史记》。有学者以我国古代文体传统分类为依据，将史传归入散文（笔）类。此类研究著作不断涌现，如陈柱的《中国散文史》，认为夏商至春秋的散文是"为治化而文学"，战国散文是"为学术而文学"，基本上说明了我国古代散文的实用性质及其发展轨迹。此外，郭预衡的《中国散文史》⑤，谭家健的《先秦散文艺术新探》及其一系列关于先秦古书及散文的论文，对先秦散文（包括史传文）的基本形态和艺

---

① 白寿彝：《中国史学史》第一册，上海：上海人民出版社，1986 年，第 28 页。
② 参见白寿彝：《史学概论》第六章，银川：宁夏人民出版社，1985 年。
③ 《文学评论》1992 年第 4 期。
④ 《文艺研究》1996 年第 4 期。
⑤ 郭预衡：《中国散文史》上卷：先秦、秦汉、魏晋南北朝卷，上海：上海古籍出版社，2000 年。

术特征做了较为全面的论述。谢楚发的《中国散文简史》探讨了历史散文勃兴的原因及史书体例的变化。蓝少成的《中国散文写作史》、周明的《中国古代散文艺术》探讨了秦汉散文的发生、发展及其美学内涵，其中都有对《史记》的论析。

——《史记》与小说研究。由于探索小说源流而出现了一批史传与小说关系的研究著作，有些学者不仅把《史记》看作中国小说的源头，甚至把它当作文学中的小说来看。如郭沫若就说过："《史记》不啻是我们中国的一部古代的史诗或者就说它是一种历史小说集也可以。"① 把《史记》和小说并提在明清两代就成为评点小说的风尚，随着近现代小说创作的兴盛与理论探讨的兴起，很多学者又重拾这个议题，如胡怀琛在《史记》选注本《序言》中、施章在其《史记新论》中、杨荫深在《中国文学史大纲》中都有类似的说法。小说理论著作有石昌渝的《中国小说源流论》、杨义的《中国古典小说史论》、孙绿怡的《〈左传〉与中国古典小说》和王靖宇的《〈左传〉与传统小说论集》等，这些著作主要运用西方小说叙事理论，从叙事学要素分析及小说理论的角度，研究《左传》《史记》等史学著作的叙事特色和它们对小说发展的影响。

——叙事理论与《史记》研究。因西方叙事理论的引入，一些学者开始从叙事学角度研究史传与《史记》。如杨义的《中国叙事学》，着眼于对有中国民族特色的叙事理论的建构，将史传列为其主要论述对象之一。陈平原的"秦汉散文论稿"系列

---

① 郭沫若：《关于"接受文学遗产"》，《郭沫若文集》12 卷，北京：人民文学出版社，1959 年，第 255 页。

《从言辞到文章，从直书到叙事》《百家争鸣与诸子遗风》，董乃斌的《中国古典小说的文体独立》（第一、二、三章）及傅修延的《先秦叙事研究——关于中国叙事传统的形成》等，为《史记》及史传文学的研究开辟了新的角度。这些研究方兴未艾，表现出研究者们的一种新的努力方向：力图突破散文、小说等的文体界限，希望从它们共有的叙事特点寻找它们所共同承传的民族传统文化的特质。

　　此外，与史学研究中对司马迁的哲学、政治和史学思想的重视相对应，司马迁的文学思想逐渐受到关注。如姚凤林的《论司马迁的文学观》①，认为司马迁有自成体系的文学思想。韩兆琦、聂石樵、肖黎等也做了研究，他们对司马迁文学思想的评价多集中在"发愤著书"说。② 张新科认为司马迁的立言观、发愤说与通变思想对六朝的文学理论有影响。③

　　——随着美学理论的发展，越来越多的人开始从美学方面来研究《史记》，有意识地深入研究司马迁《史记》的美学思想。李长之先生首开其风，他在《司马迁之人格与风格》一书中，把司马迁的文章称为"奇而韵"，其分析是建立在作者的审美眼光和理论基础上的。叶幼明的《试论司马迁的美学思想》认为"真实"与"雅"是司马迁的审美标准，"爱奇"是司马迁的审美原则，这种审美观使《史记》的思想内容和艺术表现

---

① 《北方论丛》1980 年第 5 期。
② 参见俞樟华、张新科的《近十年来〈史记〉文学成就研究概述》，《文史知识》1991 年第 3 期。
③ 参见《六朝新文学理论的先声——司马迁对魏晋南北朝文论的影响三题》，《陕西师范大学学报》1997 年第 2 期。

都呈现出独特之处。① 李泽厚的《中国美学史》认为《太史公自序》中所说的"抒愤懑"是司马迁美学思想的核心和实质所在。宋嗣廉也持此观点，认为司马迁"发愤著书"的非"中和"美学思想是形成《史记》雄浑悲壮的美学风格极其重要的因素。② 韩兆琦《司马迁的审美观》认为司马迁审美观的形成有其时代性，还有其突出的独特性，原因就是司马迁分外喜爱悲剧英雄，喜爱那些对于当时社会、对于当权者、对于恶劣的环境敢于抗争的特立独行的人物，并从历史背景、时代风尚、个人遭遇等几方面全面论述了司马迁审美观形成的条件。③ 对司马迁"发愤著书"和"爱奇"思想的探讨，主要影响是触发了人们对《史记》人物形象的讨论，促使大家从过去只局限于针对少数几个人物的分析到系统地进行人物成就的挖掘，提出了许多崭新的见解。如韩兆琦认为《史记》不是一个普通的各色人物的画廊，而主要是一个豪迈的英雄人物的画廊，又因为其主要人物大都是悲剧性的，所以《史记》又是一个悲剧英雄人物的画廊，《史记》是一部以悲剧人物为主的文学作品。这个观点已经得到人们的普遍认可。刘振东的《论司马迁之"爱奇"》认为司马迁之"爱奇"就是对于奇人——有特异性的历史人物的推崇，因而其"旁搜异闻""多闻广载"都是为了表现特异性的历史人物。④ 这种论述从美学理论出发，一定程度上把明清《史记》评点中的感悟式批评进一步理论化了。

① 《求索》1986 年第 1 期。
② 宋嗣廉：《〈史记〉艺术美研究》，长春：东北师范大学出版社，1985 年，第 16 页。
③ 《北京师范大学学报》1982 年第 2 期。
④ 《文学评论》1984 年第 4 期。

　　总体上看，从传记文学理论、叙事理论、小说理论、散文理论等方面开展的《史记》研究，大多仍是以《史记》为取材的母体，取其一端以辨别异同源流，如从《史记》以人为主的特点分离出传记文学的理论，从其叙事的生动性特点生发出叙事文学理论，从其故事化手法生发出与小说及戏剧理论的联系，等等，因此还没有形成一个科学的论证体系。这一方面是因为与此相关的《史记》批评史料还有待进一步拓展与整理，尤其是明清大量评点、史钞、史评与文集、笔记中的评论还需要整理研究；另一方面，如何在此基础上提炼出一些核心论题和理论术语，寻找这些议题与《史记》研究的关联，研究还不够充分。

　　进入 21 世纪之后的 20 多年，《史记》研究主要的发展趋势有以下几点：

　　一是随着新考古发现及对《史记》版本的全面研究，《史记》的整理与考订工作产生了新成果。如从 2005 年开始，赵生群主持了中华书局点校本《史记》的修订工作，在校勘过程中就引用参阅了很多出土文献和材料。今后，这类文献的不断发现与整理，仍是《史记》研究的一个重要发展方向。此外，史钞、史评、文集、笔记中的《史记》史料的整理与研究也在不断涌现。由张大可组织的、多所高校协作编写的《史记研究集成》，总结了两千年来古今中外的"史记学"研究成果，对历代文集、诗集、笔记中的《史记》评论资料及各种专门论著都进行了较全面的整理与介绍，为今后《史记》研究打下了基础。

　　二是对《史记》学术史的总结工作受到重视。张新科、俞樟华的《史记研究史略》，杨海峥的《汉唐〈史记〉研究论

稿》，张大可等人的《史记学概要》等研究专著，较早地对
《史记》历代研究成果进行了总结。张新科的《史记学概论》
比较系统地阐释了"史记学"的学科特点与体系。张大可、郑
之洪的《二十世纪的〈史记〉研究与文献价值》、陈桐生的
《百年〈史记〉研究的回顾与前瞻》等论文，对20世纪的《史
记》研究进行了总结。瞿林东主编的"20世纪二十四史研究丛
书"整理汇集了20世纪《史记》研究的代表性论著，为我们总
结此期的学术发展史提供了便利。

三是《史记》普及读本注本成为《史记》通俗化的基本途
径。很多《史记》研究专家，如韩兆琦、张大可、王立群、陈
正宏等，通过系列讲座与选本注本的编著等形式，向广大民众
普及《史记》。据初步统计，从2001年至2011年，各种各类的
《史记》选本有120多种，有选读精讲类、鉴赏类、注译类、白
话翻译类、故事类、译文类等。[1] 2016年商务印书馆出版的张
大可、丁德科的《史记通解》（9册），是集校、注、评和白话
全译于一体的《史记》全本，可说是这类注本的代表。

四是随着各类《史记》研究机构的成立，《史记》研究呈
现出全国各级院所各学科通力合作的研究趋势，甚至是国际化
合作趋势。如从20世纪80年代开始，陕西韩城司马迁学会、陕
西师范大学陕西省司马迁研究会、中国史记研究会渭南师范学
院司马迁研究会渭南分会及中国史记研究院先后成立，到2014
年北京史记研究会成立，逐步形成了以学术机构为核心，有组
织、有计划、有机制的司马迁与《史记》研究格局，使司马迁

与《史记》研究走向体系化与信息化。如 2002 年出版的《史记教程》，是由中国史记研究会组织了 28 所高校的史记学人，以安平秋、张大可、俞樟华为主编编辑的，旨在为高等院校开设《史记》课程提供通用教材。2009 年，由张新科主编、多所高校学人参与撰著的《史记概论》（《史记导读》），先后由陕西师范大学出版社、高等教育出版社出版。在各级机构举办的学术会议中，国际学者的成果逐渐受到重视，因此，《史记》研究国际化趋势也逐渐显现。

今后的《史记》研究，应在前期史料整理和学术史总结的基础上，将以前学者忽视的史料和议题进行归纳梳理，从微小的概念范畴入手，逐步建立《史记》研究的理论体系。这项工作实际已经逐步展开，如瞿林东教授提倡的中国古代史学批评理论与历史理论的研究，有很多内容涉及《史记》研究。在文学研究中，有对明清《史记》评点术语与理论的研究，还有对司马迁史学思想和哲学思想中人本精神、批判精神的研究。总的来说，司马迁及其《史记》对两千年来的史学和文学的发展都产生了巨大的影响，我们应在已有的研究成果的基础上做进一步的探讨，总的发展方向是结合中国文化深层内涵做深入的探析，更加注重以中国固有的理论术语进行理论阐释和体系建构。

第九章
《史记》学术史的历史评说

  回顾自汉以来的《史记》学术史,可以说,历代学者对《史记》的研究已经形成一个悠久的传统。传统是一个民族在文化发展中体现连续性的内核,是构成每一代人由此出发的前提。因此,传统就是历史和现实之间的一种联系,是学术发展和进化中过去、现在和未来之间的辩证联系。《史记》及其研究就是我国文史传统形成过程中不可缺少的一环,在这个过程中,使这个传统不断延续更新的动力是什么?最重要的应是历代学者对司马迁与《史记》的推崇和学习。本书一方面试图把这些代表性的学者及其观点总结出来,另一方面也试图描述出这个学术传统发展的动态发展轨迹,因此对以下几个问题较为关注。

一、《史记》评论与研究议题的形成

历代学者对司马迁与《史记》的评论是本书关注的重点。《史记》评论与学术研究是中国史学批评与史学理论的一条重要线索，中国史学批评是随着对《史记》的评论逐步展开的。汉初班氏父子对司马迁和《史记》的评价在学术史上的影响非常大，后来关于《史记》的研究基本是围绕班氏父子的观点展开讨论，如关于司马迁思想尊儒与尊道的讨论、爱奇与反经的讨论，《史记》实录与谤书的讨论，以及体例之通古今、写作性质之家学与私撰、良史之才与善叙事理等，这些在学术史发展中的重要议题的形成都有一个由简而繁，再由泛论而精深的过程。围绕《史记》展开的议题有些是固定不变的，可称之为核心议题，比如实录、良史、谤书、叙事、发愤著书、史公三失、马班比较等，都与《史记》直接相关。但后来学者在阐释这些议题的时候，往往会扩大这些议题的范围，比如，由实录、良史发展为史才三长等史家修养论，由谤书与发愤发展为私修与官修的区分，由史公三失、马班比较而发展为史家思想的研究，并且，这些延伸出来的议题有些超过了史学的范围，而向文学与哲学方面发展，反过来又促使我们加深了对《史记》的理解。这也说明，在学术史发展过程中，不同领域的学者参与论争，是促使学术论题逐渐明朗、逐层扩展、逐步深入的重要因素。在当时看来，好像各派专持己见、水火不容，如经史之争、汉宋之争，就《史记》来讲，是否为谤书、是否好奇、是否有三失，开始只涉及对个别篇目的理解，最后扩大至《史记》的取材标准与作史宗旨，渐次深入，为史学宗旨论提供了丰富的思想资料。这个过程中，名家与大学者的观点依然起导向作用，但使论题扩展并得以持续讨论的，还需依靠一般学者的参与及回应。比如，宋、明大家中，苏洵、苏轼、苏辙、欧阳修、司马光、王世贞、朱熹、黄淳耀、唐顺之、归有光等人的《史记》评论名篇和观点，往往成为清代学者讨论的重点。这样一来，同一议题就在不同时代学者的不断阐释中增加或改变了内涵，由此反映出不同时代思潮的特点。

二、经史文的关系与《史记》学术史的发展

《史记》学术史的发展与其他相关学科的学术发展密切关联，尤其是经学与文学，因此我们尽量从思想影响的角度对相关问题做贯通的分析。经学作为封建皇朝的统治思想，会随着不同时期皇权统治的强弱变化，对其他学科的影响也呈现出鲜明的时代特征，而史学与经学的消长关系对《史记》学术史的发展影响也非常明显。如汉武帝时期"罢黜百家，独尊儒术"的政策使儒家学术步入经学时代，董仲舒提倡的"大一统"思想和"三统循环论"既是对汉家统治做理论上的阐释，也是其历史思想的真实反映，司马迁作《史记》在有些方面就吸收了董仲舒的思想，如《史记》开篇《五帝本纪》把黄帝视为天下共祖，提出黄帝不仅是华夏各民族、各封国的祖先，也是蛮夷地

区各民族的祖先，这就从文化观念上提供了民族统一的依据。史学在社会功能上与经学有一致之处，即褒善贬恶，司马迁作《史记》虽也隐含了此种意思，但其主要目的是"究天人之际，通古今之变"，这就为史学确立了自己的目标，使其有了区别于经学的意图。尽管如此，司马迁对《春秋》仍是非常推崇，因此，鉴于《春秋》在经学与史学中的特殊地位，后来学者在讨论经史关系时，往往以《史记》为范本，这一方面拓展了《史记》学术思想的研究，另一方面也由于以经衡史而使人们对《史记》某些方面的理解产生了偏差，其间呈现了史学与经学相互促进又相互制约的复杂关系。如唐代经学与史学并盛，当时的史学家很多也是经学家，他们论《史记》时就表现出褒善贬恶与鉴戒经世的倾向。殷侑称《史记》《汉书》是"旨义详明，惩恶劝善，亚于六经，堪为代教"，杜佑著《通典》的目的是"征诸人事，将施有政"。随着唐代史书官修制度的确立，官方大力宣扬史书褒善贬恶的功能，对《史记》"实录"的阐释就强化了"褒善贬恶"方面的含义，关于史书的私修与官修之争也逐渐成为学者们关注的话题。此后，宋代理学的兴盛及论史之风的兴起，使学者们在评价司马迁的思想、《史记》的体例与人物时都带有明显的义理色彩，同时也使《史记》研究更具理论性和系统性。到了清代，清初学者提倡以史经世，总结历史为当世服务的意识较突出，甚至把史与经并列，如钱谦益说的"六经降而为二史，班、马其史中之经乎？……由二史而求之，千古之史法在焉，千古之文法在焉"①，就是从经、史、文的发

---

① ［清］钱谦益：《钱牧斋全集·牧斋有学集》卷三十八《再答苍略书》，上海：上海古籍出版社，2003 年，第 1310 页。

展关系看《史记》在其中的地位，把《史记》看作千古史学所
尊崇的准则；而章学诚说"六经皆史""六经皆先王之政典"，
是把事与理看作经与史的连接点，强调史学经世的宗旨。再如，
关于史家修养的问题，历代史家从"良史"出发提出了"史
识""心术""公心""史德"等概念，这些都与经学思想有密
切联系。甚至在史书表述上也有宗经的要求，而这种要求与表
述的审美性又不是完全对立的，二者有一些相互涵容的范畴，
如峻洁谨严、比兴之旨、文辞与史识；在发展阶段上，这两种
要求也不是决然分离的，而是互有消长，当经学思想影响力减
弱、文学自觉意识增强的时候，史学对史文表述审美方面的要
求也逐渐明显。魏晋时期，在史学批评活动中，人们多经史并
称，表现了二者地位的渐趋平等，两晋时期始有文史合流的倾
向，萧统《文选》对史论之美的情有独钟，范晔《后汉书》对
史论文采的自恃，以及沈约以文才之冠而参与修史，凡此种种，
都表明了这种趋向。至明清两代，从文学角度评论《史记》的
著作和言论更多，对史文表述的审美要求已经明确区别于经学，
有了独立的地位。明洪迈比较《尚书》和《左传》记言，得出
经简传烦的结论。① 章学诚也有"经旨简严，而传文华美"②
"列传之体缛而文"③ 之说，并与《春秋》"比事属辞"相区别，
提出"经传圣贤之言，未尝不以文为贵也。盖文固所以载理，

---

① ［宋］洪迈：《容斋续笔》卷十《经传烦简》，上海：上海古籍出版社，1996年，第331页。
② ［清］章学诚著，叶瑛校注：《文史通义校注》卷七《永清县志列传序例》，北京：中华书局，1994年，第760页。
③ ［清］章学诚著，叶瑛校注：《文史通义校注》卷七《永清县志政略序例》，北京：中华书局，1994年，第755页。

文不备，则理不明也。且文亦自有其理"①，就是说，载道言理之文有别于一般文辞，文辞本身有独立的审美价值和发展规律，这就把经与文之间复杂的关系说得较为明白了。因此，他批评那些"工文则害道"的持论者为陋儒。这样的理论探讨，看似是辨明经与文、理与文的关系，实则对促进史家形成史书文字表述审美要求的自觉意识起到了推波助澜的作用，因而使史书形成有别于经的文字表述风格，并逐渐走向独立。

　　文史之间的密切关联，是影响《史记》学术史发展方向的重要因素。从文学角度阐释《史记》叙事之法，主要是由历代古文家、评点家完成的，他们对《史记》的研究成果主要集中在文集、笔记与专书中，其中以明、清两代最为兴盛。在这一方面，从研究主体来看，有学派如明代复古派、清代桐城派，有家族如宋代三苏父子、明代凌约言与凌稚隆父子、清代姚氏家族（姚鼐、姚永朴、姚永概）等，他们都有代表性的《史记》研究著作，或主持当时文坛，或影响一方文化，提出了很多《史记》研究的新论题与新理论。从他们所关注的论题来看，《史记》人物论最为丰富。人物论在宋、明文集中大量出现，到了清人文集中则达全盛。有些学者的《史记》人物评论文章成为不断被再评论的对象，如苏轼的《范增论》《留侯论》《贾谊论》《晁错论》等，明清间曾被不同古文选本收录，成为人们讨论的主要对象，这就促成了新史论经典的形成。这些文学评论不仅具有文学的属性，而且成为史评或史论名篇，同时它们已

---

① ［清］章学诚著，叶瑛校注：《文史通义校注》卷三《辨似》，北京：中华书局，1994 年，第 340 页。

经不是附属于《史记》评论的副产品，而有自己相对独立的价值。这些现象对我们研究文史关系、历史人物评价方法及理论，应该有很大的启发。人物本是纪传体史书的核心，对历史人物的关注与评价最能引起历代学者和民众的谈论兴趣，因此由人物论所透露的不同时代人们的历史观念和伦理观念也最明显直接。史论是对历史问题发表看法，本就是人们主观认识的反映，因此，我们能从中看到人们历史观念的演变。陈垣（1880—1971）在《通鉴胡注表微》卷八中曾经对史注中的评论提出这样的认识："注中有论，由来尚矣，毛公之训《诗》，安国之传《书》，郑君之释《礼》，王弼之解《易》，皆有时参以论议。与班而降，史论尤繁，荀悦曰论，陈寿曰评，裴松之引孙盛、徐众之书，亦皆以'评'为号，则评论实注家之一体也。"除了从体例上为史评史论正名外，他还肯定了史论表达心声的价值："自清代文字狱迭兴，学者避之，始群趋于考据，以空言为大戒。不知言为心声，觇古人者宜莫善于此，胡明仲之《管见》，王船山之《鉴论》，皆足代表一时言议，岂得概以空言视之，《通鉴注》中之评论，亦犹是也。"① 其《通鉴胡注表微》卷九《感慨篇》专门评述了胡注评论中有感慨者。可见，陈垣先生认为这类史论和史评恰是观察古人心声的绝好史料，因此产生了与清代学者不同的认识。

三、司马迁的思想精神对学术史发展的促进作用

司马迁应时代思潮而作史的史家责任感，以及坚守著述理

---

① 陈垣：《通鉴胡注表微》，沈阳：辽宁教育出版社，1997年，第106页。

想的精神，不仅是史家追摹的楷模，也对后世文人产生了很大影响。后世很多文学家把修史看作自己追求的最高目标，如《宋书》编订者沈约是齐梁间的文坛领袖，但有志于史学，"年二十许便有撰述之意"，因感前人宋书"多非实录"而奉诏编撰新《宋书》，为之腰带日减、手臂日小而不悔。唐代的韩愈、宋代的欧阳修等文章大家并不以能文为资，欧阳修说文"止于润身"而已，也就是说只是个人得其润泽，而他人不与焉，所以他孜孜以求的还是著史，而且终其一生都在不断修改《新五代史》。旁人评价他们时，也把他们放在著史序列中加以定位，像韩琦为欧阳修所作墓志铭中说："自汉司马迁没数百年而唐韩愈出，愈之后数百年而公始出。"他们以文人的身份而兼有史家的成就，因此成为后世文人的楷模。明王世贞以文学著称于世，是当时文坛"后七子"的领袖，他有感于明朝国史记载失实的情况，"国史之失职，未有甚于我朝者也"① 而欲修明代史书，最终编成《弇山堂别集》，以文为史，保存了丰富的明代前半期的重要史料；李贽修史是为了"以良史为鉴，以秽史为戒"；谈迁立志"修信史"，不使陋史传世；等等。他们是为救史之弊而自觉修史的文人。而处在易代之际的文人，有强烈的"国可亡而史不可灭"的情结，如金元之际的元好问编《中州集》和《壬辰杂编》，明清之际的钱谦益编《列朝诗集》及黄宗羲编《弘光实录钞》《明儒学案》《明文海》，等等。他们大多发扬司马迁"发愤著书"的精神，写史以抒发报国忧民之情，竟于编写正史之外，开辟出了"借诗存人""借诗存史""以诗补史之

---

① ［明］王世贞：《弇山堂别集》卷二十，北京：中华书局，1985年，第 361 页。

阙"的道路，认为诗文亦可以替代、补充、印证历史，而这种成就的出现，最根本的原因还是他们把著史视为关乎国家兴衰、民族命运的大事，这种自觉意识正是历代史家及文人修史不辍的精神动力。

从学术发展史来看，有些问题由司马迁开始提出，后来学者也在不断讨论，但他们只是就自己的理解提出认识，并不明确说自己对这个问题的讨论源自司马迁《史记》。比如，"究天人之际""见盛观衰"等思想，是司马迁在《史记》中第一次把它们作为史家的任务提出来的，成为后来的哲学、史学著作中天人关系、盛衰之变等问题最基本的出发点，甚至有些文学大家也参与此种讨论，如韩愈、柳宗元、苏轼等。还有，司马迁倡导的"成一家之言"，其实质就是提倡独立思考的自主意识和创新精神，最初对提高史家的自觉意识有很大的作用，后来的影响也不仅限于史学。可以说，这些思想观念在后来的学术发展史中，已经超越了史学领域，产生了广泛而无形的影响。在这种情况下，本书无法把所有这类思想的研究都归为《史记》学术史的研究，仅能就直接论及司马迁的言论加以讨论。但不可否认，司马迁与《史记》在这些思想发展史中是有很大影响力的。

四、《史记》学术史与史学思想方法的确立

围绕《史记》展开的学术探讨，如对史学宗旨、史学方法、史家标准、史学地位和史学流变等问题的探讨，经过不断发展，构成了一个完整的思想体系。由此，一方面，一些重要的史学理论范畴和命题在不断产生，另一方面，史学研究方法

也在不断成熟，并促进了史学思想的进步。如比较的方法在《史记》学术史中贯穿始终，主要体现为对《史记》《汉书》的比较，从最初的只言片语，发展为时代学风的比较，如清代尚镕《史记辩证》自序中说："读《史记》者，宋以前死于章句，罕知体要；明以来溺于文辞，罕知义法；评论虽多，皆非迁之知己。"就是对《史记》研究方法时代特点的总结。章学诚则通过《史记》《汉书》的比较，提出了将史学分为撰述与记注两大宗门的理论，并以"圆神""方智"概括两种治学方法的特征，这就具有了从史学史角度把握史学特点的思想意识了。通过这种前后相继的辩难争论，不仅使尊崇典范、继承传统的思想方法得以确立，也使《史记》成为引导优良学风的旗帜，如以《史记》的实录精神批评史学撰述中的"曲笔"，以"成一家之言"的创新精神反对墨守成规、不知变通的学术风气，以"未尝离事而言理"的经世精神反对"空言著述"，等等。《史记》所树立的标准往往能起到引导史学向积极方向发展的作用。

通过总结《史记》学术史，我们对今后《史记》研究的走向有了更明确的认识，其中首要的一点就是，长远规划与各个学科的通力合作应是《史记》研究的必经之路。比方说，如何通过史学、文学、哲学的合作研究更好地推进《史记》研究达到新的水平，以及如何通过学术史的研究深化议题、拓展史料等，都是值得进一步探讨的问题。这可能还需要更多学校和学科的自觉支持及合作，而这种自觉意识更是一种促进学术发展与文化传承的责任感。明清以来，《史记》研究是以名家、家族和流派为主要力量，那么在当今教育研究体制下，名师与名校必然会成为学术承传的重要力量。各种学术机构力量的合作，可以使不同地区、不同学校的核心力量整合起来，从不同层面推进《史记》研究，并使研究成果能及时普及到社会大众中去，这大概是我们今后应重点努力的方向。